地铁车站机电设备服役能力建模及可靠性分析

魏秀琨　贾利民　靳守杰　著

科学出版社

北　京

内 容 简 介

地铁车站机电设备及供电系统是城市轨道交通的重要组成部分，其中机电设备包括电扶梯、自动售检票系统、屏蔽门系统等，这些设备的可靠性和可用性直接关系整个轨道交通系统的服役能力。本书对电扶梯梯级链的劣化机理、动力学特性进行了深入的研究，建立了梯级链的动力学仿真模型，并对在各种梯级链故障情况下的病害做了特征分析；对自动售检票系统、屏蔽门系统进行了可靠性建模研究，并在分析关键机电设备系统的可靠性基础之上，对车站服役能力进行了深入的分析；还对地铁供变电系统进行了可靠性建模和可用性研究。

本书可以作为城市轨道交通、轨道交通系统安全保障、机电系统健康管理等专业的研究生及轨道交通专业高年级本科生的参考书，也可供轨道交通行业的技术人员及相关科研人员参考。

图书在版编目（CIP）数据

地铁车站机电设备服役能力建模及可靠性分析/魏秀琨，贾利民，靳守杰著. —北京：科学出版社，2021.6

ISBN 978-7-03-067062-5

Ⅰ. ①地… Ⅱ. ①魏… ②贾… ③靳… Ⅲ. ①地下铁道车站-机电设备-研究 Ⅳ. ①U231.4

中国版本图书馆 CIP 数据核字（2020）第 241674 号

责任编辑：张海娜 赵微微 / 责任校对：宁辉彩

责任印制：吴兆东 / 封面设计：蓝正设计

科学出版社出版

北京东黄城根北街16号

邮政编码：100717

http://www.sciencep.com

北京凌奇印刷有限责任公司印刷

科学出版社发行 各地新华书店经销

*

2021年6月第 一 版 开本：720 × 1000 B5

2021年6月第一次印刷 印张：12 1/2

字数：252 000

定价：98.00 元

（如有印装质量问题，我社负责调换）

前言

随着我国社会经济水平的快速发展，城市空间及人口规模的急剧加大，交通需求与交通供给之间的矛盾更加突出，交通拥堵现象日益加剧。轨道交通作为一种缓解城市交通压力的有效方式，具有运量大、速度快、时间准、污染少、安全性高等优点，在城市公共交通中发挥着非常重要的作用。

作为网络节点的城市轨道交通车站，客运需求大且分布不平衡、运力资源与客运需求不匹配的情况严重。特别是高峰时期一些城市轨道交通车站的设备设施能力严重不足，拥堵严重，乘客在车站内的等待时间急剧加长，同时，以电扶梯、自动售检票系统、屏蔽门为代表的车站设备若在车站运营期间发生故障，将进一步导致设备能力不足，严重影响乘客通行，甚至可能会在一些特定的设施区域诱发突发性事件和意外事故，如通道及站台过度拥挤、电扶梯及出入口出现踩踏事件等，危害乘客安全。因此，为有效解决复杂客流环境与地铁车站服役能力之间的矛盾，需要更好地实施科学的城市轨道交通车站运营管理与车站设备的维修管理。本书通过辨识车站设备关键因素，建立车站设备及系统服役能力模型，重新评估车站的服役能力，识别车站能力瓶颈，辨识车站设备主要故障及原因，通过对车站设备的周期性维保，保证车站关键设备的可靠运行，为城市轨道交通车站运营管理与车站设备的维修管理提供决策支持。

本书主要包括三部分：第一部分为绪论、电扶梯故障分析、电扶梯梯级链劣化机理与力学分析模型、电扶梯梯级链磨耗机理分析、电扶梯故障树分析与维保策略、自动售检票系统及屏蔽门可靠性分析与维保策略；第二部分为车站通行能力建模和服役能力提升；第三部分为地铁供电系统可靠性分析、地铁系统服役能力分析与保持策略。这三部分是作者课题组在该领域中研究工作的系统总结和归纳。

本书主要由北京交通大学魏秀琨教授撰写完成，广州地铁公司副总工靳守杰参与了第 1、6～9 章部分内容的撰写，并审阅了全书。北京交通大学贾利民教授最早提出了本书研究的问题，对整个研究过程给予指导和建议，并参与了第 2～5 章部分内容的撰写。北京交通大学硕士研究生赵丽瑞参与了第 2～5 章相关的研究工作，硕士研究生武晓梦参与了电扶梯故障树和贝叶斯分析部分的研究工作，硕士研究生李赛参与了第 6～10 章相关的研究工作。

本书相关的研究工作得到了“十三五”国家重点研发计划课题“复杂环境下车站设备及系统全生命周期能力保持技术”(2017YFB1201203)和轨道交通控制与安全国家重点实验室的资助。在本书的写作过程中，得到了北京交通大学硕士研究生李赛、赵丽瑞、武晓梦等同学的支持，在此向他们表示感谢；同时感谢广州地铁公司饶美婉、段振涛、潘志刚等同志对本书研究工作的支持，感谢北京交通大学高方庆、尹新强、伍秋园、谢宁珂等对书稿编辑和纠错方面所做的工作。

由于作者水平有限，书中难免存在不妥之处，恳请读者不吝指教。

作　者

2021 年 1 月

目 录

第 1 章 绪　论

随着我国社会经济的快速发展，城市空间及人口规模的急剧加大，交通需求与交通供给之间的矛盾更加突出，交通拥堵现象日益加剧。轨道交通作为一种缓解城市交通压力的有效方式，具有运量大、速度快、时间准、污染小、安全性高等优点，为城市交通拥堵的缓解以及交通政策的制定提供参考。城市轨道交通车站作为网络节点，运力资源与客运需求不匹配的情况严重。特别是高峰时期一些客运枢纽的设备设施能力严重不足，拥堵严重，乘客在车站内的等待时间急剧增长，在一些特定的设施区域容易诱发突发性事件和意外事故，如通道及站台过度拥挤、电扶梯及出入口出现踩踏事件等。

为有效应对大客流冲击，降低客流过度拥挤引发安全事故的风险，地铁车站运营管理部门不得不临时采取各种限流措施。而对于需要常态化限流的车站，则需要重新评估该车站的服役能力、识别能力瓶颈，判断是否需要对其进行更新改造。因此，为有效解决大客流冲击与地铁车站服役能力之间的矛盾，需要更好地实施科学的轨道交通运营管理与车站设备的维修管理。

1.1　地铁车站概述

1.1.1　地铁车站介绍及组成部分

地铁车站是城市轨道交通系统最重要的组成部分之一，是乘客出行的基地，旅客上下车以及相关的活动都是在车站进行的。地铁车站也是列车到发、通过折返、临时停车的地点，还是各种联合协作的生产基地。地铁车站往往还是连接其他交通方式的枢纽，交通的方便必然促使城市的发展。一般而言，一条地铁线路上各个车站的间距可以是不同的，车站通常设在市中心人口密集地段，站间距宜为 1km 左右，郊区车站站间距可在 2km 左右，区域快速线站间距可达 4km 以上。

从实用功能角度讲，车站组成包括四大部分：车站大厅和售票大厅、运营管理用房、技术设备用房、辅助用房。车站大厅是乘客、游客聚集的地方，售票大厅是向乘客出售列车客票的地方；运营管理用房包括站长室、行车值班室、业务室、广播室、会议室、公安保卫室、清洁员室等，运营管理用房与乘客关系密切，一般布设在邻近乘客使用空间的地方；技术设备用房主要包括环控室、变电所、综合控制室、防灾中心、通信机械室、信号机械室、自动售检票室、冷冻站、机房、配电以及上述设备用房所属的值班室等；辅助用房主要包括厕所、更衣室、休息室、茶水间、盥洗间、储藏室等。这些用房均设在站内工作人员使用的区域内。

从建筑空间位置角度讲，车站结构由车站主体(站台、站厅、生产、生活用房)、出入口及通道、通风道及地面通风亭等三大部分组成。车站主体供乘客集散、候车、换车及上下车。它又是地铁运营设备的中心和办理运营业务的地方。出入口及通道是供乘客进、出车站的外部建筑设施。通风道及地面通风亭的作用是保证地下车站具有一个舒适的地下乘车和运营环境。

1.1.2 典型的机电设备

1. 电扶梯

电扶梯作为地铁车站内集散乘客的主要运输工具，可以将乘坐地铁的乘客安全、快捷、舒适地送入或送出车站，是地铁车站建筑设计中非常重要的一个环节。电扶梯可有效地解决地面至站厅、站厅至站台不同标高间乘客的乘降需要，改善乘车条件，增加乘车舒适度。电扶梯示意图如图 1.1 所示。

(a) 地铁车站中站内电扶梯　　(b) 地铁车站中出入口电扶梯

图 1.1　电扶梯

2. 自动售票机

自动售票机(ticket vending machine，TVM)是用于现场自主发售、赋值有效车票，具备自动处理支付和找零功能的设备。自动售票机安装于车站非付费区，由乘客通过人机操作界面，自助购买单程车票。有些城市的 TVM 还可以为储值票进行自助充值。自动售票机如图 1.2 所示。

图 1.2 自动售票机

3. 闸机

闸机即自动检票机，根据功能可以将其划分为进站闸机、出站闸机和双向闸机三种。主控单元作为闸机的核心，负责运行控制软件，完成车票处理、数据处理、显示控制、数据通信、状态监控等功能。机芯控制器接收主控单元的命令，并采集通道中的同行传感器信息，经过通行物识别算法处理后，识别通道内乘客、行李等的通行，利用闸门开关算法，通过闸门驱动控制电路对闸门实现开关控制，并将通行信息反馈至主控单元，接收主控单元发来的运行参数、控制命令。

自动检票机安装于车站付费区与非付费区的交界处，用于实现自动进出站检票。对于持有效车票的乘客，检票机通道阻挡解除(释放转杆或门扇开启)，允许其进出站。自动检票机如图 1.3 所示。

图 1.3 自动检票机

4. 屏蔽门

地铁屏蔽门又称为安全门，是一种设置在地铁站台边缘，将车站区域与列车运动区域进行隔离的设备。当地铁在轨道中运行尚未进入地铁站时，地铁站台的屏蔽门呈关闭状态，可以防止乘客落入轨道之中。地铁车站中的屏蔽门如图 1.4 所示。

图 1.4　屏蔽门

1.2　地铁车站服役能力概述

美国交通研究委员会(Transportation Research Board，TRB)于 2003 年发布的 *Transit Capacity and Quality of Service Manual* 规定地铁车站能力为正常情况通过或占用设备设施的最大乘客数，单位为每平方米人数或单位时间通过人数。华盛顿都会区运输局(Washington Metropolitan Area Transit Authority，WMATA)定义地铁车站能力为通过车站各种设施间最大的乘客数量[1]。我国在轨道交通车站设计时，根据《地铁设计规范》(GB 50157—2013)采用车站最大通行能力作为车站设计依据。上述定义没有考虑客流特性，也没区分安全等级和服务水平，只考虑了最大通行能力。毛保华[2]提出城市轨道交通系统运输能力概念，并将其分为设计能力和可用能力两类。设计能力定义为某一条线路某一方向内通过某一点的旅客数量，而可用能力定义为乘客需求到达不均衡条件下的设计能力，可用能力等于设计能力乘以高峰能力利用系数。胡清梅[3]基于车站安全性定义了车站最大承载能力及车站安全客流承载能力。

由于地铁车站机电设备是地铁车站的重要组成部分，车站机电设备的工作状态会影响地铁车站的运营，从而影响车站服役能力。而目前的文献都没有考虑车站机电设备失效对车站能力的影响，本书通过梳理总结地铁车站能力的概念，提出地铁车站服役能力，并进行对比分析。地铁车站能力概念对比图如图 1.5 所示。

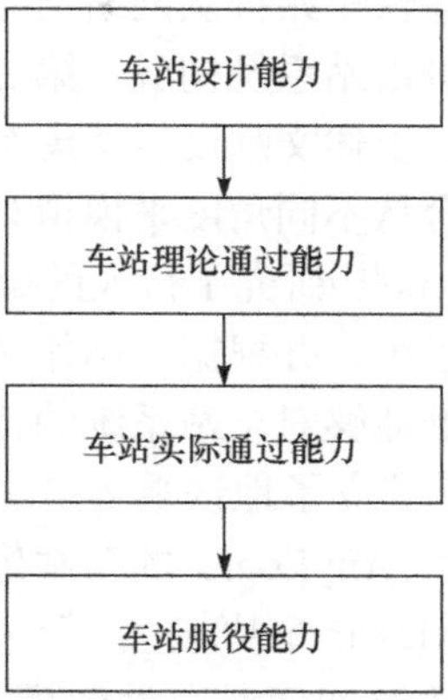

图 1.5 地铁车站能力概念对比图

车站设计能力按照《地铁设计规范》(GB 50157—2013)规定计算得出，仅作参考，车站理论通过能力是不考虑车站机电设备故障和客流特性的通过能力，车站实际通过能力是考虑客流特性但不考虑车站机电设备故障的通过能力，车站服役能力是考虑客流特性且考虑车站机电设备故障的通过能力。

车站服役能力被定义为：在一定客流条件下，考虑车站机电设备故障的情况下，地铁车站在给定时间内(通常 1h)所能服务的乘客数。由于车站机电设备故障具有随机性，所以车站服役能力是一个期望值。同理，车站设备服役能力被定义为：在一定客流条件下，考虑车站机电设备故障的情况下，地铁车站设备在给定时间内(通常为 1h)所能服务的乘客数。

1.3 地铁车站服役能力研究现状

随着社会经济的快速发展，城市轨道交通因安全、便捷、准时等优点受到出行者的青睐，已经成为很多城市不可或缺的交通方式。在复杂的客流环境条件下，地铁车站内的闸机、电扶梯等机电设备在投入使用后会发生故障，从而影响地铁车站能力。

为了定量分析和研究车站机电设备故障对地铁车站能力的影响，需要建立地铁车站能力计算模型。建模方法可分为基于数学模型的方法和基于仿真的方法两大类。第一类方法是利用数学公式或代数表达式对地铁车站系统进行评价。*M*/*G*/*C*/*C* 状态依赖排队网络被用于地铁车站的数学模型中，特别是楼梯和人行道[4,5]。乘客到达过程被认为是连续的、稳定的，并假定服从泊松分布[6,7]。陈绍宽等[8]在乘客运动特性分析的基础上，结合车站空间结构特征，构建基于 *M*/*G*/*C*/*C* 状态的地铁车站楼梯与通道乘客疏散能力瓶颈分析模型。然而，对地铁车站能力做整体评价或计算的研究较少。在现有文献中，许心越等[9,10]建立了包含两个子系统的地铁车站排队网络模型，其中第一个子系统由 $M/G/C/C$ 状态依赖排队网络描述的进出站系统构成，第二个子系统是由嵌入式马尔可夫链描述的上下车系统。然而，上述文献没有考虑车站设备故障对车站能力的影响。第二类方法的仿真模型适合从不同角度来模拟车站运营，但考虑车站能力计算问题的研究较少。例如，Teknomo[11]研究了行人的微观仿真模型；Kaakai 等[12]将铁路车站看成一个混合动力学系统，并根据车站作业特性，建立了一个基于混合 Petri 网的车站仿真模型，该模型能够对车站系统的特性进行评估；Asano 等[13]基于离散事件模拟与响应面方法，建立了地铁乘客平均出行时间的优化模型；李洪旭等[14]及赵路敏等[15]建立了基于 AnyLogic 的车站仿真模型，模拟了乘客集散过程，评价了设备的使用情况；Alexandre[16]建立了一个 AnyLogic 模型来分析地铁车站的现状。以上这些主要研究如何对车站建模、如何评估设备的使用情况或如何识别车站能力。胡清梅[3]基于系统动力学，构建仿真模型计算轨道交通车站的承载能力。同样，基于社会力模型的 AnyLogic 软件也可用于计算车站能力模型。

车站机电设备在车站运营中发挥着重要作用，地铁车站机电设备包括自动售检票(automatic fare collection，AFC)系统、电梯系统、屏蔽门系统。车站机电设备的可靠性分析在本书的研究中起着至关重要的作用。然而，与地铁车站机电设备可靠性分析相关的文献报道很少。当前文献主要对车站机电设备的常见故障进行分类，找出故障原因。车站机电设备的可靠性分析方法分为统计模型和机理模型。本书采用统计模型对设备可靠性进行分析。针对目前尚无车站机电设备可靠性研究的文献，借鉴高速列车转向架系统可靠性研究的思路，对车站机电设备进行可靠性分析。Grudén 等[17]通过无线传感器网络采集故障数据，采用统计方法对瑞典铁路列车转向架的可靠性进行了分析。Lu 等[18]对铁路列车转向架框架进行了可靠性研究和参数灵敏度分析，基于蒙特卡罗仿真对转向架进行了可靠性优化设计。于丹丹[19]采用基于统计方法的转向架系统故障数据研究转向架系统的故障趋势，采用传统的指数函数拟合故障数据。郑津楚[20]对转向架系统的各部件采用最大似然估计法确定故障概率密度函数参数，并采用安德森-达林(Anderson-Darling，A-D)测试法确定最优分布，根据转向架各部件的最优可靠性分布来指导维修决策。关于机械设备可靠性分析的文献还有很多，这里并没有列出所有的参考文献。在维修计划优化方面，吕立波等[21]系统地介绍了预防性维修计划模型的方法，并在以降低维修成本为目标的预防性维修计划模型中加入了可靠性约束。陈城辉等[22]通过统计方法确定关键行车设备的寿命分布，建立了关键行车设备维修计划优化模型。针对具有三级维修机构保障的复杂设备，通过对设备使用维修流程分析，毛一轩[23]建立了设备整个使用寿命期内的维修周期与平均可用度关系模型，并应用蒙特卡罗仿真方法，得到使平均可用度达到最大的最佳维修周期。王社锋等[24]运用应用数理统计对列车关键部件故障数据进行分布检验和参数估计，明确故障概率密度函数和可靠度函数，以维修费用最小为目标建立架修周期优化模型。上述研究提供了有用的维修计划优化模型，但以上模型都以整个设备为研究对象，缺乏针对性，因为对于机电设备，每个部件的故障率相差很大。因此，有必要建立机电设备部件维修计划优化模型，通过对部件的精确维保来降低维修成本。

1.4 本书的主要内容

本书共 10 章，主要介绍地铁车站机电设备服役能力建模及可靠性分析方法。读者可根据每章所给参考文献了解更多的细节。

第 1 章为绪论，主要介绍地铁车站及其服役能力和研究现状，简要介绍本书的主要内容。

第 2 章为电扶梯故障分析，主要介绍电扶梯在地铁车站中的作用、电扶梯的构造、电扶梯的检测技术，并对电扶梯的故障数据进行分析，建立合适的可靠性模型。

第 3 章为电扶梯梯级链劣化机理与力学分析模型，基于链传动的多边形效应对梯级链的链传动进行力学分析。通过 SIMPACK 软件进行梯级链的建模，并分别仿真正常梯级链状态和六种不同程度的链节距伸长状态、六种不同程度的滚子磨损状态、六种不同程度的链轮磨损状态，为后面章节对梯级链劣化规律的研究奠定基础。

第 4 章为电扶梯梯级链磨耗机理分析，通过对梯级链滚子磨损状态下、梯级链链节距伸长状态下、梯级链链轮磨损状态下梯级链链路径速度信号和从动轴横向振动加速度信号进行时域和频域分析以及小波包分析，得到梯级链滚子磨损规律、梯级链链节距伸长规律和梯级链链轮磨损规律。

第 5 章为电扶梯故障树分析与维保策略，对电扶梯进行故障树分析、故障模式影响及危害性分析、贝叶斯网络分析，最后提出对应的维保策略。

第 6 章为自动售检票系统可靠性分析与维保策略，主要分析自动售检票系统的实际故障数据，识别出故障率高的设备，并进行可靠性拟合，确定最优可靠性分布，根据设备故障后果的严重程度，确定相应的可靠度要求和维保周期。

第 7 章为屏蔽门可靠性分析与维保策略，通过对屏蔽门进行故障数据分析、故障树分析，确定相应的可靠度要求和维保周期，通过针对性的周期性维保，能够保证屏蔽门的可靠运行，最后提出屏蔽门系统的维保策略。

第 8 章为车站通行能力建模和服役能力提升研究，建立车站设备服役能力模型和车站期望能力模型，对车站关键设备进行可靠性分析并确定各设备中各部分的可靠度函数，通过维修周期优化模型计算出各设备中各部件的最优维修周期，最后通过优化设备维修周期来保持车站能力，为地铁运营公司设备维修管理和车站能力保持提供参考。

第 9 章为地铁供电系统可靠性分析，主要介绍地铁供电系统的可靠性建模分析方法，结合实际数据进行地铁供电系统的可靠性分析，并总结提高牵引供电系统可靠性的维保措施。

第 10 章为地铁系统服役能力分析与保持策略，在考虑车站设备和行车设备可靠性的情况下，从点、线、面三个层次分析和计算地铁系统服役能力，并总结地铁系统服役能力保持策略，为地铁运营公司实施科学的轨道交通运营管理、高效的车站设备与行车设备维修管理提供参考。

参 考 文 献

[1] Washington Metropolitan Area Transit Authority. Metrorail station access & capacity study[R]. Washington: WMATA, 2008.

[2] 毛保华. 城市轨道交通系统运营管理[M]. 北京：人民交通出版社, 2006.

[3] 胡清梅. 轨道交通车站客流承载能力的评估与仿真研究[D]. 北京：北京交通大学, 2011.

[4] Cruz F R B, MacGregor S M, Medeiros R O. An *M/G/C/C* state-dependent network simulation model[J]. Computers & Operations Research, 2005, 32(4): 919-941.

[5] Cruz F R B, MacGregor S M. Approximate analysis of *M/G/C/C* state-dependent queueing networks[J]. Computers & Operations Research, 2007, 34(8): 2332-2344.

[6] Yalqınkaya Ö, Mirac B G. Modelling and optimization of average travel time for a metro line by simulation and response surface methodology[J]. European Journal of Operational Research, 2009, 196(1): 225-233.

[7] Fernández R. Modelling public transport stops by microscopic simulation[J]. Transportation Research Part C: Emerging Technologies, 2010, 18(6): 856-868.

[8] 陈绍宽, 刘爽, 肖雄, 等. 基于 *M/G/C/C* 模型的地铁车站楼梯通道疏散能力瓶颈分析[J]. 铁道学报, 2012, 34(1): 7-12.

[9] 许心越, 刘军, 李海鹰, 等. 基于 RSM 的地铁车站集散能力仿真计算[J]. 铁道学报, 2013, 35(1): 8-18.

[10] Xu X Y, Liu J, Li H Y, et al. Analysis of subway station capacity with the use of queueing theory[J]. Transportation Research Part C: Emerging Technologies, 2014, 38: 28-43.

[11] Teknomo K. Application of microscopic pedestrian simulation model[J]. Transportation Research Part F: Traffic Psychology and Behaviour, 2006, 9(1): 15-27.

[12] Kaakai F, Hayat S, Moudni A E. A hybrid Petri nets-based simulation model for evaluating the design of railway transit stations[J]. Simulation Modelling Practice & Theory, 2007, 15(8): 935-969.

[13] Asano M, Iryo T, Kuwahara M. Microscopic pedestrian simulation model combined with a tactical model for route choice behaviour[J]. Transportation Research Part C: Emerging Technologies, 2010, 18(6): 842-855.

[14] 李洪旭, 李海鹰, 樊校, 等. 基于 AnyLogic 的地铁车站集散能力仿真分析评估[J]. 铁路计

算机应用, 2012, 21(8): 48-50, 55.
[15] 赵路敏, 郑宇, 谢金鑫. 基于 AnyLogic 的城市轨道交通车站仿真应用研究[J]. 铁路计算机应用, 2016, 25(3): 62-66.
[16] Alexandre G. 基于 AnyLogic 的地铁车站服务能力与应急疏散仿真[D]. 哈尔滨: 哈尔滨工业大学, 2018.
[17] Grudén M, Westman A, Platbardis J, et al. Reliability experiments for wireless sensor networks in train environment[C]. The European Wireless Technology Conference, Rome, 2009: 37-40.
[18] Lu Y H, Zeng J, Wu P B, et al. Reliability and parametric sensitivity analysis of railway vehicle bogie frame based on Monte-Carlo numerical simulation[C]. Proceedings of the Second International Conference on High Performance Computing and Applications, Shanghai, 2009: 280-287.
[19] 于丹丹. 基于可靠性的城市轨道交通车辆架修模式优化及方法研究[D]. 南京: 南京理工大学, 2017.
[20] 郑津楚. 高速列车转向架系统的运用可靠性研究[D]. 北京: 北京交通大学, 2016.
[21] 吕立波, 高崎, 李有, 等. 基于蒙特卡洛仿真的设备维修周期建模与优化[J]. 计算机与数字工程, 2011, 39(4): 47-49, 82.
[22] 陈城辉, 徐永能, 傅晓莉. 轨道交通关键行车设备维修周期优化模型及应用[J]. 都市快轨交通, 2011, 24(2): 42-45.
[23] 毛一轩. 南京地铁设施设备 RCM 系统规划与实施[D]. 南京: 南京理工大学, 2008.
[24] 王社锋, 赵洪伦. 客车转向架系统可靠性设计研究[J]. 铁道车辆, 2007, 45(6): 1-3, 47.

第 2 章　电扶梯故障分析

本章首先介绍电扶梯在地铁车站中的作用，然后介绍电扶梯的构造[1]及电扶梯在运行过程中可能会发生的故障形式[2]，通过对广州地铁公司近三年电扶梯故障数据进行简单分析，得出梳齿板最容易发生故障的结论，最后为应对电扶梯故障问题，列出一些电扶梯检测技术。

2.1　电扶梯在地铁车站中的作用

随着我国城镇化进程的加快，城市交通问题日益严重，地铁作为大城市的重要交通手段，成为市民出行的首选。一些大城市提出目标，未来地铁承担的客运量要占全市公交客运量的 30%～50%。地铁的大规模发展，使得对电扶梯的需求增大。

电扶梯可以提高乘客的出行效率，方便老弱病残上下楼梯，提高地铁在城市公共交通领域中的竞争力。早晚高峰时期，地铁车站会出现大量人流，这时需要乘客快速进出车站，保证人流持续流动，防止堵塞。楼梯口往往是人们容易拥挤的地方，这时候安装电扶梯就显得很有必要。电扶梯持续运作的特点可以保证乘客不断进出地铁车站。在地铁车站安装电扶梯，会使其变得更加人性化、现代化，使乘客在乘坐地铁的整个过程中都能更加方便、省力。对于行李过多或者是身体状况不好的乘客，电扶梯的存在让他们可以方便地上下楼梯。省时、省力，这样的乘坐体验会让市民对地铁的满意度大大提升，提高地铁的竞争力，从而吸引更多人乘坐地铁，加快城市公共交通发展的进程。地铁车站中的电扶梯在地铁车站中的使用情况如图 2.1 所示。

图 2.1　地铁车站中电扶梯的使用情况

2.2 电扶梯的构造

电扶梯是一种带有循环运行梯级、用于向上或向下倾斜运输乘客的固定电力驱动设备。其特点是能连续运送乘客，与电梯相比具有更大的运输能力，它被大量用于商业大楼和各种公共场所等人流集中的地方。它还是一种以机械结构为主体的大型复杂运输设备，电扶梯根据各结构的功能，可以分为八个部分，分别是支撑结构(桁架)、梯级系统、扶手带系统、导轨系统、扶手装置、安全保护装置、电气控制系统和自动润滑装置。如图 2.2 所示为电扶梯的机械结构图。

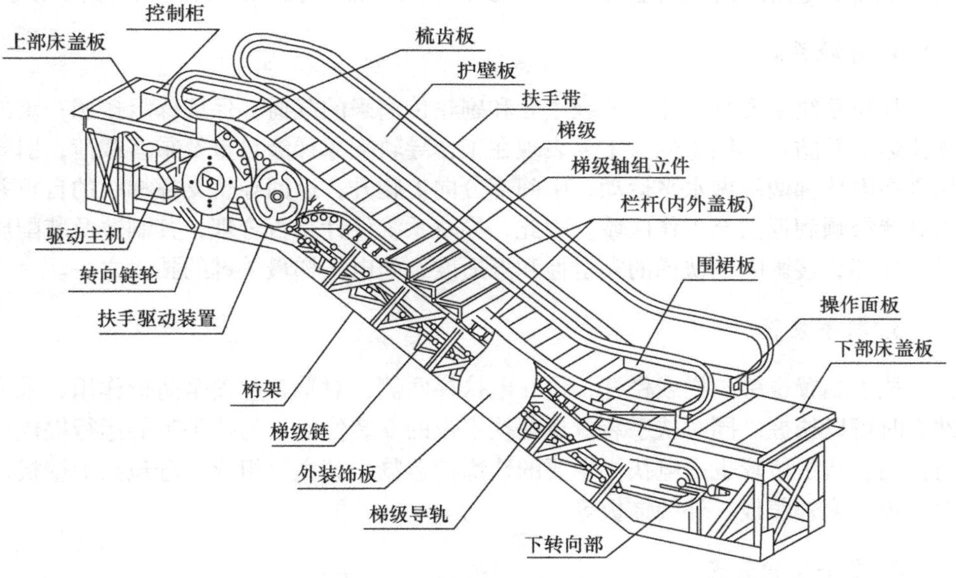

图 2.2　电扶梯的机械结构图

1. 桁架

电扶梯的桁架也就是支撑结构，是电扶梯的主体金属结构，由金属构件焊接在一起，其主要作用是安装及支撑电扶梯的部件，承受乘客或者货物的载荷，将建筑物或者两个不同高度的楼层连接起来。组成桁架的主要金属构件一般包括端部托梁、上下弦材、纵梁、横梁、斜材、底部封板及其支持件、中间支撑件、起吊部件等。

2. 梯级系统

梯级系统是电扶梯的主要工作部分，主要由梯级、驱动主机、主驱动轴、梯级链、张紧装置等组成。梯级在驱动主机、主驱动轴和梯级链的驱动下，从底部运动到顶部，再从顶部运动到底部，以源源不断地输送乘客及货物。驱动主机是电扶梯的动力来源，并通过主驱动链向主驱动轴传递动力，再传递给梯级链，带动梯级向上和向下运动，而张紧装置的作用是自动调节电扶梯梯级链的张紧程度。

3. 扶手带系统

扶手带系统主要为乘客提供与梯级有相同运动速度的活动扶手，以保证乘客在乘坐电扶梯时，扶手带能够与身体同步向上或向下移动，确保安全。其主要的组成部件包括扶手带、扶手带驱动装置、扶手带导轨、张紧轮组和导向轮等。

4. 导轨系统

导轨系统主要是支撑由梯级主轮和副轮传递来的载荷，保证梯级按照一定的规律运动并防止梯级跑偏。主要表现在工作导轨支撑梯级自重及乘客载荷，引导梯级在电扶梯两端做水平运动，中间部分向上爬升；返回导轨支撑梯级的自重并引导梯级顺利返回至工作区域。因此，导轨系统设计是否合理，其制造及装配质量的好坏直接影响电扶梯的安全性和舒适度，是电扶梯最关键的技术之一。

5. 扶手装置

扶手装置也称护栏或栏杆，设在电扶梯两侧，对乘客起安全防护作用，乘客站立时可以扶握。同时扶手装置也是扶手带的安装位置，为扶手带的运行提供导向作用。扶手装置也是电扶梯主要的装饰构造物。其主要组成部分包括护壁板、围裙板、内外盖板、外装饰板等。

6. 安全保护装置

安全保护装置包括制动器以及超速保护、逆转保护、扶手带入口保护、驱动链监测、梯级监测、梯级链监测等设备。其作用是当发生不安全状况时安全保护装置能够使得电扶梯自动停止运行。电扶梯是与人接触的运输机器，可能发生的安全事故涉及乘客和操控者，如安装、调试、维修人员等。针对可能发生的安全事故，电扶梯除在结构设计时提高安全性外，还设置了各种安全保护装置，并以电气控制的方式对电扶梯的运行实行安全控制。安全保护装置和电气安全设计构成了电扶梯的安全系统。

7. 电气控制系统

电气控制系统的主要作用是对电动机实行驱动控制、对电扶梯的运行实行安全监测和安全保护、对电扶梯的关停和运行方式实行操控，其主要由电气控制电路、电控柜、操纵开关、电线电缆等组成。

8. 自动润滑装置

自动润滑装置主要由油泵、油管等组成，其主要作用是对主驱动轴、梯级链、主驱动链和扶手驱动链等传动件进行自动润滑。电扶梯是一种连续运行的运输设备，因此机件的润滑具有十分重要的意义。充分合理的润滑可以有效地减轻电扶梯运行部件的磨损，同时可以减小运行阻力，降低运行噪声。

2.3 电扶梯故障形式及数据分析

1. 电扶梯故障形式

电扶梯故障一般分为两种形式：一种是机械故障，如梳齿板故障、内外盖板故障、扶手带故障、梯级故障、驱动带故障、传动链故障等；另一种是电气故障，如电气开关故障、继电器故障、接触板控制电路故障、变频器故障等。

2. 数据分析

本书对广州地铁公司 2015 年 3 月至 2018 年 3 月的电扶梯维修记录数据进行分析整理，获得表 2.1 所示的故障数据。

表 2.1　故障数据

故障类型	发生次数	故障类型	发生次数
驱动皮带故障	3	传动链故障	1
梯级副轮故障	1	上下端部转向导轨故障	1
主轮故障	1	外盖板故障	4
支撑架故障	1	内盖板故障	6
主机链轮故障	1	围裙板故障	13
电动机故障	5	梳齿板故障	101
压缩弹簧故障	3	外装饰板故障	2
滚子链故障	1	安全回路继电器故障	8
扶手带滑动层故障	2	接触板控制电路故障	1

续表

故障类型	发生次数	故障类型	发生次数
扶手带驱动链故障	2	控制柜故障	1
返回侧扶手导轨故障	1	电气开关故障	11
下端部张紧排轮故障	9	变频器故障	1
惰轮故障	7	温度传感器故障	1

由表 2.1 可知，电扶梯常见故障形式有 26 种。其中梳齿板故障发生的次数远远大于其他故障。分析其原因发现，大多数情况都是由于乘客不能按照规定正确使用电梯，梳齿板中经常存在异物，如食物包装袋、行李箱螺丝、鞋等。因此要注意提醒乘客不要在乘梯过程中掉落异物，以免梳齿板发生故障。

2.4 故障数据分析结果

可靠性数据处理的目标是得到所研究部件的可靠性分布，来确定系统部件失效概率在运行时间内的变化特点，而且要依据系统部件的可靠性需要，剖析部件持续运行的时间和需要更换或者维修的时间。建立系统的可靠性模型是进行系统可靠性分析和评价的基础，所以在对可靠性的研究中，系统的可靠性建模是非常重要的一部分[3]。

2.4.1 可靠性数据处理方法简介

在针对系统的可靠性分析与研究中，经常用到的可靠性分布函数有韦布尔分布、指数分布、正态分布及对数正态分布，如表 2.2 所示。在可靠性分析过程中，比较常用的可靠性维修数据的处理流程如图 2.3 所示。

表 2.2 四种分布函数的介绍

分布函数	特点	应用领域
韦布尔分布	有很强的适应力	对结构器件疲劳、电子失效、机械产品故障的分析
指数分布	失效概率等于常数	常用于电子产品可靠性理论
正态分布	失效概率随时间变大	用于有基本均匀的累积耗损故障，如腐蚀、磨损等
对数正态分布	失效概率随时间变大	常用于机械零件及材料的疲劳寿命研究

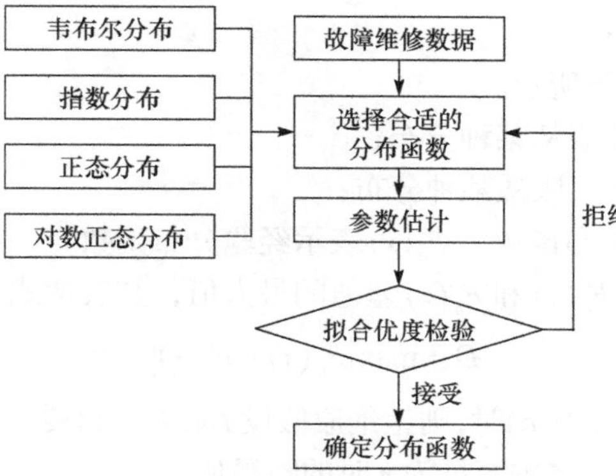

图 2.3 常用的可靠性维修数据处理流程

在实际中应用最多的是韦布尔分布，韦布尔分布也分很多形式，有一参韦布尔分布、二参韦布尔分布、三参韦布尔分布和混合韦布尔分布。三参韦布尔分布包含三个参数，分别为形状、尺度和位置。形状参数改变后曲线的形状就会发生改变，可通过改变形状参数的大小实现不同阶段的失效表现形式，也可以作为其他分布函数的近似，如正态分布、对数正态分布、指数分布等，所以韦布尔分布相比其他分布函数有很大的适用性。

确定所建立的可靠性函数之后，想要获得精确的可靠性特征指标，需要对函数的各个参数进行估计。而常用的参数估计方法有矩估计、最小二乘估计、似然估计、贝叶斯估计等。

通过这些参数估计的方法，得到最适合的参数，之后还需要进行分布函数拟合优度检验，这是一种用来检验模型中样本的观测值与依据分布模型计算得到的观测值之间的一致性的假设检验方法。拟合优度检验就是对两种值之间符合程度的一个合理的评判。常用的假设检验方法包括 u 检验法、t 检验法、F 检验法、Kolmogorov-Smirnov(K-S)检验法等，其一般检验过程如图 2.4 所示。

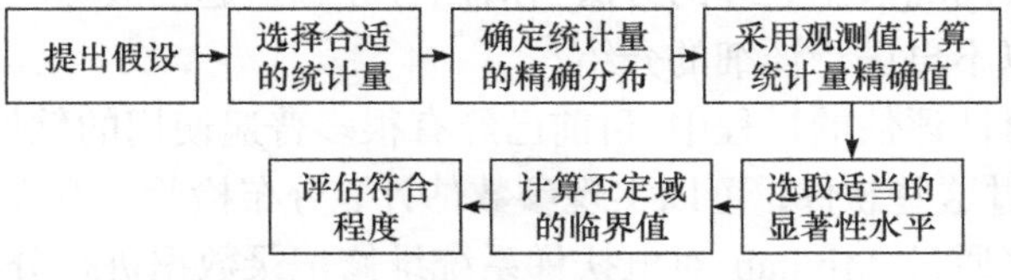

图 2.4 拟合优度检验过程

本节对电扶梯故障时间间隔的模型检验采用 K-S 检验法，其他检验方法的具体步骤不再赘述。

K-S 检验是将样本的累积分布函数与理论分布函数进行对比，依据差值的大小判断样本是否来自给定的总体。如果两者的差值很小，那么可以推断样本是服从某种特定的分布的。

假设检验问题如下所示。

H_0：样本的总体服从某种分布；

H_1：样本的总体不服从某种分布；

$F_0(x)$ 表示理论分布函数，$F_n(x)$ 表示经验分布函数。

设统计检验量即 $F_0(x)$ 和 $F_n(x)$ 差值的最大值，其表达式为

$$D = \max\left|F_n(x) - F_0(x)\right| \tag{2.1}$$

当实际观测值 $D>D(n,\alpha)$时，则拒绝原假设 H_0，否则接受原假设 H_0。其中 $D(n,\alpha)$ 是在显著性水平为 α 、样本容量为 n 时的临界值。

2.4.2　电扶梯系统可靠性分析

以下是电扶梯系统的可靠性分析过程。

1. 电扶梯维修数据预处理

第一步：将原数据中的无效数据去除，如由定期检修引起的停梯时间、重复记录的维修数据、非维修或故障而停梯的时间等。

第二步：将去除无效数据后的数据按照时间先后进行排序，并将所有的后一故障记录时间减去前一故障记录时间得到所有故障的间隔时间。

第三步：将所有电扶梯的维修数据按照引起故障的原因分为机械故障、电气故障、环境原因和未知原因四种类型，用第二步中的方法计算出各种故障类型下的故障时间间隔。

2. 选择合适的分布函数

以下数据处理的过程是对四种原因引起的故障时间间隔进行处理的，对所有原因引起的故障间隔数据处理的方法与对四种原因引起的故障时间间隔数据处理方法一样，可以不再进行详细的介绍。

在进行可靠性评估的过程中，目前已经有很多普遍使用的软件，如 Weibull++、Minitab 等，通过这些软件，可以实现参数估计、分布检验、拟合分析等各式各样的功能。下面将通过 Minitab 对电扶梯系统维修记录数据进行分布拟合，并对拟合出来的分布进行比较分析，得到最佳的拟合函数，再通过比较拟合方法对应的拟合结果精度，确定拟合函数的最佳参数。

先用最小二乘估计法进行分布函数的拟合。将需要分析的数据输入 Minitab 软件中，选择 Minitab 软件中可靠性分布分析功能，并指定要用的分布为韦布尔分布、对数正态分布、指数分布和正态分布，选择最小二乘估计法。

最后获得使用最小二乘估计法得到的各故障数据概率分布图，分别如图 2.5～图 2.8 所示。

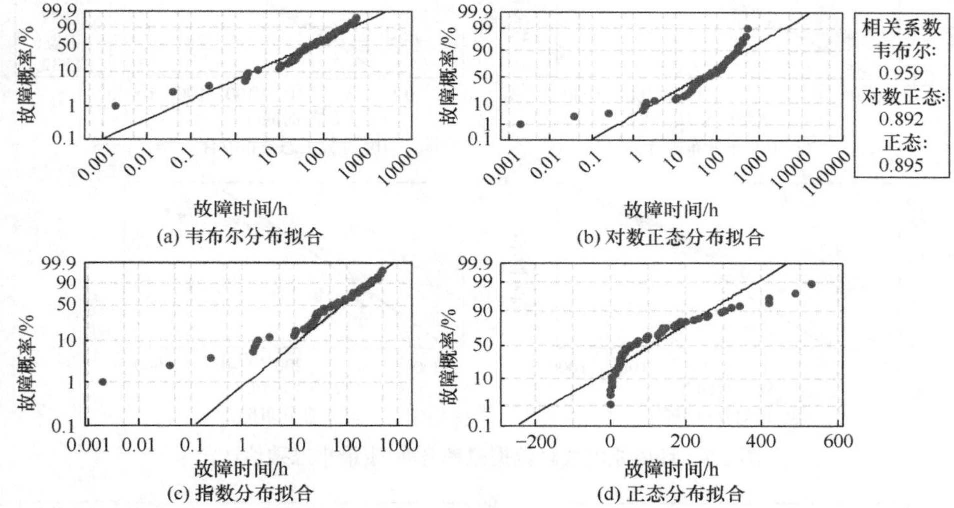

图 2.5 机械故障数据概率分布图(最小二乘估计)

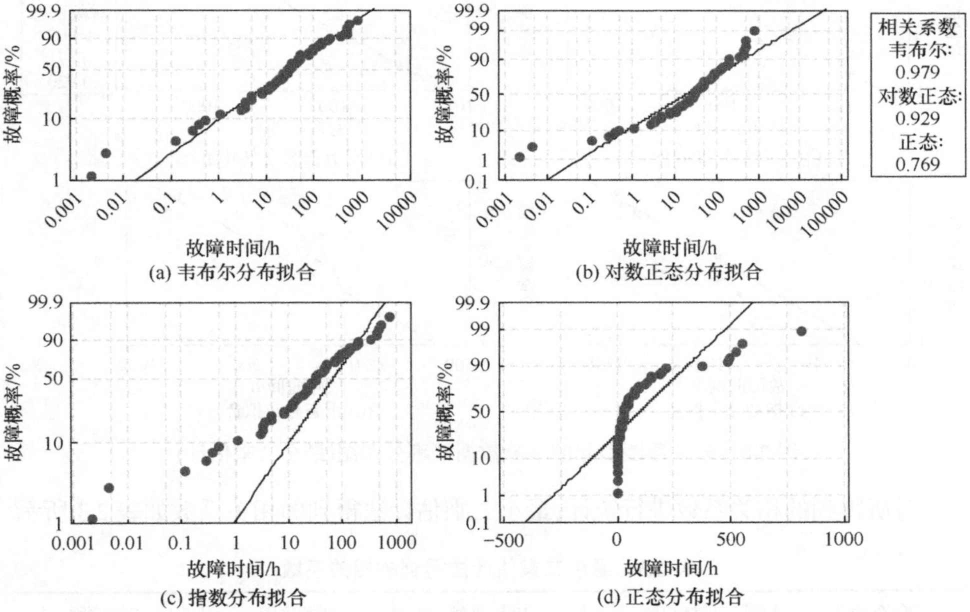

图 2.6 电气故障数据概率分布图(最小二乘估计)

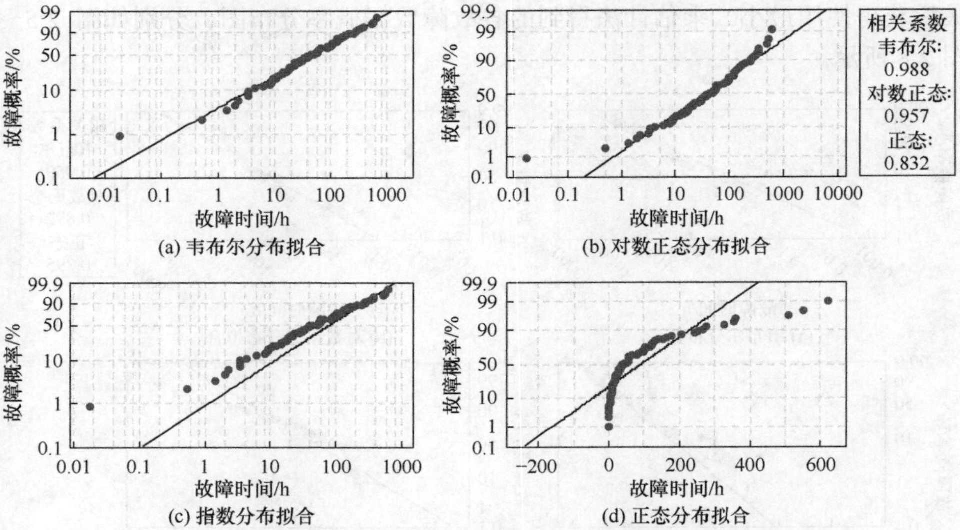

图 2.7　环境原因故障数据概率分布图(最小二乘估计)

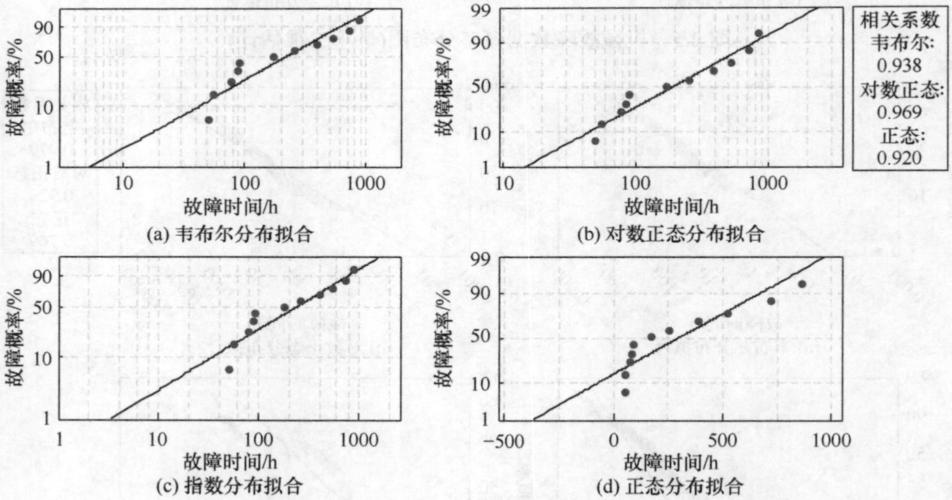

图 2.8　未知原因引起的故障数据概率分布图(最小二乘估计)

对所得到的相关系数进行统计,最小二乘估计法得到的相关系数如表 2.3 所示。

表 2.3　最小二乘估计法得到的相关系数

分布函数	机械故障	电气故障	环境原因	未知原因
韦布尔分布	0.959	0.979	0.988	0.938
对数正态分布	0.892	0.929	0.957	0.969

续表

分布函数	机械故障	电气故障	环境原因	未知原因
指数分布	—	—	—	—
正态分布	0.895	0.769	0.832	0.920

由表 2.3 可知，对机械故障、电气故障、环境原因故障时间间隔利用韦布尔分布函数拟合时，相关系数最大，所以对于这三种故障数据，选择用韦布尔分布函数拟合是最优的；对于未知原因引起的停梯时间间隔数据用对数正态分布函数和韦布尔分布函数拟合时，相关系数相对较大，所以对于未知原因引起的停梯时间数据，选择用对数正态分布函数和韦布尔分布函数拟合是比较好的。

再用极大似然估计法进行分布函数的拟合，用 Minitab 软件对失效时间数据分布进行计算，并用安德森-达林(Anderson-Darling，A-D)检验进行调整，得到的各故障数据概率分布图分别如图 2.9～图 2.12 所示。

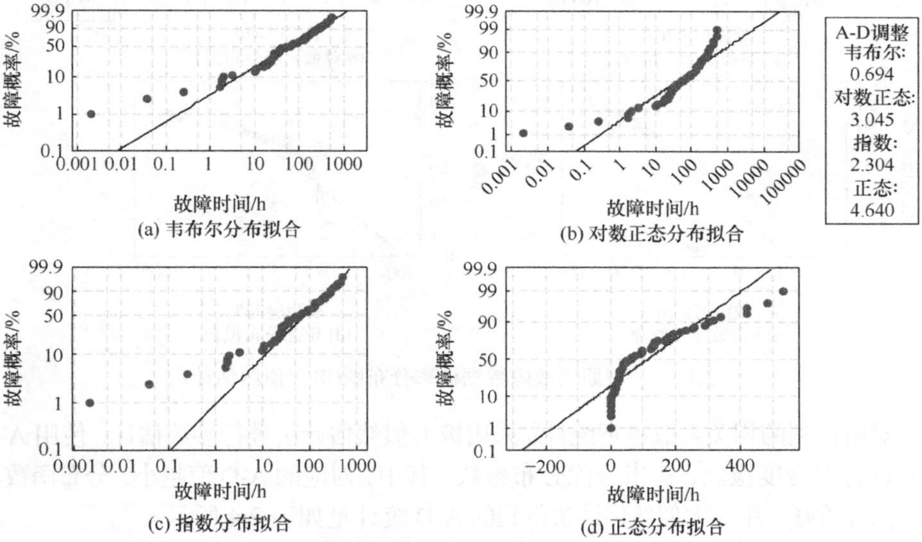

(a) 韦布尔分布拟合　(b) 对数正态分布拟合

(c) 指数分布拟合　(d) 正态分布拟合

图 2.9　机械故障数据概率分布图(极大似然估计)

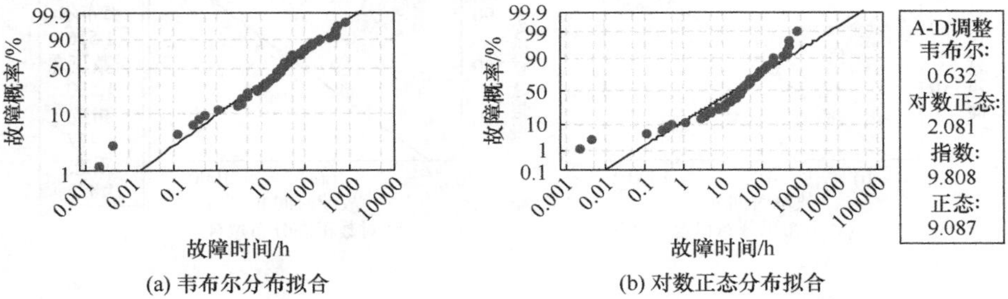

(a) 韦布尔分布拟合　(b) 对数正态分布拟合

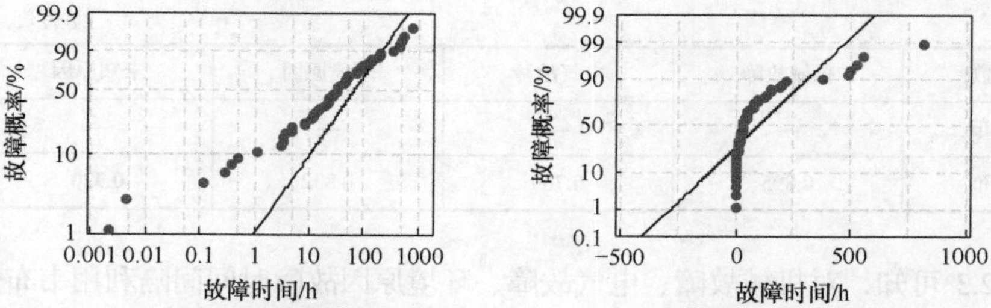

(c) 指数分布拟合　　(d) 正态分布拟合

图 2.10　电气故障数据概率分布图(极大似然估计)

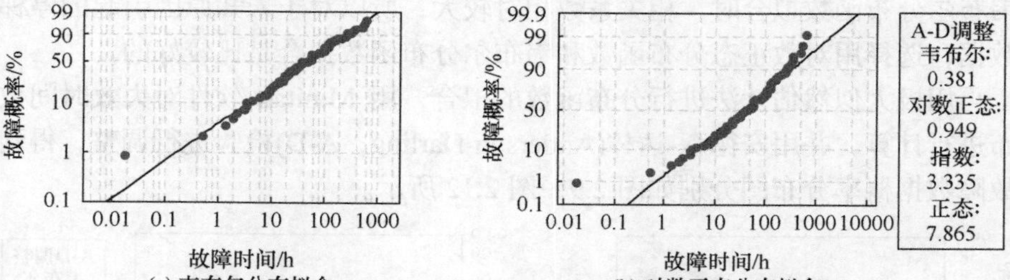

(a) 韦布尔分布拟合　　(b) 对数正态分布拟合

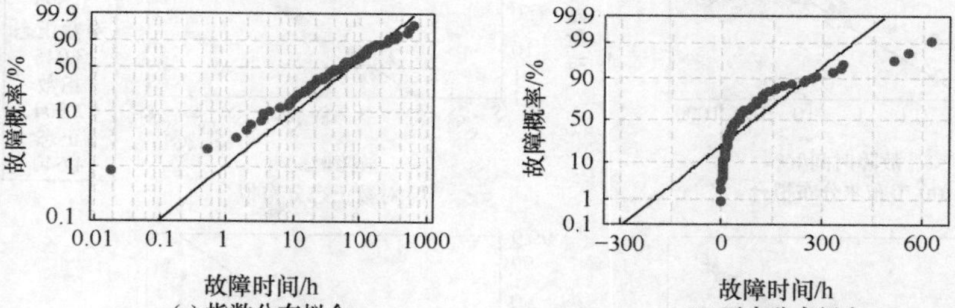

(c) 指数分布拟合　　(d) 正态分布拟合

图 2.11　环境原因故障数据概率分布图(极大似然估计)

对所得到的相关系数进行统计，采用极大似然估计法进行参数估计，使用 A-D 检验进行拟合度检验，得出最优分布参数，其中，对应的 A-D 值越小，分布函数与数据拟合越好。用极大似然估计法得到的 A-D 统计量如表 2.4 所示。

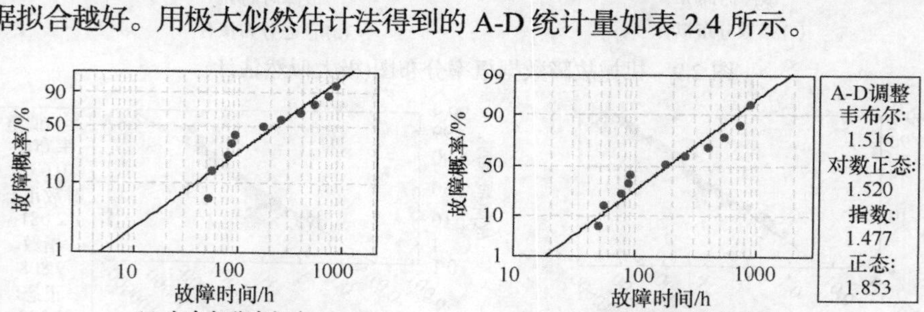

(a) 韦布尔分布拟合　　(b) 对数正态分布拟合

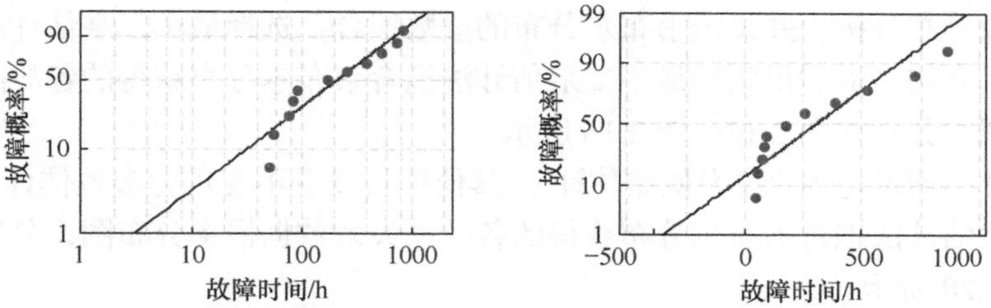

(c) 指数分布拟合　　(d) 正态分布拟合

图 2.12　未知原因引起的故障数据概率分布图(极大似然估计)

表 2.4　用极大似然估计法得到的 A-D 统计量

分布函数	机械故障	电气故障	环境原因	未知原因
韦布尔分布	0.694	0.632	0.381	1.516
对数正态分布	3.045	2.081	0.949	1.520
指数分布	2.304	9.808	3.335	1.477
正态分布	4.640	9.087	7.865	1.853

由表 2.4 可知，对机械故障、电气故障、环境原因故障时间间隔利用韦布尔分布函数拟合时，A-D 统计量最小，所以对于这三种故障数据，选择用韦布尔分布函数拟合是最优的；对未知原因引起的停梯时间间隔用指数分布函数和韦布尔分布函数拟合时，A-D 统计量相对较小，所以对于未知原因引起的停梯时间数据，选择用指数分布函数和韦布尔分布函数拟合是比较好的。

综合以上用最小二乘估计法和极大似然估计法得到的结果，分析可知，机械故障、电气故障、环境原因故障间隔时间数据更符合韦布尔分布；对于未知原因引起的故障时间数据，由于韦布尔分布具有较强的适应性，通过改变韦布尔分布函数的参数可以得到相应的不同类型的分布函数，所以未知原因引起的停梯时间间隔可以用韦布尔函数进行拟合。

3. 参数估计

在 Minitab 软件中，由于在确定分布函数的过程中使用最小二乘估计法得到的是相关系数指标，而使用极大似然估计法得到的是 A-D 统计量指标，所以对于同一种分布函数，无法比较使用哪种估计法进行拟合误差最小，需要进行参数分布分析，得到两种估计法的 A-D 统计量并进行比较。这样不仅可以确定最优的估计法，还能直接得到最佳参数。

先用最小二乘估计法进行韦布尔参数拟合。在 Minitab 软件中选择可靠性分布分析的参数分布分析，并设定韦布尔分布的参数拟合，选择最小二乘估计法，置信度水平是 0.95，最后得到用最小二乘估计法拟合韦布尔分布获得的各故障数据概率分布图，分别如图 2.13～图 2.16 所示。

再将估计选项设定为“极大似然估计”，其他项目设置不变进行参数估计，得到用极大似然估计法拟合韦布尔分布获得的各故障失效数据概率分布图，分别如图 2.17～图 2.20 所示。

用最小二乘估计法和极大似然估计法进行韦布尔分布的拟合后，得到的 A-D 统计量相互比较，A-D 统计量越小，拟合效果越好。A-D 统计量的数值如表 2.5 所示。

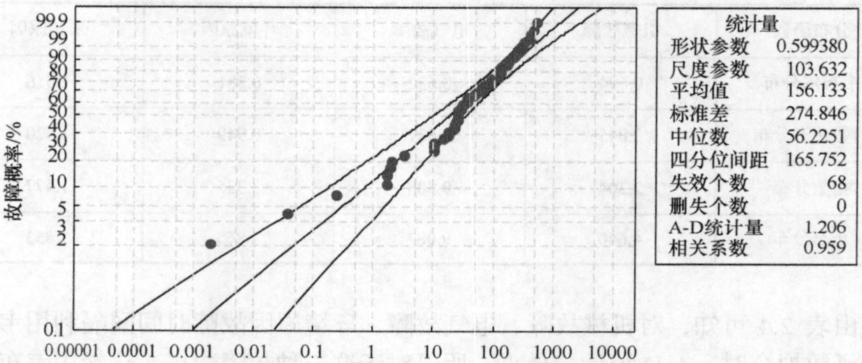

图 2.13 机械故障数据概率分布图(韦布尔-95%置信区间，最小二乘估计)

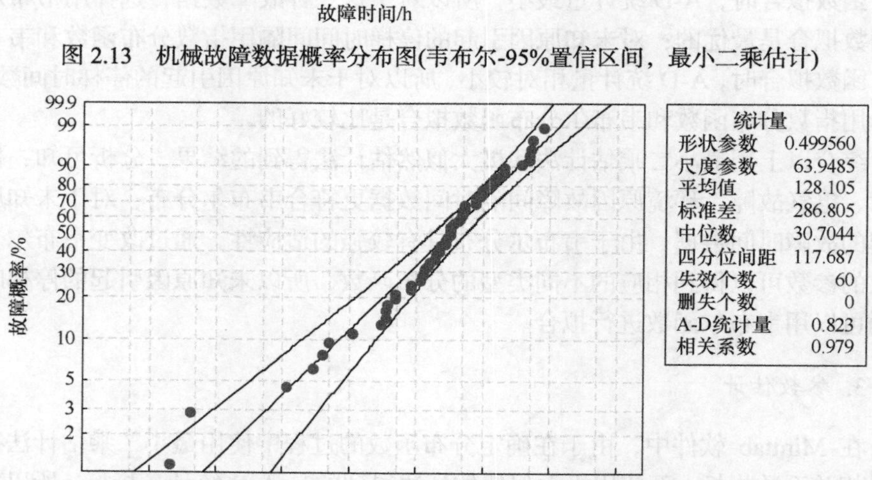

图 2.14 电气故障数据概率分布图(韦布尔-95%置信区间，最小二乘估计)

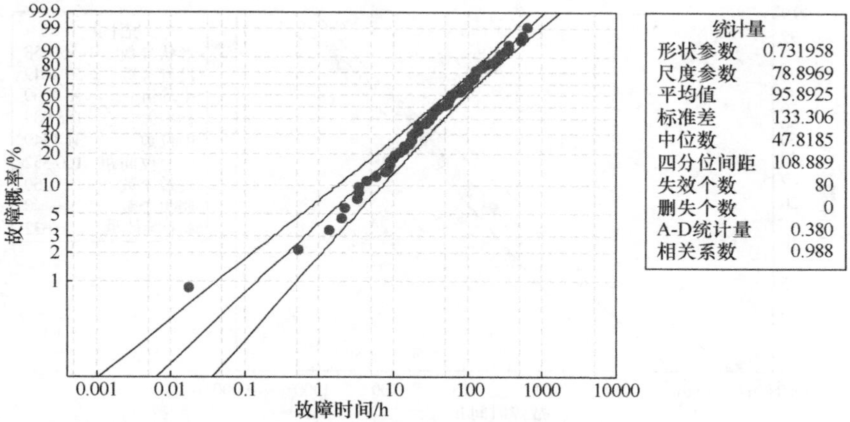

图 2.15　环境原因故障数据概率分布图(韦布尔-95%置信区间，最小二乘估计)

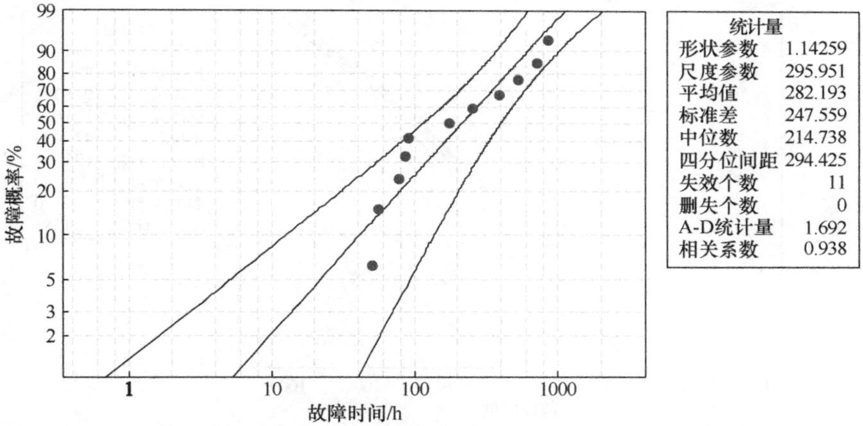

图 2.16　未知原因引起的故障数据概率分布图(韦布尔-95%置信区间，最小二乘估计)

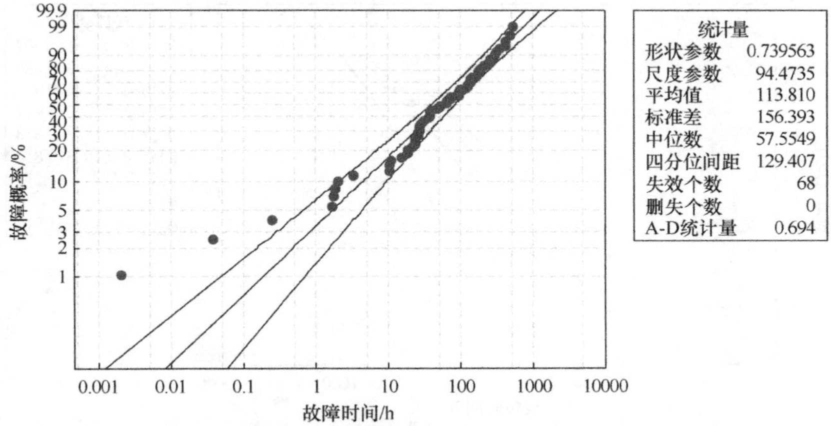

图 2.17　机械故障数据概率分布图(韦布尔-95%置信区间，极大似然估计)

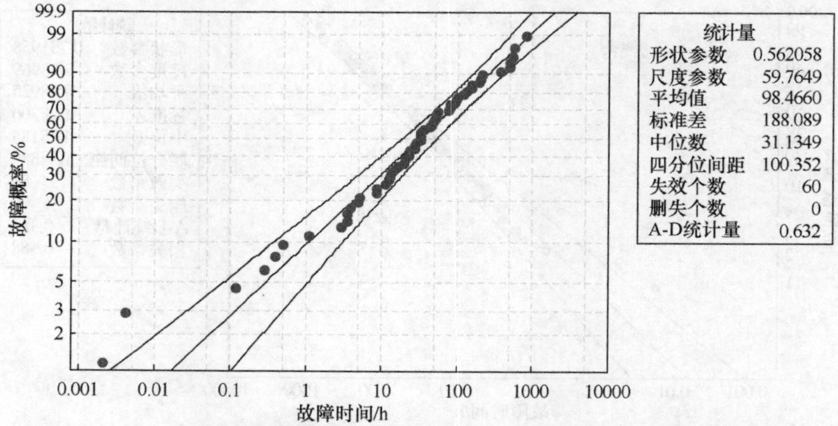

图 2.18　电气故障数据概率分布图(韦布尔-95%置信区间，极大似然估计)

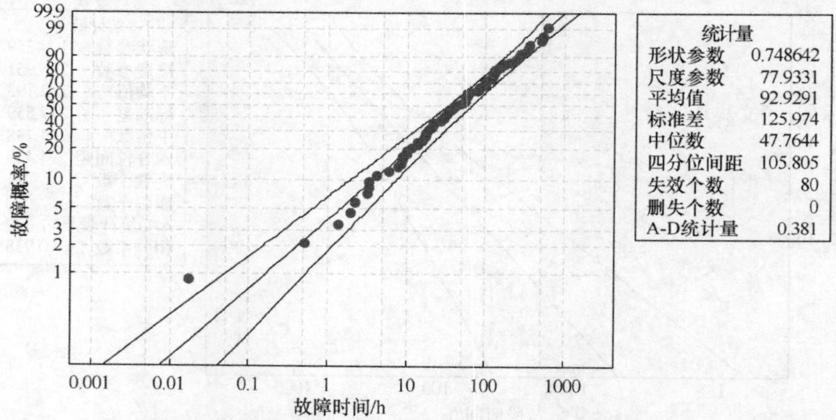

图 2.19　环境原因故障数据概率分布图(韦布尔-95%置信区间，极大似然估计)

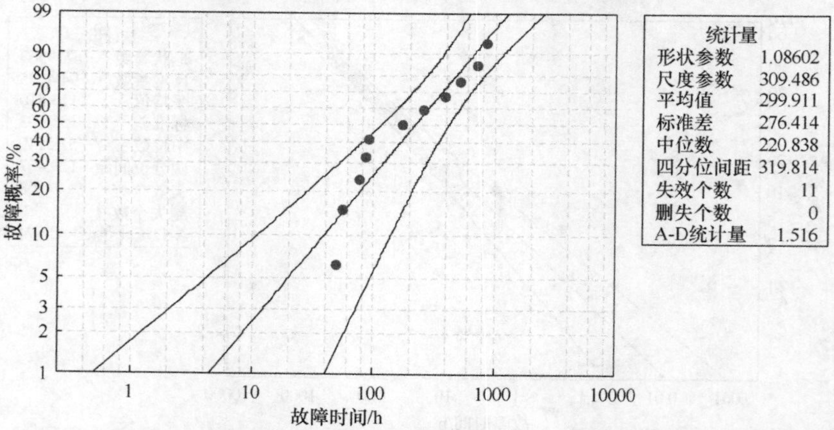

图 2.20　未知原因引起的故障数据概率分布图(韦布尔-95%置信区间，极大似然估计)

表 2.5　两种估计方法得到的 A-D 统计量

估计方法	机械故障	电气故障	环境原因	未知原因
极大似然估计法	0.694	0.632	0.381	1.516
最小二乘估计法	1.206	0.823	0.380	1.692

由表 2.5 可知，机械故障、电气故障和未知原因引起的停梯故障间隔数据用极大似然估计法进行韦布尔分布拟合效果比较好；环境原因引起的停梯故障间隔数据用最小二乘估计法进行韦布尔分布拟合效果比较好。

四种故障时间间隔数据通过韦布尔分布拟合得到的相关参数如表 2.6 所示。

表 2.6　韦布尔分布拟合的相关参数

相关参数	机械故障	电气故障	环境原因	未知原因
形状参数β	0.739563	0.562058	0.731958	1.08602
尺度参数 η	94.4735	59.7649	78.8969	309.486

4. 拟合优度检验

由于参数估计及检验需要大量的计算和查表，这里可以采用 MATLAB 工具进行直接计算。运行得到的拟合优度检验的结果如表 2.7 所示。

表 2.7　拟合优度检验结果

参数	机械故障	电气故障	环境原因	未知原因
h	0	0	0	0
p	0.7279	0.8379	0.9202	0.5719
k	0.0814	0.0774	0.0599	0.2228
c	0.1620	0.1723	0.1496	0.3912

表 2.7 中，h 表示原假设是否成立，如果 h 的值为 0 表示接受原假设，h 的值为 1 表示拒绝原假设；p 表示原假设成立的概率；k 表示测试统计量的值；c 表示是否接受假设的临界值。

由表 2.7 可知，所述四种故障引起的故障间隔时间的检验结果都是接受原假设的，四种故障引起的故障时间数据是服从韦布尔分布的。

5. 确定分布函数

通过以上分析得到四类故障引起的故障时间数据服从分布模型的失效密度函数、失效分布函数和可靠度表达式。

机械原因引起的故障时间数据服从分布模型的失效密度函数、失效分布函数和可靠度表达式分别为

$$f_{机}=\frac{0.739563}{94.4735}\left(\frac{t}{94.4735}\right)^{0.739563-1}\mathrm{e}^{-(t/94.4735)^{0.739563}} \tag{2.2}$$

$$F_{机}=1-\mathrm{e}^{-(t/94.4735)^{0.739563}} \tag{2.3}$$

$$R_{机}=\mathrm{e}^{-(t/94.4735)^{0.739563}} \tag{2.4}$$

电气原因引起的故障时间数据服从分布模型的失效密度函数、失效分布函数和可靠度表达式分别为

$$f_{电}=\frac{0.562058}{59.7649}\left(\frac{t}{59.7649}\right)^{0.562058-1}\mathrm{e}^{-(t/59.7649)^{0.562058}} \tag{2.5}$$

$$F_{电}=1-\mathrm{e}^{-(t/59.7649)^{0.562058}} \tag{2.6}$$

$$R_{电}=\mathrm{e}^{-(t/59.7649)^{0.562058}} \tag{2.7}$$

环境原因引起的故障时间数据服从分布模型的失效密度函数、失效分布函数和可靠度表达式分别为

$$f_{环}=\frac{0.731958}{78.8969}\left(\frac{t}{78.8969}\right)^{0.731958-1}\mathrm{e}^{-(t/78.8969)^{0.731958}} \tag{2.8}$$

$$F_{环}=1-\mathrm{e}^{-(t/78.8969)^{0.731958}} \tag{2.9}$$

$$R_{环}=\mathrm{e}^{-(t/78.8969)^{0.731958}} \tag{2.10}$$

未知原因引起的故障时间数据服从分布模型的失效密度函数、失效分布函数和可靠度表达式分别为

$$f_{未}=\frac{1.08602}{309.486}\left(\frac{t}{309.486}\right)^{1.08602-1}\mathrm{e}^{-(t/309.486)^{1.08602}} \tag{2.11}$$

$$F_{未}=1-\mathrm{e}^{-(t/309.486)^{1.08602}} \tag{2.12}$$

$$R_{未}=\mathrm{e}^{-(t/309.486)^{1.08602}} \tag{2.13}$$

四种原因引起的故障时间数据服从分布模型的失效分布函数图如图 2.21 所示。

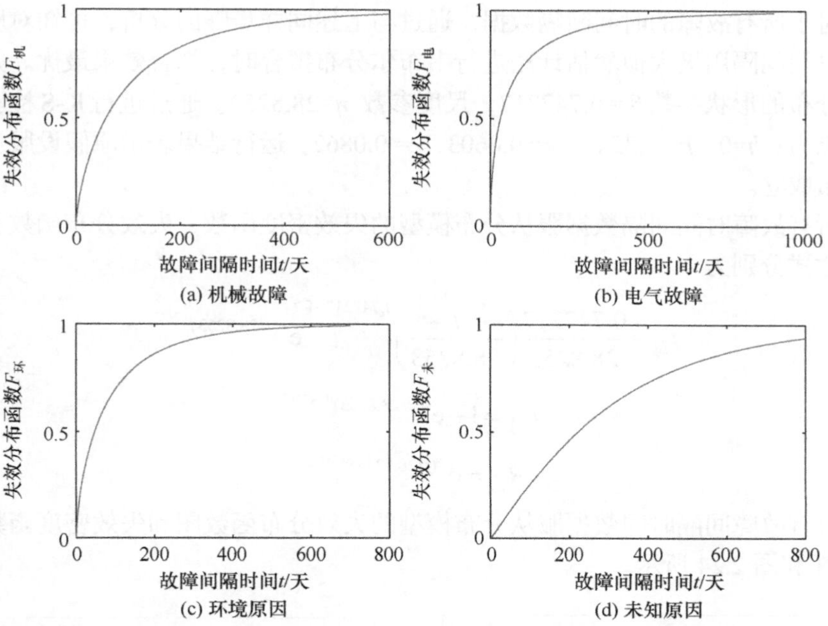

图 2.21 四种原因引起的故障时间数据服从分布模型的失效分布函数

四种原因引起的故障时间数据服从分布模型的失效密度函数如图 2.22 所示。

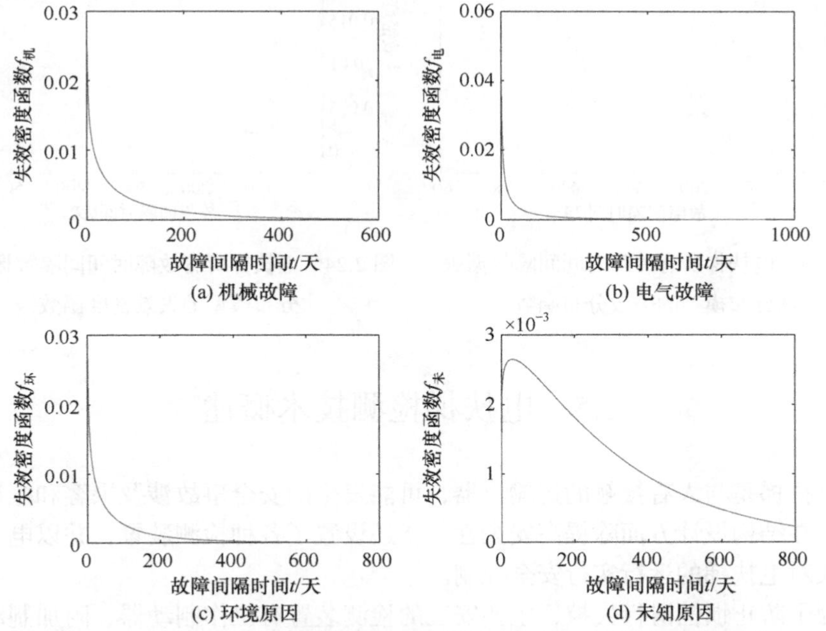

图 2.22 四种原因引起的故障时间数据服从分布模型的失效密度函数

对于所有故障的时间间隔数据，通过与上述同样步骤的分析，可知对所有故障的时间间隔用极大似然估计法进行韦布尔分布拟合时，拟合效果最优。并且韦布尔分布的形状参数$\beta = 0.747217$，尺度参数 η=28.8253。通过进行 K-S 检验，运行结果为：h=0，p= 0.3242，k= 0.0603，c= 0.0862，运行结果表示原假设服从韦布尔分布成立。

所有故障时间间隔数据服从分布模型的失效密度函数、失效分布函数和可靠度表达式分别为

$$f_{总} = \frac{0.747217}{28.8253}\left(\frac{t}{28.8253}\right)^{0.747217-1} \mathrm{e}^{-(t/28.8253)^{0.747217}} \tag{2.14}$$

$$F_{总} = 1 - \mathrm{e}^{-(t/28.8253)^{0.747217}} \tag{2.15}$$

$$R_{总} = \mathrm{e}^{-(t/28.8253)^{0.747217}} \tag{2.16}$$

所有故障间隔时间数据服从分布模型的失效分布函数图和失效密度函数图如图 2.23 和图 2.24 所示。

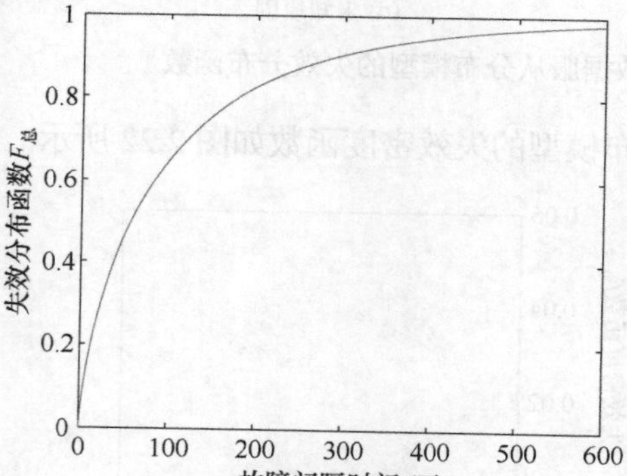

图 2.23　电扶梯所有故障时间间隔数据服从分布模型的失效分布函数

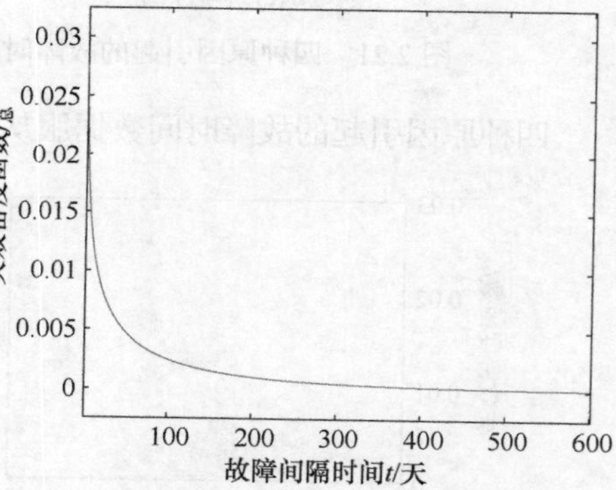

图 2.24　电扶梯所有故障时间间隔数据服从分布模型的失效密度函数

2.5　电扶梯检测技术概述

电扶梯是与人有接触的运输机器，可能发生的安全事故涉及乘客和操控者。电扶梯在结构设计方面除提高安全性外，还设置了各种检测装置，并以电气控制的方式对电扶梯的运行实行安全控制。

为了防止惯性滑行失控，主要安装的检测装置有工作制动器、附加制动器、

驱动链监控装置、超速保护装置、逆转保护装置、梯级链保护开关、过载保护装置等。防挤夹保护装置主要有梳齿板保护装置、围裙板安全开关、扶手带入口保护装置、围裙板毛刷、梯级运行安全装置等。防跌倒保护装置主要有扶手带断带保护装置、扶手带速度监控装置、梯级下陷保护装置、梯级缺失检测装置、梯级运行安全装置、楼层板安全开关和制动距离检测装置。

2.6 本章小结

电扶梯作为一种公共服务设施，保障其安全性尤为重要。为了提高电扶梯的工作效率，让其更好地服务乘客，我们很有必要研究电扶梯的故障，对电扶梯的故障进行深入了解、分析，并运用各种检测技术，确保电扶梯不会威胁到乘客的生命安全。

参考文献

[1] 史信芳, 蒋庆东, 李春雷, 等. 自动扶梯[M]. 北京: 机械工业出版社, 2014.
[2] 陈光南. 天津地铁电梯设备维护管理研究[D]. 天津: 天津大学, 2012.
[3] 全国电梯标准化技术委员会. 自动扶梯和自动人行道的制造与安装安全规范: GB 16899—2011[S]. 北京: 中国标准出版社, 2011.

第3章 电扶梯梯级链劣化机理与力学分析模型

电扶梯梯级链采用链传动的方式进行，链传动具有结构简单、传动效率高、可靠性高、方便快捷等优点，已作为力传递的介质广泛用于各种机械设备中，是机械设备的基础部件之一。链传动同时具有链轮传动和带传动的优点，是一种啮合传动方式[1]。现有的对链传动的研究，主要集中于通过大量实验进行。但对于梯级链的实验研究，由于其体积大、实验条件受限等问题，很难实现动力学实验。基于动力学软件进行梯级链链传动动力学建模无疑是一种新的研究方法与技术[2]，这种方法能够很好地克服实际实验过程中的问题，将梯级链的运行状态真实地模拟出来，对进行梯级链运动学和动力学分析具有重要的现实意义。

3.1 电扶梯梯级链介绍

梯级链系统作为电扶梯重要的链传动系统之一，主要结构包括滚子链、链轮、导轨等，其中导轨的作用是支撑梯级轮传递的载荷，以及使得梯级链按照既定的路径运行，防止跑偏，其产生故障的概率非常低。容易发生故障的部件主要有内链板、外链板、销轴、套筒、滚子、链轮，而且这几种部件的故障通常会相互作用相互影响。研究梯级链结构的劣化故障对保证电扶梯安全具有重要意义。滚子链结构如图3.1所示。

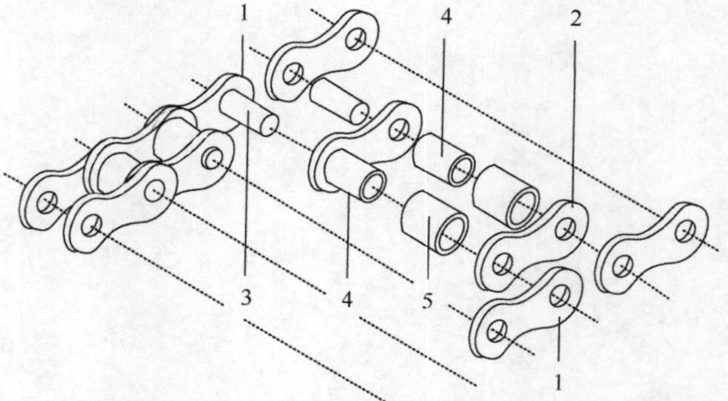

图3.1 滚子链结构

1-外链板；2-内链板；3-销轴；4-套筒；5-滚子

3.2　梯级链常见故障及劣化机理

梯级链的故障及劣化可按劣化类型和损耗的零部件对象分为两类，不同的劣化类型对应不同的劣化机理，而对于同一零部件而言，该零件的劣化可能受到多种劣化形式的共同作用[3,4]。

3.2.1　按劣化类型分类

链传动主要是由链条和链轮组成的，其关键薄弱部件为链条，链条的传动失效往往出现在链条中最薄弱的链节或链节内部最薄弱的零件上。链轮在工作中也容易出现塑性变形或磨损，但使用经验表明，一般情况下链轮的疲劳寿命是链条的 2 倍以上。

链传动依靠链条与链轮之间的相互啮合传递运动和动力，由于啮合的特点，在链条与链轮之间以及链条的零件之间不可避免会产生摩擦和冲击，造成链劣化失效。链传动的失效形式主要有以下几种。

1. 磨损失效

一般来说，滚子链链条磨损机制分为磨粒磨损、疲劳磨损、黏着磨损三种。磨粒磨损性能与磨粒的数量及尺寸相关，当磨粒数量较多、尺寸较大时其磨损程度比一般工况下的磨粒磨损严重得多。当磨粒数量较多时，更多的磨粒对零件直接进行挤压或切削零件使之变形，当磨粒尺寸较大时，磨粒大小主要影响其压入深度和磨痕宽度。实验表明，滚子链疲劳磨损性能主要表现为销轴、套筒零件表层的裂纹生成、扩展与剥落。滚子链销轴、套筒零件表面由于冲击多和载荷交变产生了较大的交变冲击接触应力，并在表层产生了周期性的塑性变形和错位变形，累积到一定程度，即在表层生成裂纹，在循环接触应力的作用下，裂纹扩展、长大，相邻裂纹连通并导致剥落。而传动过程中产生的振动和冲击会导致很大的瞬时接触应力，从而破坏油膜，使得套筒与销轴直接接触，进而产生黏着磨损。

磨粒磨损用拉宾诺维奇(Rabinowicz)模型表示为

$$W=\frac{\tan\theta}{\pi}\frac{FS}{H}=K\frac{FS}{H} \tag{3.1}$$

式中，W 为磨损体积；F 为载荷；K 为磨损系数；H 为材料的布氏硬度；S 为相对滑动距离；$\tan\theta$ 为各圆锥磨粒与磨损表面交角正切值的均值。

疲劳磨损的克拉盖尔斯基模型为

$$I_h = \frac{H}{S} = \sqrt{\frac{h}{r}} \frac{A_r}{A_n} \frac{k}{n} \tag{3.2}$$

式中，I_h 为线磨损率；h 为压入的深度；r 为微凸体顶部平均半径；A_r 为真实接触面积；A_n 为表观接触面积；k 为与微凸体形状和高度有关的参数；n 为材料破坏时的加载循环次数。

黏着磨损的磨损量计算公式为

$$\frac{W}{S} = K \frac{F}{H} \tag{3.3}$$

式中，W 为磨损体积；S 为相对滑动距离；F 为载荷；H 为材料的布氏硬度。

链条磨损后会造成链伸长，从而使松边垂度增大，导致链条容易发生跳动，并引起链传动冲击增大。当链条磨损伸长到一定程度后链条与链轮的啮合状态恶化，会发生爬高和跳齿现象。滚子或套筒爬高到齿顶上会引起齿顶挤坏滚子或套筒表面，也会引起链条的过载以及跳齿产生强烈的瞬间冲击。此外，过量磨损也会增大动载荷、振动和噪声以及产生其他形式的破坏。

链条的磨损主要发生在销轴与套筒之间，链条因磨损而变长是一个渐进的过程，大致包括三个阶段，如图 3.2 所示。

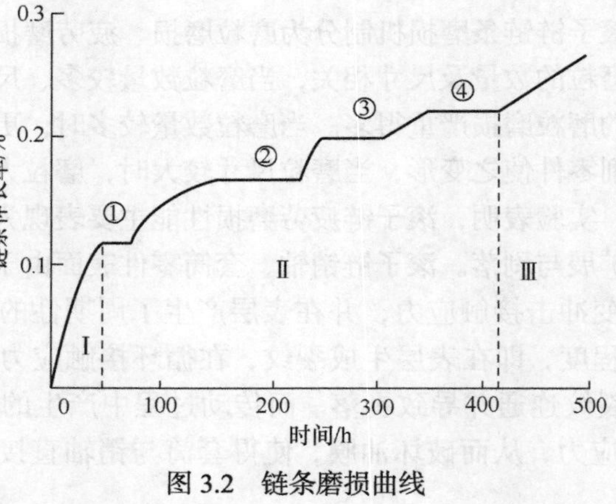

图 3.2　链条磨损曲线

1) 快速磨损阶段 Ⅰ

在磨损初期，其运转时间仅占整个实验时间的 10%，而其磨损量却高达总磨损量的 50%左右。一般认为，这是由于套筒零件过盈压入内链板孔后，套筒内径产生的颈缩和整链的框架歪斜以及销轴、套筒零件制造过程中产生的毛刺等，滚子的早期多冲疲劳破坏也发生在此阶段，并且两者失效的原因都是由工艺引起的。

2) 磨损缓和期Ⅱ

这一阶段为缓慢的润滑磨损，销轴恰当地位于套筒中，承载区域得到充足的润滑。在磨损缓和期，每隔 10h 或 25h 所测得的链长数值有时是一致的，表现在磨损曲线上出现多处平台(①～④)，但这并不表明磨损过程不再进行，而是进一步证实了套筒、销轴零件疲劳裂纹形成、扩展与剥落的动态过程。因为在两次平台中间可以很明显地看到有相应的磨损，即在相邻两次或三次测量链长的磨损试验周期内，虽然疲劳裂纹也在形成与扩展，但并未剥落，因而所测得的链长数据是基本相同的。以往行业内将这一现象往往解释为检测仪器不准确或者检测方法不当。实际上，高速滚子链这种特有的磨损特性，主要是由于高速下套筒与销轴零件间易于形成动压承载油膜，减轻了铰链副的磨损。这一平台特性在相同油润滑条件下的中低速滚子链，以及磨粒磨损工况下的滚子链中是很少见的，主要是由于磨损机制和动压承载油膜的形成条件不同。

3) 快速磨损末期Ⅲ

这一阶段润滑可能无效或失效，或者销轴与套筒的表面淬硬层被磨掉，或者链条变长，使得个别节点的负载急剧增加，当载荷超过屈服极限时，链条发生塑性变形，链板、链板孔被拉长，导致链条不能正常工作。

2. 疲劳破坏

梯级链是低速重载的传动链条，在链条与链轮啮合过程中，由于多边形效应而产生一个由啮入冲击引起的动载荷，而且随着链轮齿数的减少啮入冲击增强。在链轮转动并与梯级链不断啮合和分离过程中，梯级链在进入链轮齿间时，与链轮齿有一定的切角，梯级链和链轮相互摩擦和冲击，啮入冲击首先由滚子承受，然后再传递给套筒、销轴和链板。这样滚子和套筒就受到反复多次的冲击载荷，经过一定次数的循环后就会发生小能量高周期冲击疲劳破坏。如果润滑正常，疲劳损坏常是限制链条承载能力与寿命的主要因素。

3. 胶合

每一个链节在啮入链轮的过程中，外链节相对于内链节将产生相对转动，并产生一定的冲击。在链传动中，铰链副的摩擦表面受冲击作用会产生摩擦热，甚至造成润滑油膜的破坏，使两金属表面直接接触产生胶合现象。当铰链副发生胶合时，如果相邻链节进行相对转动，则会造成铰链副摩擦表面擦伤，甚至可能使销轴扭断或使销轴及套筒被迫在链板孔内转动，从而使链条破坏。

4. 链条的动载多冲疲劳断裂

反复启动、制动或正反交替运转的链条会产生冲击载荷，严重时会发生低周冲击疲劳破坏，造成销轴和链板冲击断裂或多冲疲劳断裂以及套筒和滚子的多冲疲劳断裂。

5. 静力过载拉断

在低速重载的链传动中，链条承载能力受到链条元件静拉力强度的限制，会发生静力过载拉断。当磨损的链条在链轮上发生爬高和跳齿时，也易引起静强度破断。一般较多发生静力过载拉断的链条元件有外链板和内链板。

6. 非正常失效

电扶梯的运行环境复杂，外界的雨水和灰尘落到梯级链上，与链上的润滑油混合进入梯级链结构内部，形成研磨介质，极大地增强了销轴和套筒之间的磨损效果，使得销轴外径越磨越细，套筒内径越磨越大。加之在磨损过程中，从销轴和套筒表面研磨下的金属颗粒，作为新的磨粒加剧了相互之间的磨损效果。

除此之外，在滚子链中，因为销轴与外链板、套筒与内链板之间达不到足够的连接牢固度，将出现由于相对转动而产生的磨损，也能致使链条丧失正常的工作能力，这也属于链传动的非正常失效。

3.2.2 按零部件分类

1. 链板

在润滑和密封良好的中低速闭式链传动中，链板的疲劳断裂比较常见，这是因为链条在循环运转中，不断经受较大的紧边张力和较小的松边张力的交替反复作用，造成链板孔两侧的应力集中区产生较大的交变应力，因此经过一定次数的循环后就会发生链板应力集中区的疲劳破坏。

梯级链的内链板与外链板在梯级链运行过程中不可避免地产生振动，使得梯级链产生屈伸，此时梯级链的内链板和外链板之间相互转动，相互摩擦，在负载作用下变形伸长。而梯级链产生屈伸的原因在于，链条与链轮啮合的前一瞬间，梯级的主轮和副轮都离开了导轨，导轨与链轮之间的间隙使得梯级链的运行产生波动，从而使梯级链屈伸，梯级链内链板和外链板相互转动并摩擦；在长时间的使用后，梯级链的磨损加剧，链节距伸长，梯级链与链轮啮合过程中，链节距与链轮齿距不匹配，使得链节在比链轮的分度圆直径大的圆上运动，梯级链会发生振动，产生屈伸；梯级导轨接缝处不平整、变形，导轨表面存在异物等原因，使得梯级链在运行过程中产生波动，引起梯级链屈伸；梯级的主轮和副轮、梯级链滚轮的变形损坏都能够引起梯级链的屈伸。

2. 滚子

在链条运转中，往往发生滚子的早期多冲疲劳破坏，其表现形式为滚子的早期碎裂失效，即滚子碎裂脱落及未脱落的滚子出现掉块现象。

通过对滚子内表面及碎裂后断口的扫描分析，发现在滚子链的滚子内表面有许多在制造过程中产生的沿轴向分布且较深的微观加工划痕，在滚子内表面端部出现较深的加工台阶，其中有一些已作为裂纹萌生源而形成了裂纹。该加工台阶也易作为裂纹源，促使滚子碎裂，而断口边缘沿滚子内表面加工划痕处整齐断裂，可以证实加工划痕可作为裂纹。另外，滚子的化学成分、显微组织及硬度均满足滚子的强韧性要求，都无法导致滚子早期失效。因此，滚子内表面加工质量差是滚子早期失效的主要原因，滚子的失效应该为早期多冲疲劳破坏。

滚子的疲劳失效机理：链条在运转过程中，滚子受到反复循环作用力的作用，在滚子内表面产生最大拉应力，且在其内表面的微观加工划痕处形成应力集中。因此，多冲疲劳裂纹首先萌生于滚子的内表面，然后向滚子心部扩展，即经冷镦加工所形成的加工划痕及台阶处，并扩展至断裂，导致滚子整体断裂脱落；而在横向台阶处萌生的裂纹扩展，导致滚子端部局部断裂，产生掉块现象，这就最终造成滚子的早期多冲碎裂。滚子裂纹的萌生与扩展结果分别如图 3.3(a)和(b)所示。

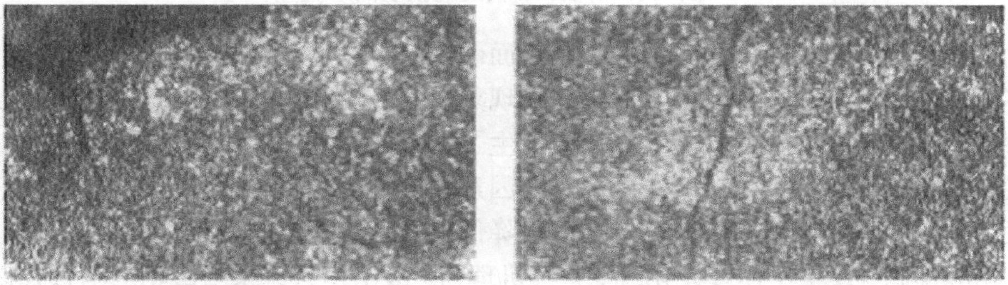

(a) 裂纹的萌生　　(b) 裂纹的扩展

图 3.3　滚子裂纹的萌生与扩展

广州地铁梯级链滚子的磨损失效机理：广州的环境情况较差，酸雨频率高，降水 pH 低，空气可吸入颗粒物、降尘浓度都比较高。再加上广州是高温、湿热、多雨地区，日照时间长、日晒强度高、湿度大，一年中大约有 1/3 的日子是降雨天，这一切都很不利于电扶梯在露天条件下工作。沙尘从电扶梯的间隙进入电扶梯内部，特别是在下雨天形成了泥沙，流入电扶梯内部，这成了梯级链、梯级滚轮和轴承报废的主要原因，滚轮在加入的泥沙研磨后，在酸雨的作用下加速腐蚀。可见，酸雨、沙尘是导致这些运动部件报废的主要原因。

3. 销轴与套筒

销轴磨损表面呈现了深浅不一的剥落坑，同时产生了明显的黏着现象；而套筒磨损表面呈现了较大的剥落坑，同时布满了较小的交叉的疲劳裂纹。分析认为，这是由于在多冲且速度和载荷交变条件下，在销轴和套筒表面产生较大的交变冲击瞬时接触应力和振动，表层周期性的塑性变形和位错变形累积到一定程度，即在表层生成裂纹；在循环接触应力作用下，裂纹扩展和长大，相邻裂纹连通并导致剥落。同时，由于摩擦热的作用，在较高硬度的销轴磨损表面上产生了黏着现象。销轴和套筒的磨损表面形貌分别如图 3.4(a)和(b)所示。

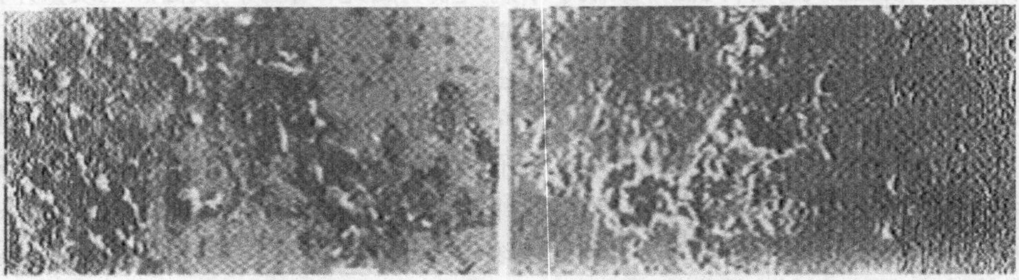

(a) 销轴　(b) 套筒

图 3.4　销轴和套筒的磨损表面形貌

销轴和套筒运转一段时间后，其表面硬度都有一定程度的下降，销轴和套筒零件表层在运转过程中发生了循环软化现象。其机理为：链条的多冲、速度与载荷的循环交变特性，使销轴和套筒间产生了较大的摩擦热；而销轴和套筒表层是碳氮共渗所形成的硬化层，在摩擦热等因素的影响下，高硬度的表层精细结构发生了显著的变化，从而导致其位错密度降低、硬度下降。同时，滚子的表面硬度也相应提高，发生了循环硬化现象。其机理为：滚子作为链条与链轮的啮合元件，直接承受较大的冲击载荷，在销轴-套筒-滚子的铰链副中，滚子处于最外侧，它所积累的摩擦热也较小，因而在多冲的循环接触应力作用下，表层发生了塑变与加工硬化，导致了其位错密度增加、硬度提高。应当指出，当循环软化使表层硬度下降至某一临界值时，在循环接触应力的作用下，表层发生了塑变与加工硬化，导致位错密度增加、硬度提高，产生循环硬化现象。当循环硬化使表层的硬度提高至某一临界值时，又将产生下一周期的循环软化。因而，软化与硬化是一个动态循环过程。

滚子、套筒的疲劳寿命的计算公式为

$$L_R = 15000\left(\frac{K_m N_R L_t^{\frac{1}{a}}}{K_s N}\right)^a \tag{3.4}$$

式中，L_R 为滚子、套筒的疲劳寿命(h)；K_m 为链条的多排系数；N_R 为帐篷曲线上的链条额定功率(kW)；L_t 为以节距计算的链条长度(kn)；a 为滚子、套筒的疲劳指数；K_s 为链条的使用系数；N 为链条的使用功率(kW)。

链条的多排系数 K_m 和链条的使用系数 K_s 分别如表 3.1 和表 3.2 所示。

表 3.1　链条的多排系数 K_m

链条排数	1	2	3	4	5	6	8
多排系数	1	1.7	2.5	3.3	3.9	4.5	5.7

表 3.2　链条的使用系数 K_s

负载类型	不同动力下的链条使用系数		
	内燃机液力传动	电动机电力传动	内燃机机械传动
平稳负荷	1.0	1.0	1.2
中等冲击负荷	1.2	1.3	1.4
较大冲击负荷	1.4	1.5	1.7

4. 链轮

链轮的主要失效形式为磨损，断齿或强度破坏的失效形式较少发生。

从链轮与链条的啮合作用知道，链节距与链轮齿节距是链轮与链条啮合作用的重要参数，链节距的破坏，即链节距数值超出一定范围将意味着啮合传动失效。啮合传动失效会加剧链轮齿与链节之间的碰撞，造成轮齿的加剧磨损、疲劳破坏或冲击断裂。因此，链条的磨损所导致的链节距的增加是造成链轮齿失效的重要因素之一。同时，链轮磨损到一定程度后，齿面凹陷变大，节距发生变化，导致链条啮合不良，从而加速链条的损坏。

链轮不对中将会大大缩短链传动的有效寿命，如链轮在轴上发生移动或由于轴承磨耗而使链轮发生摇摆，从而造成套筒链板内侧的“明显磨损”，以及链轮齿侧面的“严重磨损”。

链轮的磨耗形式：

(1) 当对中不良时，链轮齿会出现侧面磨耗的情况。

(2) 当对中良好时，链轮齿的棘轮齿磨耗形式出现在磨耗后伸长了的链条在链轮上运转时，链条的正常磨耗使链条节距稍稍变大，故运转中链条将骑在链轮齿的顶部以适应伸长了的节距，结果使齿形变成棘轮齿。继续使用磨耗了的链条将会完全破坏链轮。

(3) 当对中良好时，“钩子”形磨耗通常发生在新链轮上或换过几次链条的正常链轮上。在这种情况下，链条的节距并未增大。发生这种磨损现象的原因是链条的滚子打击链轮的轮齿。当这种现象变得明显时，齿的一边呈“钩子”形状，就会出现“挂住”链条的倾向。严重时齿的端部会崩掉，造成传动被破坏。

改善链轮磨损的可行性措施：

(1) 保证链条与链轮节距一致，在设计中使链条节距适当小于链轮节距对改善磨损有一定好处。但过大的误差会引起链条冲击。

(2) 提高齿面硬度，在张力大的地方采用铸钢轮或冷模铸造以提高齿面质量。

根据材料磨损有关的理论，摩擦副软材料的磨损量、齿廓和齿槽的磨损程度的计算公式为

$$W_c = \frac{KNl}{3\sigma_{\mathrm{sd}}} \tag{3.5}$$

式中，W_c为在一次摩擦过程中的磨损体积；K为磨损系数(与摩擦系数、发生接触的概率有关)，如钢、铸铁的 $K=10^{-3}\sim10^{-2}$；N为接触面法向作用力；l为滑移距离；σ_{sd}为软材料的压缩屈服极限。

对于中低速链传动，其主要失效形式为过载拉断，故应按静强度计算，校核其静强度安全系数，当计算的安全系数小于规定值时，链条可能出现强度拉断失效，即安全系数为

$$s = \frac{F_Q m}{K_A F_t} \tag{3.6}$$

式中，s为静强度安全系数，取值范围为 4～8；F_Q为单排链条的极限拉伸载荷；m为链条排数；K_A为链传动的工况系数；F_t为链所承受的圆周力。

链传动的工况系数 K_A 示例如表 3.3 所示。

表 3.3 链传动的工况系数 K_A

载荷种类	工作机械举例	原动机 K_A	
		电动机或汽轮机	内燃机
平稳载荷	液体搅拌机、离心泵、纺织机械、轻型运输机、链式运输机、发动机	1.0	1.2
中等冲击载荷	一般机床、压气机、食品机械、一般造纸机械、大型鼓风机	1.3	1.4
较大冲击载荷	锻压机械、矿山机械、工程机械、石油砖井机械、振动机械	1.5	1.7

3.3　梯级链和链传动的失效形式分析

3.3.1　梯级链的失效形式分析

在实际过程中，特别是在润滑不当和防护措施不当的情况下，作为循环运动的复杂负载传递机械，梯级链部件的磨损是梯级链发生故障的主要原因，如下所示。

梯级链的内链板与外链板磨损。在梯级链运行过程中不可避免地产生振动，使得梯级链产生屈伸，此时梯级链的内链板和外链板之间相互转动，相互摩擦，在负载作用下变形伸长。而梯级链产生屈伸的原因在于，链条与链轮啮合的前一瞬间，梯级的主轮和副轮都离开了导轨，导轨与链轮之间的间隙使得梯级链的运行产生波动，从而使梯级链屈伸，梯级链内链板和外链板相互转动并摩擦；在长时间的使用后，梯级链的磨损加剧，链节距伸长，在梯级链与链轮啮合过程中，链节距与链轮齿距不匹配，使得链节在比链轮的分度圆直径大的圆上运动，梯级链会发生振动，产生屈伸；梯级导轨接缝处不平整、变形，导轨表面存在异物等原因，使得梯级链在运行过程中产生波动，引起梯级链屈伸；梯级的主轮和副轮、梯级链滚轮的变形损坏都能够引起梯级链的屈伸。

梯级链的销轴和套筒磨损。电扶梯的运行环境复杂，外界的雨水和灰尘落到梯级链上，与链上的润滑油混合进入梯级链结构内部，形成研磨介质，极大地增强了销轴和套筒之间的磨损效果，使得销轴外径越磨越细，套筒内径越磨越大。加之在磨损过程中，从销轴和套筒表面研磨下的金属颗粒，作为新的磨粒加剧了相互之间的磨损效果。

滚子和链轮磨损。梯级链是低速重载的传动链条，由链轮驱动，通过链轮与链条的不断啮合作用，梯级链不断地运行。在链轮转动并与梯级链不断啮合和分离的过程中，梯级链在进入链轮齿间时，梯级链与链轮齿有一定的切角，两者相互摩擦和冲击，使得滚子和链轮齿磨损或变形。

3.3.2　链传动的失效形式分析

链传动的主要部件是链条和链轮，在运行过程中，链节是一个容易发生失效的部件，链轮随着与链条的啮合会发生变形和磨损，而链条与链轮之间的冲击加大了两者的失效速度。链传动的失效形式主要有以下几种。

1. 铰链副磨损失效

链条的各零部件在工作过程中都会发生磨损破坏，尤其是销轴和套筒的铰链副表面的磨损。链条磨损后会造成链伸长，从而使松边垂度增大，使得链条产生上下波动，导致链传动产生强烈的冲击。当链条伸长到一定长度时链条与链轮的啮合发生变化，出现跳齿的情况，这样链轮就会与滚子发生冲击，破坏滚子进而波及内部的套筒，套筒发生劣化。

2. 链板的疲劳破坏

在充分润滑的中低速链传动中，容易发生链板的疲劳劣化。链条在周期性运行过程中，受到紧边和松边张力的交替累积影响，使得链板孔两侧的应力集中区形成很强的交变应力，这种应力集中逐渐累积到一定程度就会发生疲劳破坏。

3. 滚子或套筒的冲击疲劳破坏

链条与链轮啮合时，因为多边形效应的存在，将会有一个由啮入冲击引发的动载荷，而且链轮齿数越少，啮入冲击越强。在滚子链传动过程中，啮入冲击开始作用于滚子，之后传递给套筒、销轴和链板。这样滚子和套筒就受到反复多次的冲击载荷，经过一定次数的累积后就会发生小能量高周期冲击疲劳破坏。

4. 销轴与套筒的胶合

链节与链轮啮合时，两者之间会产生转动，并伴随相应的冲击。在链传动过程中，铰链副的摩擦表面受冲击作用会产生摩擦热，更有甚者可能会损坏润滑油膜而出现胶合。

5. 链条的动载多冲破坏

反复启动、制动或正反交替运转的链条会产生冲击载荷，严重时会发生冲击疲劳破坏，造成销轴和链板冲击断裂以及套筒和滚子的多冲疲劳断裂。

6. 静力过载拉断

在低速重载的链传动中，链条承载能力受到链条零件的静拉力强度的作用，链条会被静力过载拉断。一般经常被静力过载拉断的链条零件是外链板和内链板。

磨损是链条失效的主要形式之一。当链条运行时，磨损使零件间的配合间隙增加，使得链条运行时的冲击和噪声增大，甚至出现跳齿或脱链，导致链条达不到预期的工作寿命。链条的磨损可出现在内链板和外链板之间、销轴和套筒之间、滚子和套筒之间等。链传动一般用在工作环境比较恶劣的场合，如高油、多尘、高温等，依靠滚子和链轮的啮合作用达到传送动力的作用，在长时间多次的啮入和啮出的过程中，销轴和套筒之间、滚子和链轮之间很容易出现磨损现象，以至于链条的零部件外形发生改变，进而影响链条的传动。

3.4　梯级链力学分析理论

链传动的运动学特性是：链条环绕链轮时的路径是由多边形组成的，链条中心线与链轮的分度圆之间在链传动过程中会交替地出现相割、相切的周期性变化关系，这就使得链条的中心线会由于链节与链轮啮合或者说链条中心线与链轮交替地做相割和相切的变化而上下波动，链条的这个特性就是多边形效应。当链轮转动时，链条中心线会随着链条与相应链轮的啮合而呈周期性的上下振动。将环绕在链轮上的链条以一个多边形代替，链条中心线与链轮上以 r 为半径的分度圆，在运动中做相割与相切的交替运动。链条速度变化如图 3.5 所示。

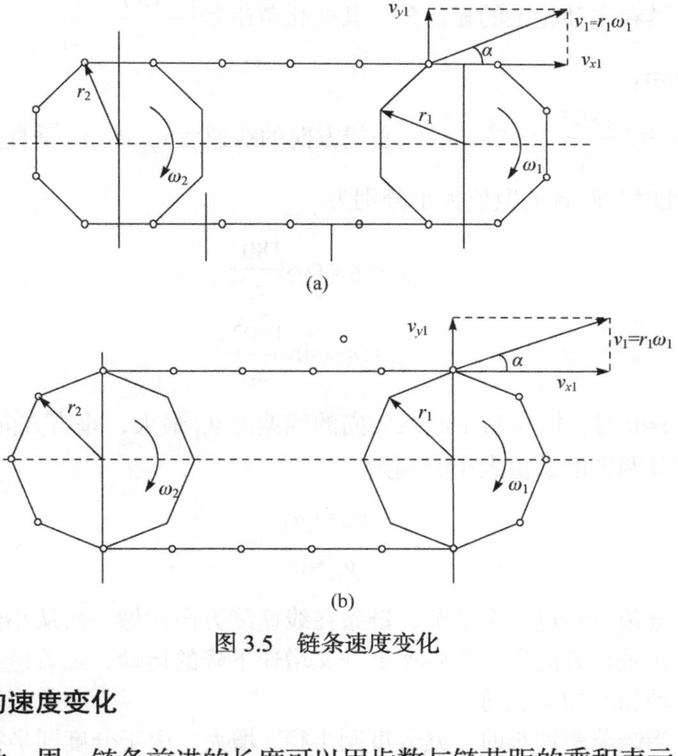

图 3.5　链条速度变化

3.4.1　链条的速度变化

链轮转动一周，链条前进的长度可以用齿数与链节距的乘积表示，那么链的传动平均速度 v 表示为

$$v=\frac{z_1pn_1}{60\times1000}=\frac{z_2pn_2}{60\times1000} \tag{3.7}$$

式中，p 表示链条的节距(mm)；z_1、z_2 表示主动轮、从动轮的齿数；n_1、n_2 表示主动轮、从动轮的转速(r/min)。

从式(3.7)中可以得到链传动的传动比 i，表达式为

$$i=\frac{n_1}{n_2}=\frac{z_1}{z_2} \tag{3.8}$$

式(3.7)和式(3.8)得到的链的传动速度和链传动比表示的就是链传动的平均值。

当主动轮以恒定角速度运动时，分析图 3.5 中链条的运动状态，链条沿中心线方向的线速度 v_{x1} 和垂直方向的速度 v_{y1} 分别为

$$v_{x1}=r_1\omega_1\cos\alpha \tag{3.9}$$

$$v_{y1}=r_1\omega_1\sin\alpha \tag{3.10}$$

式中，ω_1 为主动轮的角速度；r_1 为主动轮的分度圆半径；α 为链条与链轮啮合过程中链节铰链在主动轮上的相位角，其变化范围是 $\left[-\frac{180°}{z_1},\frac{180°}{z_1}\right]$。

分析可知：

(1) 当 $\alpha=\pm\frac{180°}{z_1}$ 时，链条沿中心线方向的线速度 v_{x1} 最小，垂直方向上的速度 v_{y1} 最大。此时其两者的数值大小分别为

$$v_{x1}=r_1\omega_1\cos\frac{180°}{z_1} \tag{3.11}$$

$$v_{y1}=r_1\omega_1\sin\frac{180°}{z_1} \tag{3.12}$$

(2) 当 $\alpha=0$ 时，链条沿中心线方向的线速度 v_{x1} 最大，垂直方向上的速度 v_{y1} 最小。此时其两者的数值大小分别为

$$v_{x1}=r_1\omega_1 \tag{3.13}$$

$$v_{y1}=0 \tag{3.14}$$

因此，链条每转过一个链节，链条在线速度方向就做一次从小到大和从大到小的运动，在垂直方向做一次减速上升又增速下降的运动，随着链条的周期性变化，产生振动和附加动载荷。

另外，当链节距伸长时，其分度圆半径 r_1 增大，由于分度圆半径与链条的线速度成正比，所以链条的线速度也相应地同比例增大。再者，由于在链轮恒定的情况下，链节距与链传动速度成正比，也就是说链节距越长，链传动速度越大，所以当链节距伸长时，链条的传动速度也相应增大。

由链条沿中心线方向的线速度 v_{x1} 和垂直方向上的速度 v_{y1} 可以得到这两个方向上加速度的表示方法。

由式(3.9)，链条沿中心线方向上的加速度表达式为

$$a_{x1}=\frac{\mathrm{d}v_{x1}}{\mathrm{d}t}=\frac{\mathrm{d}}{\mathrm{d}t}r_1\omega_1\cos\alpha=-r_1\omega_1^2\sin\alpha \tag{3.15}$$

由式(3.10)，链条沿垂直方向上的加速度表达式为

$$a_{y1}=\frac{\mathrm{d}v_{y1}}{\mathrm{d}t}=\frac{\mathrm{d}}{\mathrm{d}t}r_1\omega_1\sin\alpha=-r_1\omega_1^2\cos\alpha \tag{3.16}$$

链条的传动速度是时快时慢不均匀变化的，所以可以用一个变量来描述这种变化的状态，用 K_t 表示链速度均匀系数，那么其表达式为

$$K_t=\frac{v_{x\max}-v_{x\min}}{v_m}=\frac{r_1\omega_1\left(1-\cos\dfrac{180°}{z_1}\right)}{\dfrac{1}{2}r_1\omega_1\left(1+\cos\dfrac{180°}{z_1}\right)}=2\tan^2\frac{90°}{z_1} \tag{3.17}$$

式中，$v_m=\dfrac{v_{x\max}+v_{x\min}}{2}=\dfrac{1}{2}r_1\omega_1\left(1+\cos\dfrac{180°}{z_1}\right)$ 表示平均链速度。

3.4.2　从动轮角速度变化

链传动的平均传动比 $i=n_1/n_2=z_1/z_2$，z_2 是从动轮的齿数。所以链传动的平均传动比是恒定的，其瞬时传动比是随链轮角速度的周期性变化而变化的。

由于链条同时经过两个链轮时的线速度是一样的，得

$$v_x=r_1\omega_1\cos\alpha=v_{x1}=r_2\omega_2\cos\beta \tag{3.18}$$

式中，ω_2 为从动轮的角速度；r_2 为从动轮的分度圆半径；β 为链条与链轮啮合过程中链节铰链在从动轮上的相位角，其变化范围是 $\left[-\dfrac{180°}{z_2},\dfrac{180°}{z_2}\right]$。

由式(3.18)可得从动轮的角速度，表达式为

$$\omega_2=\frac{v_x}{r_2\cos\beta}=\omega_1\frac{r_1\cos\alpha}{r_2\cos\beta} \tag{3.19}$$

由式(3.19)得到瞬时传动比为

$$i_s=\frac{\omega_1}{\omega_2}=\frac{r_2\cos\beta}{r_1\cos\alpha} \tag{3.20}$$

在传动过程中，链节铰接在主动轮上的相位角 α 和链节铰接在从动轮上的相位角 β 都是随链条与链轮的啮合而不断变化的，所以瞬时传动比 i_s 也是变化的。

从动轮角速度变化的不均匀性可以用一个变量表示，即从动轮的均匀系数 K_k，其表达式为

$$K_k = \frac{\omega_{2\max} - \omega_{2\min}}{\omega_{2m}} = 2\frac{\omega_{2\max} - \omega_{2\min}}{\omega_{2\max} + \omega_{2\min}} \tag{3.21}$$

式中，$\omega_{2m} = (\omega_{2\max} + \omega_{2\min})/2$。

对于相同相位的链传动，均匀系数 K_k 的表达式为

$$K_k = 2\times\frac{1-\cos\dfrac{180°}{z_1}\Big/\cos\dfrac{180°}{z_2}}{1+\cos\dfrac{180°}{z_1}\Big/\cos\dfrac{180°}{z_2}} \tag{3.22}$$

由式(3.22)可以得到，当主动轮和从动轮的齿数相等时，从动轮的均匀系数 $K_k = 0$。

3.4.3　链传动的动载荷

链传动中的多边形效应造成链条和链轮的转动都是周期性运动，所以才产生动载荷。链条在纵向方向上速度的周期性变化将产生纵向的加速度，进而产生纵向动载荷。

链的纵向加速度越大，动载荷越大，链条的纵向加速度为

$$a_c = \frac{\mathrm{d}v}{\mathrm{d}t} = -r_1\omega_1\sin\alpha\frac{\mathrm{d}\alpha}{\mathrm{d}t} = -r_1\omega_1^2\sin\alpha \tag{3.23}$$

所以链条的纵向加速度引起的动载荷为

$$F_d = ma_c = -r_1\omega^2\sin\alpha$$

当链节铰接在主动轮上的相位角 $\alpha = \pm\dfrac{180°}{z_1}$ 时，链条的纵向加速度引起的动载荷最大，且大小为

$$F_{d\max} = \pm r_1\omega_1^2\sin\frac{180°}{z_1} = \pm\frac{\omega_1^2 p}{2} \tag{3.24}$$

链条在横向上速度的周期性变化将产生横向加速度，进而产生横向动载荷，使得链条产生横向振动。而且链节和链轮啮合的瞬间也会产生较大的载荷，并且链轮的转速越快，链的节距越长，在链条与链轮啮合的那一瞬间两者的相对速度越大，所伴随的冲击和噪声也越明显，链条与链轮之间的磨损也越快。

3.4.4　链传动的动力学分析理论

链条的紧边张力主要包括有效圆周力、离心力引起的张力和松边垂度引起的

张力这三种。

1) 有效圆周力F

有效圆周力的表达式为

$$F=\frac{1000P}{v} \tag{3.25}$$

式中，P为传动功率(kW)；v为链轮的圆周速度(m/s)。

2) 离心力引起的张力

在链条运行过程中，由于链轮的转动，位于链轮上的链节都会受到离心力的作用，这个离心力作用于整个链条，使得链条产生张力。链轮上每个链节的离心力表达式为

$$\begin{aligned}F_s&=\frac{9.8q_0}{g}\omega^2 r\cos\frac{\varphi}{2}=\frac{9.8pq}{g}\frac{v^2}{r}\cos\frac{\varphi}{2}\\&=2qv^2\sin\frac{\varphi}{2}\cos\frac{\varphi}{2}=qv^2\sin\varphi\\&=qv^2\sin\frac{2\pi}{z}\end{aligned} \tag{3.26}$$

式中，q_0 表示每个链节的质量(kg)；q 表示每米链条的质量(kg/m)；v 表示链轮的圆周速度(m/s)；g 表示重力加速度，g 取 9.8m/s^2；φ 表示链轮上相邻的两个链节中心对应的圆心角。

分析绕在链轮圆周上的链节产生的离心率，并计算这些离心率作用在链条上附加张力的大小，并用变量 F_q 表示，计算公式为

$$\begin{aligned}F_q&=F_s\left[\cos\frac{\varphi}{2}+\cos\frac{3\varphi}{2}+\cdots+\cos\frac{(z-1)\varphi}{2}\right]\\&=qv^2\sin\frac{2\pi}{z}\left[\cos\frac{\varphi}{2}+\cos\frac{3\varphi}{2}+\cdots+\cos\frac{(z-1)\varphi}{2}\right]\\&=qv^2\varepsilon\end{aligned} \tag{3.27}$$

式中，F_q 是在 z 为偶数的情况下得到的，当 z 为奇数时中括号内最后一项应表示为 $\cos(z\varphi/2)$；ε 表示与链轮齿数 z 相关的系数。

当链轮齿数大于 10 时，有

$$F_q\approx qv^2 \tag{3.28}$$

从离心率的表达式可以看出，离心率与链条速度的平方成正比。速度的增大会大大增加链条的负荷，当链轮圆周速度变小(v<4m/s)时，离心率就变得很小，可以忽略不计。因为电扶梯的运行速度较小，所以离心率对链条的影响并不大。

3) 松边垂度引起的张力

松边垂度引起的张力与链条的松边垂度和传动的布置方式有关。该张力的计算表达式为

$$F_f=\frac{9.8}{1000}\sqrt{\left(\frac{qa^2}{8f}\right)^2+\left(\frac{qa^2}{2}\right)^2}\approx\frac{qa^2}{8f}\times10^{-2}$$
$$=\frac{1}{8f/a}qa\times10^{-2}=K_f qa\times10^{-2} \tag{3.29}$$

式中，a表示主动轮与从动轮的中心距(m)；f表示松边的垂度(mm)；K_f表示一个系数，其大小可以按照两个链轮的中心连线与水平线的夹角选取。

分析可知，在链传动的过程中，链节在紧边的位置时，链节所受的张力为F_q+F_f+F；当链节在松边的位置时，链节所受的张力大小是F_q+F_f。

所以链节所受的张力大小随着链节的位置变化。而实际的链传动除了这三种张力之外还有很多其他附加动载荷，但是因为电扶梯梯级链的运行速度比较小，所以其他的附加动载荷对链传动的影响比较小。

3.5 梯级链磨损计算模型

对于梯级链而言，其主要故障为销轴和套筒磨损带来的链节距伸长，使得梯级之间出现缝隙，当缝隙大于6mm时，需要更换链条。

销轴和套筒的磨损属于黏着磨损类型，可基于赫兹接触理论和 Archard 磨耗模型对其磨损进行推导。

1) Archard 磨耗模型的演变

原始模型为

$$W=K\frac{FS}{H} \tag{3.30}$$

式中，W为磨损体积；K为磨损系数；S为相对滑动距离；F为载荷；H为材料的布氏硬度。

由式(3.30)可得

$$\mathrm{d}W=\frac{K}{H}\mathrm{d}F\mathrm{d}S \tag{3.31}$$

式中，沿滑移方向受力均匀，此时$\mathrm{d}F$为定值。

若受力不均匀，则F沿滑移方向曲线分布，即$F=F(x)$，可得

$$\frac{\mathrm{d}W}{\mathrm{d}A}=\frac{K}{H}\frac{\mathrm{d}F(x)}{\mathrm{d}A}\mathrm{d}S \tag{3.32}$$

即

$$\mathrm{d}h=\frac{K}{H}P(x)\mathrm{d}S \tag{3.33}$$

式中，h 为磨损深度；$P(x)$ 为沿滑动方向分布的应力；x 为距离销轴中心的距离。

销轴和套筒的应力分布图如图 3.6 所示。

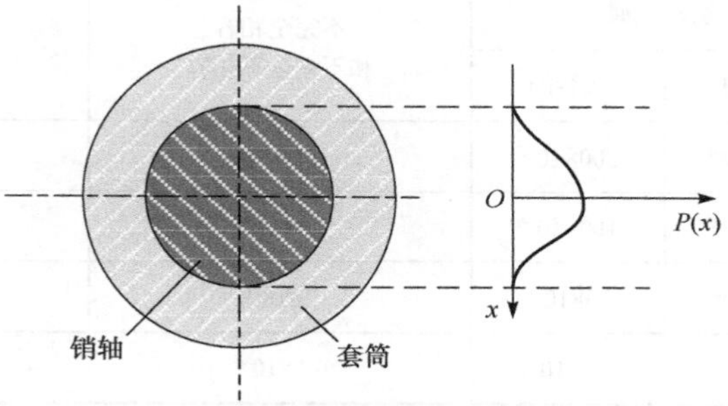

图 3.6　销轴和套筒的应力分布

在距离销轴中心距离为 x 处，其磨损深度的计算公式为

$$h(x)=\frac{K}{H}P(x)\int\mathrm{d}S=\frac{K}{H}P(x)\left(8R_p\alpha+S_v\right)\frac{fT}{N} \tag{3.34}$$

式中，R_p 为销轴半径；α 为电扶梯梯级链的倾角；S_v 为销轴与套筒在梯级链运行一周内由振动带来的微量位移；f 为啮合频率；T 为梯级链运行时间；N 为梯级链的链节数。

电扶梯梯级链的倾角示意图如图 3.7 所示。

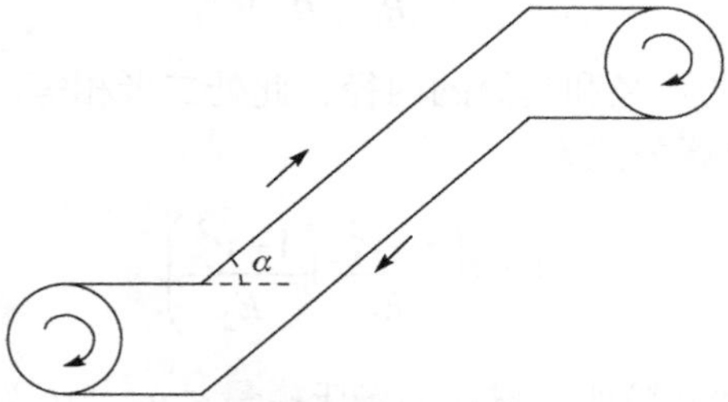

图 3.7　电扶梯梯级链的倾角示意图

对于梯级链运行一周，销轴与套筒主要在四个转角处发生较大的相对滑动(即相互转动)，在水平段和倾斜段，销轴和套筒相对转动主要由链条的振动引起，

因此，在一个运转周期(即链条转动一周)内，销轴与套筒相对滑移的距离为($8R_p\alpha+S_v$)，设链轮与链条的啮合频率为 f，梯级链的链节数为 N，则在该运行时间 T 内，对于单个销轴与套筒的铰接而言，其总运行的周次为 fT/N。

磨损系数 K 定义为产生磨粒的概率，该值随着材料类型及润滑条件而变化，目前主要通过实验获取，Rabinowicz 在 1980 年的实验中总结得出不同分类下的 K 值如表 3.4 所示。

表 3.4　Rabinowicz 在 1980 年的实验得出的磨损系数

表面状况	金属-金属		不完全相容和不完全不相容	不相容的
	相同的	相容的		
无润滑	1500×10^{-6}	500×10^{-6}	100×10^{-6}	15×10^{-6}
润滑不良	300×10^{-6}	100×10^{-6}	20×10^{-6}	3×10^{-6}
润滑良好	30×10^{-6}	10×10^{-6}	2×10^{-6}	0.3×10^{-6}
润滑极好	1×10^{-6}	0.3×10^{-6}	0.1×10^{-6}	0.03×10^{-6}

2) 销轴和套筒接触表面的应力分布 $P(x)$

可由赫兹接触理论计算得

$$P(x)=\frac{-a}{AR}\sqrt{1-\left(\frac{x}{a}\right)^2} \tag{3.35}$$

式中，a 为最大接触范围的一半值，此处可假设约等于销轴半径。

式(3.35)中 R 的计算公式为

$$R=\left(\frac{1}{R_1}+\frac{1}{R_2}\right)^{-1} \tag{3.36}$$

式中，R_1、R_2 为销轴的半径和套筒的内径，此处二者相等。

式(3.35)中 A 的计算公式为

$$A=2\left(\frac{1-\nu_1^2}{E_1}+\frac{1-\nu_2^2}{E_2}\right) \tag{3.37}$$

式中，E_1、E_2 为销轴和套筒所用材料的杨氏模量；ν_1、ν_2 为销轴和套筒所用材料的泊松比。

销轴与套筒间总的相互作用力 F 可由 $P(x)$ 积分得

$$F=\frac{Da}{AR}\int_{-a}^{a}\sqrt{1-\left(\frac{x}{a}\right)^2}\,\mathrm{d}x=\frac{\pi Da^2}{2AR} \tag{3.38}$$

式中，D 为销轴与套筒的接触长度，近似等于套筒的长度。

梯级链主要的劣化在于磨损，而这种磨损主要出现在销轴和套筒之间，销轴比压是影响磨损的关键因素。而对于驱动链，主要劣化方式是疲劳断裂。在梯级链的设计过程中，主要参照 GB 16899—2011，链条的安全系数不小于 5。

销轴比压的计算公式为

$$P_v=P_b/(\Phi B)=(F+F_{m1}+F_{m2})/(\Phi B) \tag{3.39}$$

式中，F 为梯级链的工作拉力；P_b 为梯级的各种受力总和；Φ 为销轴直径；B 为轴套长度；F_{m1} 为梯级在倾斜段受到的摩擦阻力；F_{m2} 为梯级在水平段受到的摩擦阻力。

梯级链一旦出现磨损伸长或者是疲劳伸长,那么梯级与梯级间的缝隙将增大，影响电扶梯的舒适性及安全性。由于梯级链的伸长，链节与链轮啮合过程中的冲击及振动也会增强。除此之外影响质量的因素还包括梯级链材料的化学成分、硬度、金相组织等。

减少梯级链的磨损，延长其使用寿命，主要从以下两方面实施：

(1) 充分润滑梯级链的套筒与销轴，在套筒和销轴的摩擦触点上添加润滑剂可显著减小摩擦扭矩，从而减少磨损。

(2) 对套筒与销轴的表面进行结构化处理，能够减小摩擦系数，以及冷喷 TiO_2 颗粒，可减少套筒和销轴之间的黏合力，从而减少磨损，延长使用寿命。

3.6　基于 SIMPACK 的梯级链模型建立与劣化故障仿真

梯级链的劣化形式有很多，不同的劣化形式下梯级链的运行状况将不同，在现实情况下，对梯级链的劣化故障进行检测是比较困难的。而现有的对链传动的劣化故障的研究是基于实验平台，通过大量的实验进行劣化故障状态的研究，这种方法耗费时间和金钱，并且可以实现的各种劣化故障形式和程度都比较有限。为了解决以上现实研究方法中存在的问题，本节将采用基于 SIMPACK 软件仿真的方法研究梯级链的劣化故障情况。

3.6.1 SIMPACK 软件介绍

1. SIMPACK 软件概述

SIMPACK 软件是由德国 Intec GmbH 公司开发的一个动力学仿真软件，它以多体动力学计算为基础，软件里面包含多个专业模块可以分别仿真不同类型的机械或机电系统，可以应用到产品从设计到研发优化的不同阶段，并可以通过先进的解算方法，实现同类产品中最快的解算速度。除此之外，该软件还可以仿真系统的运动情况，获得其振动、速度和力的特性，精确地展现多体系统内部的动力学特性。该软件由于可以仿真很多复杂的机械系统，其友好的界面可以满足各种动力学分析的需求，所以被很多大学及研究机构等推广和使用。SIMPACK 软件主要应用于汽车工业、铁路、航空航天、国防工业、船舶、通用机械、发动机、生物运动与仿生等。

2. SIMPACK 软件的基础模块

按照功能进行划分，SIMPACK 软件由以下模块组成：基础模块、通用模块、CAD(计算机辅助设计)软件接口模块、刚柔耦合仿真模块以及各专业模块等，其中基础模块是最常用的，它由前处理模块、运动学及动力学求解模块、后处理模块和导航建模模块组成。

前处理模块主要进行模型的建立，可以运用元素库里的各种元素，如零件、铰接、约束、力等建立目的模型。通过内置的 CAD 建模功能建立所需的三维几何外形，或者通过 CAD 接口直接将外界特定格式的复杂 CAD 几何体导入 SIMPACK 中。在建立三维模型的过程中，还可以随时生成二维拓扑图，通过对拓扑图中的元素进行修改，从而改变三维模型中的元素，实现二维拓扑图与三维模型之间的联动。

在建立系统模型之后，SIMPACK 可以自动生成模型的动力学方程组，利用求解器功能，软件能够快速地对模型进行各种计算分析，如静力学分析、动力学分析、频域分析等。除此之外，SIMPACK 可以通过动画或绘图的形式将模型计算的结果输出并展现在界面。

在 SIMPACK 的后处理模块中，时域积分的运动和频域积分的求解振型都能够以动画的形式展现出来，同时，用户还可以通过改变动画的视角、远近程度等观察系统某一部分的运动情况。除此之外，后处理模块可以将积分计算的结果通过曲线画图的方式显示在界面，或者将数据输出为各种形式供后续使用。

3. SIMPACK 模型的要素

物体、铰、外力和力元是系统定义的四要素，也是建模过程中最基本的要素。

物体是多体系统里的构件，有刚性体和柔性体之分，刚性体内部的质点距离在任何情况下都相对不变，而柔性体内部的质点距离可以随着力的作用发生变化。

铰又称为铰接或连接副，在复杂的机械系统中，相对运动的构件之间的连接叫运动副或者铰。连接处是面接触的为低副，连接处是点接触或线接触的为高副。

外力是系统之外的物体对系统的作用。特别强调的是在对外力定义时，在刚体系统中，力偶的作用与作用点是没有关系的，但是在柔性体系统中，力偶的作用与作用点是有关系的。

力元是在复杂系统中，物体之间的弹簧、阻尼器等元件，如果不考虑其质量，而以某种方式等效地作用到连接的物体上，这种作用只限于力而没有其他运动学的约束。

除上述的系统四要素，系统参考坐标系、标记、约束等也是系统的基本要素。

3.6.2　梯级链建模与仿真

首先根据梯级链的结构，设计简化的梯级链拓扑结构图，建立梯级链涉及的结构的实体模型，并设置其物理属性，根据拓扑结构中各个部件之间的关系设置模型中部件之间的连接。建立模型后再设置传感器的位置，用于测量梯级链运行过程中运动量的变化。之后对模型进行在线时间积分，验证所建立模型的正确性，并优化修改模型，使得模型达到最优状态，再分别仿真梯级链不同的劣化状态，进行离线积分计算，获得梯级链的仿真数据。利用 SIMPACK 对电扶梯梯级链建模仿真的流程如图 3.8 所示。

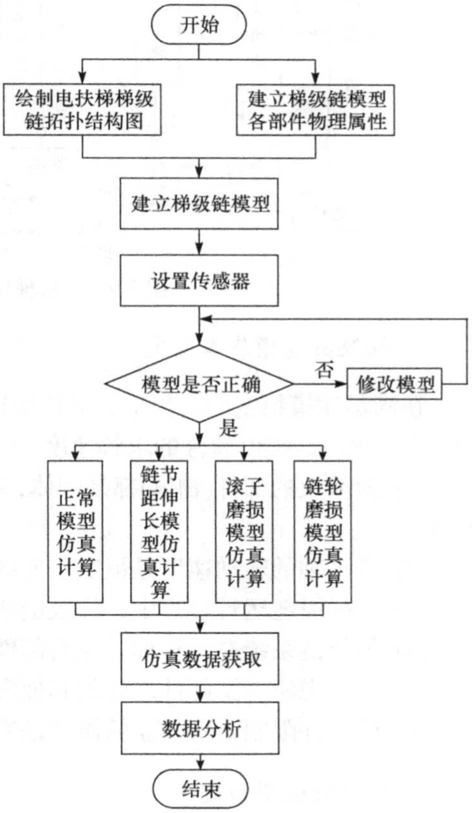

图 3.8　电扶梯梯级链建模仿真流程图

1. SIMPACK 梯级链拓扑结构图

对电扶梯梯级链的结构进行简化，本书提炼出梯级链相关结构中对梯级链的影响起关键作用的部分，忽略其他无关的结构。电扶梯梯级链多体系统包括的物体主要有桁架(本模型中的桁架是虚拟存在的，其存在的意义在于建立其他标记点)、主动轴、从动轴、链轮、导轨、梯级链和张紧装置，根据结构与结构之间的关系赋予自由度，并通过力元、铰、约束等建模要素将电扶梯梯级链中各个物体搭建成梯级链模型。

在建立模型之前，需要构建梯级链的拓扑结构图作为建模的依据，拓扑结构图的质量直接关系建模的正确性，拓扑结构图可以直观地将电扶梯梯级链内部各个结构之间的连接关系展现出来。本节通过分析电扶梯梯级链的结构关系，绘制了简化的梯级链拓扑关系图，如图 3.9 所示。

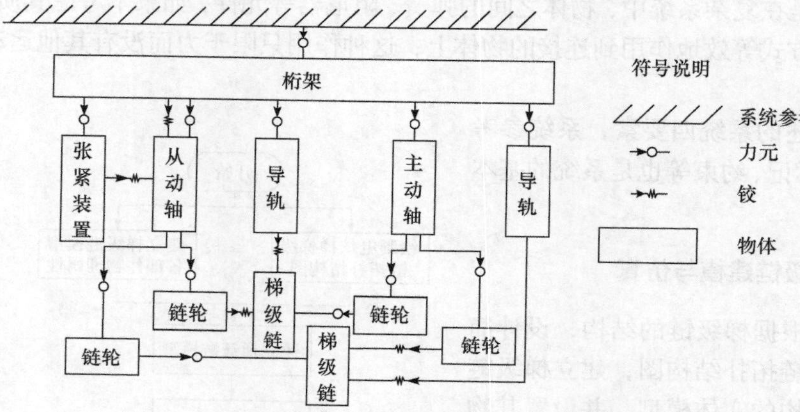

图 3.9 电扶梯梯级链拓扑关系图

2. 梯级链建模基本假定

在满足建模精度的前提下，对梯级链模型做以下假定，以达到简化分析的目的，提高 SIMPACK 软件的求解速度。

(1) 所涉及的部件(物体)都是刚体，不考虑梯级链运行过程中这些部件的弹性形变。

(2) 主动轴的转动速度是恒定不变的，不随主动轴所受力的变化而变化。

(3) 在梯级链运行过程中，梯级链所受载荷恒定或者处于空载状态。

(4) 梯级链系统左右对称，左右部件是成对存在并且对称布置。

(5) 不考虑所涉及部件之外的其他实际部件对梯级链结构的影响。

(6) 受软件限制，所建立的模型是实际模型按照一定比例缩小并简化。

3. 梯级链模型的建立

SIMPACK 软件中有一个专门的链传动模块，在 SIMAPCK 中链传动有三类，分别是滚子链、齿轮链和智能链，建立属于滚子链的梯级链模型，主要布置包括：

(1) 在 SIMPACK 中先建立一个体，这个体没有形状、没有质量，为上文所述桁架，其作用在于支撑梯级链中各个标记点，即 Marker，这些标记点包括主动轴、从动轴、导轨和张紧装置的位置标记。

(2) 分别建立主动轴、从动轴、导轨和张紧装置的体，并将其铰接分别设置在所对应的 Marker 处。其中主动轴铰接的类型为 27 号铰接，并定义其在 z 方向的运动和运动角速度为 1rad/s。从动轴定义 x、y、z 三个方向的自由度，导轨和张紧装置设置零自由度的铰接，并且在张紧装置与从动轮之间设置弹簧力，作为张紧梯级链的装置。在两个轴的两端分别设置对称的标记点，作为安装链轮的位置。

(3) 建立链轮的体，并设置相应的参数，如齿数为 36 个等，分别将链轮的铰接点设置在轴的两端标记点处，铰接方式为零自由度。

(4) 建立滚子链节模型。新建模型时选择链节模型，设置链节为滚子链，输入内、外链节的相关参数，并保存。将所建链节模型添加到梯级链模型的路径中，并新建子结构，将链节模型选入子结构中。

(5) 建立链条模型，设置链节数、链排数等参数，并加载内、外链节，重复添加链轮、导板(轨)等，生成链条。

(6) 在链路径上和从动轴上分别设置传感器，用于测量链路径速度和从动轴的横向振动加速度数据，后续将使用这些数据对梯级链的故障状态进行分析，所以传感器的设置是数据处理的基础。

(7) 定义求解器为链传动专用求解器 LSODE，积分时长为 8s，输出步数为 5001。

(8) 进行在线积分计算，如果梯级链模型能够正常运行，说明所建模型是正确的，否则需要调整模型参数直到模型能够运行。所建立的电扶梯梯级链模型如图 3.10 所示。

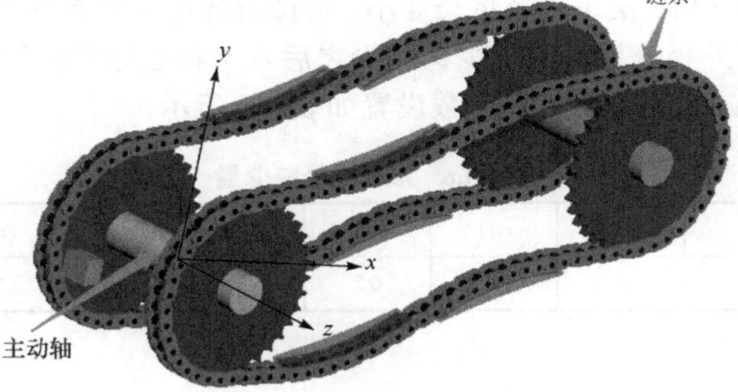

图 3.10　电扶梯梯级链模型

4. SIMPACK 仿真

根据实地调研，确定梯级链的故障类型及故障程度，并在模型中进行参数设置，分别对梯级链的正常状态、链节距伸长状态、滚子磨损状态、链轮磨损状态进行仿真。

1) 正常状态

正常状态是指梯级链在没有发生任何劣化时的状态。对所建立的梯级链模型直接进行离线积分，并输出所需数据。

2) 链节距伸长状态

链节距伸长之后，链节的长度将会变长。分别将正常状态下的梯级链模型参数进行修改，将其链节距分别等距加长六个不同的伸长量，伸长之后六个状态分别简称为 cpe1、cpe2、cpe3、cpe4、cpe5 和 cpe6，具体参数设置如表 3.5 所示。

表 3.5　链节距伸长量

链节距伸长状态	normal	cpe1	cpe2	cpe3	cpe4	cpe5	cpe6
伸长量/mm	0	0.04	0.08	0.12	0.16	0.20	0.24

分别对这六个模型进行仿真计算，并输出仿真数据。链节距伸长示意图如图 3.11 所示，其中虚线表示链节距伸长前的状态，实线表示链节距伸长后的状态。

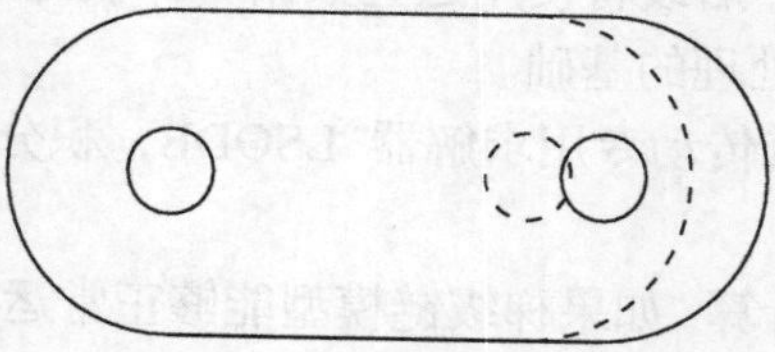

图 3.11　链节距伸长示意图

3) 滚子磨损状态

滚子磨损之后，滚子半径将会变小。将梯级链正常状态下的模型进行参数设置，将滚子外径分别等差减少，减少之后六个状态分别简称为 rw1、rw2、rw3、rw4、rw5 和 rw6，具体参数设置如表 3.6 所示。

表 3.6　滚子半径减少量

滚子磨损状态	normal	rw1	rw2	rw3	rw4	rw5	rw6
减少量/mm	0	0.25	0.5	0.75	1	1.25	1.5

将新生成的六个滚子不同程度的磨损模型分别进行离线积分计算，并输出所需数据。滚子磨损示意图如图 3.12 所示，其中虚线表示滚子磨损前的状态，实线表示滚子磨损后的状态。

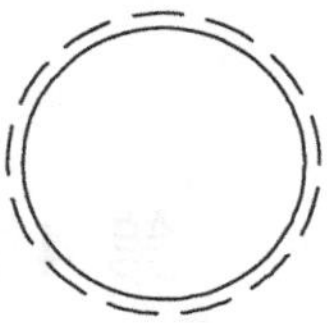

图 3.12　滚子磨损示意图

4) 链轮磨损状态

链轮磨损之后，链轮的齿沟圆弧半径变大，齿沟角变大。对梯级链正常状态下的模型参数进行修改，分别输入链轮六个等差的磨损，作为六种不同程度的链轮磨损状态，分别简称为 sww1、sww2、sww3、sww4、sww5 和 sww6，具体参数设置如表 3.7 所示。

表 3.7　链轮磨损量

链轮磨损状态	normal	sww1	sww2	sww3	sww4	sww5	sww6
齿沟圆弧半径增量/mm	0	0.125	0.25	0.375	0.5	0.625	0.75
齿沟角增量/(°)	0	2.5	5	7.5	10	12.5	15

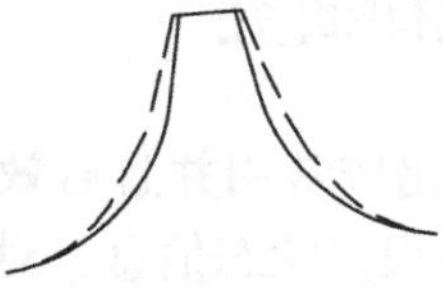

图 3.13　链轮磨损示意图

分别对链轮磨损状态进行离线积分计算，输出所需数据。链轮的磨损示意图如图 3.13 所示，其中虚线表示链轮磨损前的状态，实线表示链轮磨损后的状态。

3.7　本 章 小 结

本章介绍了电扶梯梯级链、梯级链常见故障及劣化机理，以及梯级链和链传动的失效形式，并基于链传动的多边形效应对梯级链的链传动进行了力学分析。通过 SIMPACK 软件进行梯级链的建模，并分别对正常梯级链状态和六种不同程度的链节距伸长状态、六种不同程度的滚子磨损状态、六种不同程度的链轮磨损状态进行仿真，为后面章节对梯级链劣化规律的研究奠定基础。

参 考 文 献

[1] 史信芳. 自动扶梯[M]. 北京: 机械工业出版社, 2014.
[2] 李纯涛. 水泥输送链磨损机制及其温度场特性的研究[D]. 长春: 吉林大学, 2005.
[3] 赵林燕. 星载可展开天线展开过程的仿真与分析[D]. 西安: 西安电子科技大学, 2011.
[4] 李稳. 大型风电机组传动链动力学特性研究[D]. 成都: 西南交通大学, 2012.

第 4 章　电扶梯梯级链磨耗机理分析

第 3 章基于动力学软件 SIMPACK 建立了电扶梯梯级链模型，模拟仿真不同劣化状态梯级链的运行情况，并可以在相应的位置获得不同梯级链各个零部件的振动速度或加速度信号、转速或角加速度信号，还可以获得零部件之间的相互作用力等；对获得的不同劣化程度下的梯级链信号进行分析，得到不同劣化程度下的劣化特征。本章介绍并采用时域分析和频域分析的方法，从 SIMPACK 动力学仿真模型后处理器中获得滚子磨损状态、链节距伸长状态及链轮磨损状态下的劣化仿真信号，并对各种劣化仿真信号进行时域分析、频域分析和小波包分析，分析该方法在电扶梯梯级链劣化故障分析中的有效性[1]。

4.1　梯级链滚子磨损状态故障规律研究

对信号进行时域分析和频域分析是信号处理过程中比较常用并且有效的方法，从运行设备上采集到的振动信号包含了机械设备上的很多状态信息，对其进行时域和频域上的统计参数量计算和综合分析，可以判断设备的运行状态。

常用的时域特征值包括最大值、最小值、平均值、绝对值的平均值、方差、标准差、峭度、均方根、波形因子、峭度因子等。波形因子和峭度因子都是无量纲指标，对早期故障或微小故障的敏感性比较高，但是稳定性比较欠缺；在实际应用中可以与均方根值相结合进行分析，可以兼顾敏感性和稳定性。

频域分析是信号处理过程中运用非常频繁的一种方法，在梯级链传动过程中出现的多边形效应，使得测得的数据有周期性的变化，而使用频域分析方法就可以将这种周期性用频谱表现出来，并根据倍频的大小判断梯级链故障的类型及程度。最经典的频域分析方法是频谱分析法。

频谱是时域信号在频域下的表示，可以通过对信号进行傅里叶变换而得到信号的频谱图。傅里叶变换是 1807 年由法国数学家、物理学家傅里叶首先提出的，这种方法常用于物理学、信号处理、统计学等领域[2]。傅里叶变换的主要作用在于将信号从时域变换成频域，得到信号的频谱图，从频谱图中可以看出信号在不同频率下的幅值，根据幅值的大小得到信号的一些频域特征[3]。傅里叶变换应用于具有周期性信号的傅里叶级数和对能量有限的没有周期性信号的变换[4]。

小波包分析是小波分析的发展，克服了小波分析过程中低频信号时间分辨率低而频率分辨率高、高频带信号时间分辨率高而频率分辨率低的缺点[5]。它在所有频带内把信号进行层次划分，将信号的低频带和高频带都进行分解。

本节将分别仿真梯级链正常(normal)状态和梯级链滚子磨损六种不同程度下的运行状态(rw1、rw2、rw3、rw4、rw5 和 rw6)。在动力学仿真软件 SIMPACK 中分别对以上七种状态进行离线积分计算，并将积分计算结果在其后处理器中打开，然后输出各个状态下的链路径速度信号和从动轴横向振动加速度信号，并加以分析。

4.1.1 滚子磨损状态下信号的时域规律研究

1. 链路径速度信号时域分析

对从 SIMPACK 软件后处理器中输出的链路径速度数据进行整理，得到各个状态下链路径速度信号的时域波形图如图 4.1 所示。

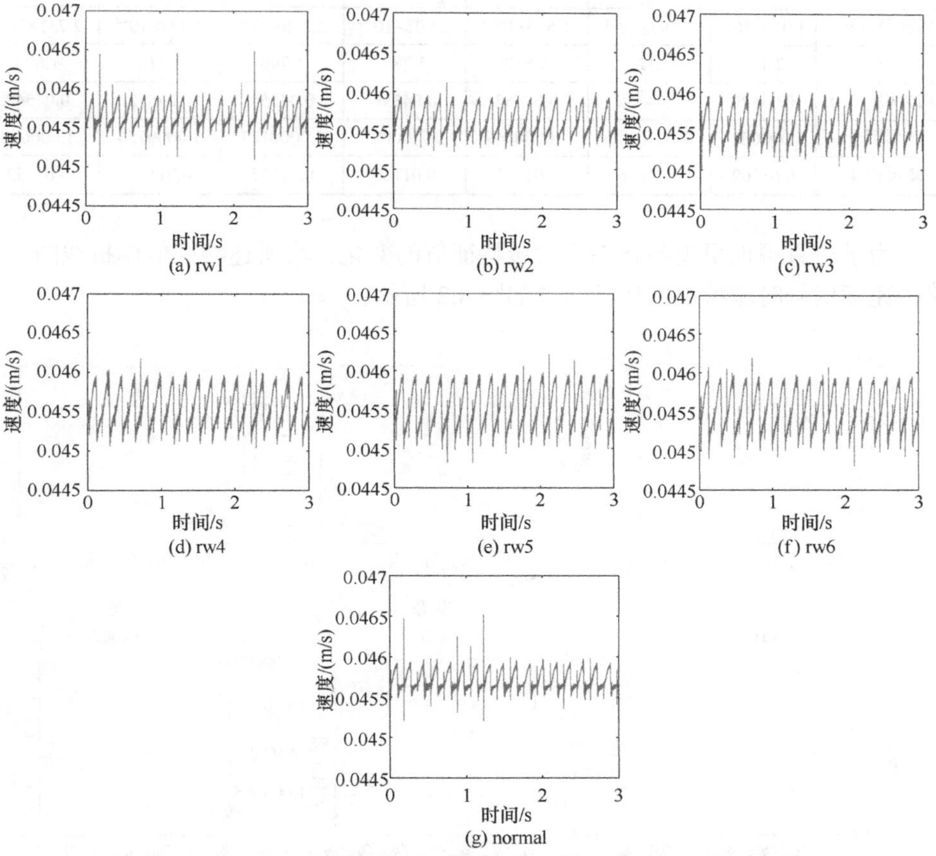

(a) rw1 (b) rw2 (c) rw3 (d) rw4 (e) rw5 (f) rw6 (g) normal

图 4.1 正常状态和滚子磨损状态下链路径速度信号时域波形图

对图 4.1 的各个波形图进行对比分析，可以看出滚子磨损之后，链路径速度发生了明显的变化。在链路径速度周期变化的过程中，随着滚子磨损程度的增加，链路径速度波形的上界限基本不变，但是下界限明显向下移动，总体表现为链路径速度波形逐渐变宽。也就是说随着滚子磨损程度的逐渐增加，周期内最大值基本不变，但是最小值呈逐渐减小的趋势。

对以上各个状态下链路径速度信号进行计算分析，得到正常状态和六种滚子磨损状态下的链路径速度信号的时域特征值，如表 4.1 所示。

表 4.1　正常状态和滚子磨损状态下链路径速度信号的时域特征值

特征值	状态						
	normal	rw1	rw2	rw3	rw4	rw5	rw6
平均值/(m/s)	0.04570	0.04566	0.04562	0.04558	0.04555	0.04552	0.04549
方差/(m/s)^2	1.165×10^{-8}	1.939×10^{-8}	2.888×10^{-8}	4.033×10^{-8}	5.270×10^{-8}	6.384×10^{-8}	7.405×10^{-8}
标准差/(m/s)	1.079×10^{-4}	1.393×10^{-4}	1.699×10^{-4}	2.008×10^{-4}	2.296×10^{-4}	2.527×10^{-4}	2.731×10^{-4}
峭度	2.445	2.122	1.812	1.789	1.740	1.714	1.699
均方根/(m/s)	0.04570	0.04566	0.04562	0.04558	0.04555	0.04552	0.04548
波形因子	1.0000028	1.0000047	1.0000069	1.0000097	1.0000127	1.0000154	1.000018
峭度因子	0.01169	0.01166	0.01163	0.01160	0.01157	0.01155	0.01152

为了更直观地呈现各状态下时域特征值的变化，将所述特征值作折线图，链路径速度信号时域特征值比较结果如图 4.2 所示。

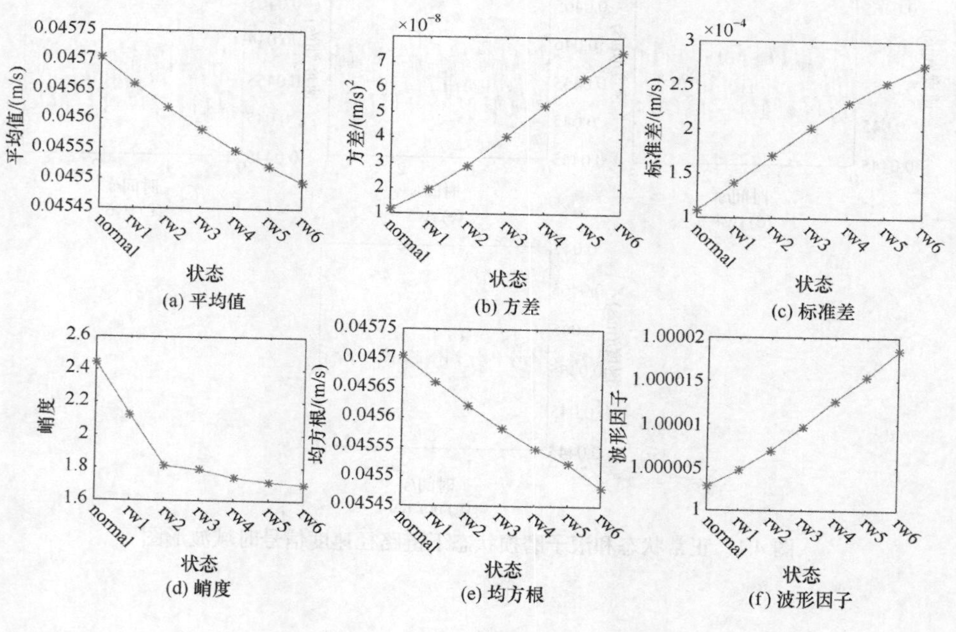

(a) 平均值　(b) 方差　(c) 标准差

(d) 峭度　(e) 均方根　(f) 波形因子

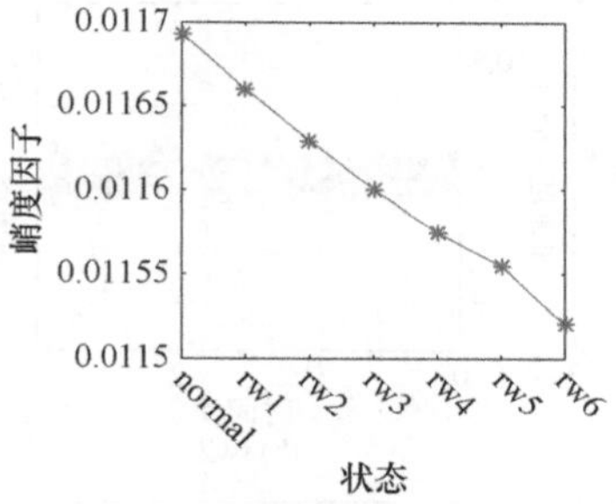

(g) 峭度因子

图 4.2　正常状态和滚子磨损状态下链路径速度信号时域特征值比较结果

由图 4.2 可以看出，滚子磨损不同程度之后，链路径速度的时域特征值有所变化，并且不同特征值所表现的规律有所不同。通过比较分析，可以看出平均值、峭度、均方根、峭度因子的曲线随着磨损程度增加而呈下降的趋势，即这几个值随磨损程度的增加而减小；从方差、标准差和波形因子的曲线图可以看出，随着磨损程度的增加，这三个特征值曲线呈上升的趋势，也就是说这三个特征值随着磨损程度的增加而增大；平均值、方差、标准差、均方根、波形因子和峭度因子都是大致呈线性变化的。可以对特征值与滚子半径的减少量进行线性拟合。

平均值拟合结果的表达式为

$$\overline{x}=-0.00014\Delta r+0.04569 \tag{4.1}$$

式中，Δr 表示滚子半径的减少量。

波形因子拟合结果的表达式为

$$s=0.0000104\Delta r+1.23216 \tag{4.2}$$

综上所述可以得到以下结论：平均值的值呈现了逐渐减小直线变化的规律，波形因子的值呈现了逐渐增加直线变化的规律，通过这些值的大小可以将各种滚子磨损程度区分开，很好地进行辨识。

2. 从动轴横向振动加速度信号时域分析

在 SIMPACK 软件后处理器中提取正常状态和六种磨损状态下从动轮横向振动加速度信号，并进一步比较和分析。所得到的时域波形图如图 4.3 所示。

对图 4.3 中的波形图进行比较与分析，可知随着滚子磨损程度的不断增加，从动轮的横向振动加速度波形冲击也不断增大，并且冲击的幅值也越来越大，冲击的形式呈现出一定的周期性。

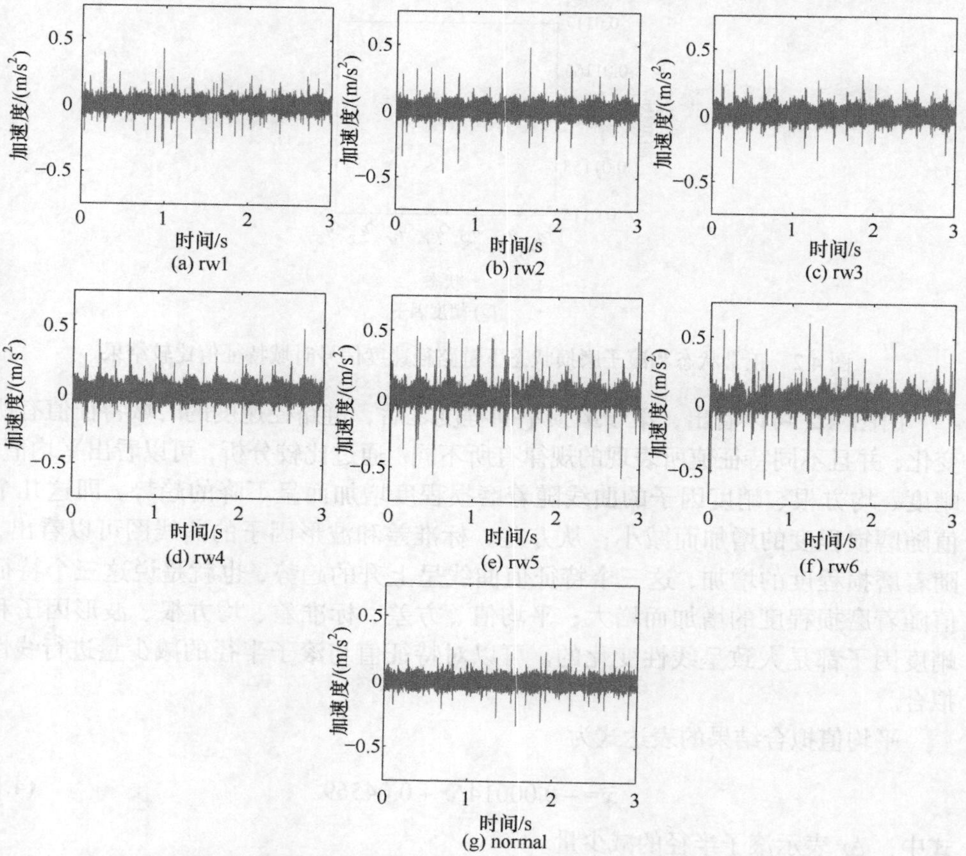

图 4.3　正常状态和滚子磨损状态下从动轴横向振动加速度信号时域波形图

通过对这些振动加速度信号进行计算，得到正常状态和六种磨损状态下从动轴横向振动加速度信号的时域特征值，统计数据如表 4.2 所示。

表 4.2　从动轴横向振动加速度信号的时域特征值统计

特征值	状态						
	normal	rw1	rw2	rw3	rw4	rw5	rw6
平均值/(m/s^2)	−0.0043	−0.0061	−0.0104	−0.0140	−0.0197	−0.0241	−0.0287
绝对值的平均值/(m/s^2)	0.03339	0.03555	0.03834	0.04036	0.04410	0.04908	0.05386
方差/(m/s^2)^2	0.00168	0.00195	0.00225	0.00245	0.00277	0.00315	0.00363
标准差/(m/s^2)	0.04097	0.04418	0.04744	0.04945	0.05263	0.06125	0.07126
均方根/(m/s^2)	0.04120	0.04460	0.04856	0.05139	0.05620	0.06181	0.06697

对特征值以折线图的形式呈现并进行比较，从动轴横向振动加速度信号时域特征值比较结果如图 4.4 所示。

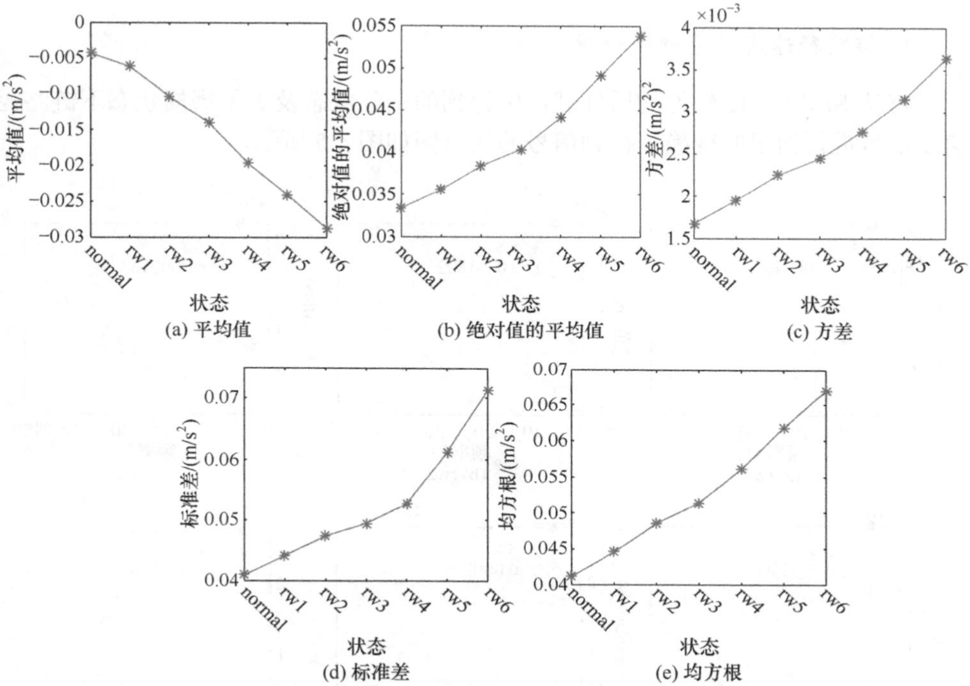

(a) 平均值 (b) 绝对值的平均值 (c) 方差

(d) 标准差 (e) 均方根

图 4.4 正常状态和滚子磨损状态下从动轴横向振动加速度信号时域特征值比较结果

由图 4.4 可以看出，梯级链滚子磨损不同程度之后，从动轴的横向振动加速度信号的时域特征值也相应地发生了明显的变化。平均值随着磨损程度的增加呈现逐渐下降的趋势，并且大致呈线性下降，也就是说随着磨损程度的增加，平均值是大致呈线性减小的；绝对值的平均值、方差、标准差、均方根等随着滚子磨损程度的增加而大致呈线性上升，即随着滚子磨损程度的不断增加，这几个值是大致呈线性增大的。

综合以上分析可知：平均值、绝对值的平均值、方差、标准差、均方根等都随磨损程度的增加大致呈线性关系，可以表现出滚子磨损的信号规律，从这几个值的大小可以判断出磨损的程度。下面对平均值、方差与滚子半径的减少量之间的线性关系进行拟合。

平均值拟合结果的表达式为

$$\bar{x} = -0.0169\Delta r - 0.0026 \tag{4.3}$$

方差拟合结果的表达式为

$$v_{avg} = 0.0013\Delta r + 0.0016 \tag{4.4}$$

4.1.2　滚子磨损状态下信号的频域规律研究

1. 链路径速度信号频域分析

将从 SIMPACK 软件的后处理器中得到的正常状态及滚子磨损状态下链路径速度信号进行傅里叶变换，得到信号的频谱图如图 4.5 所示。

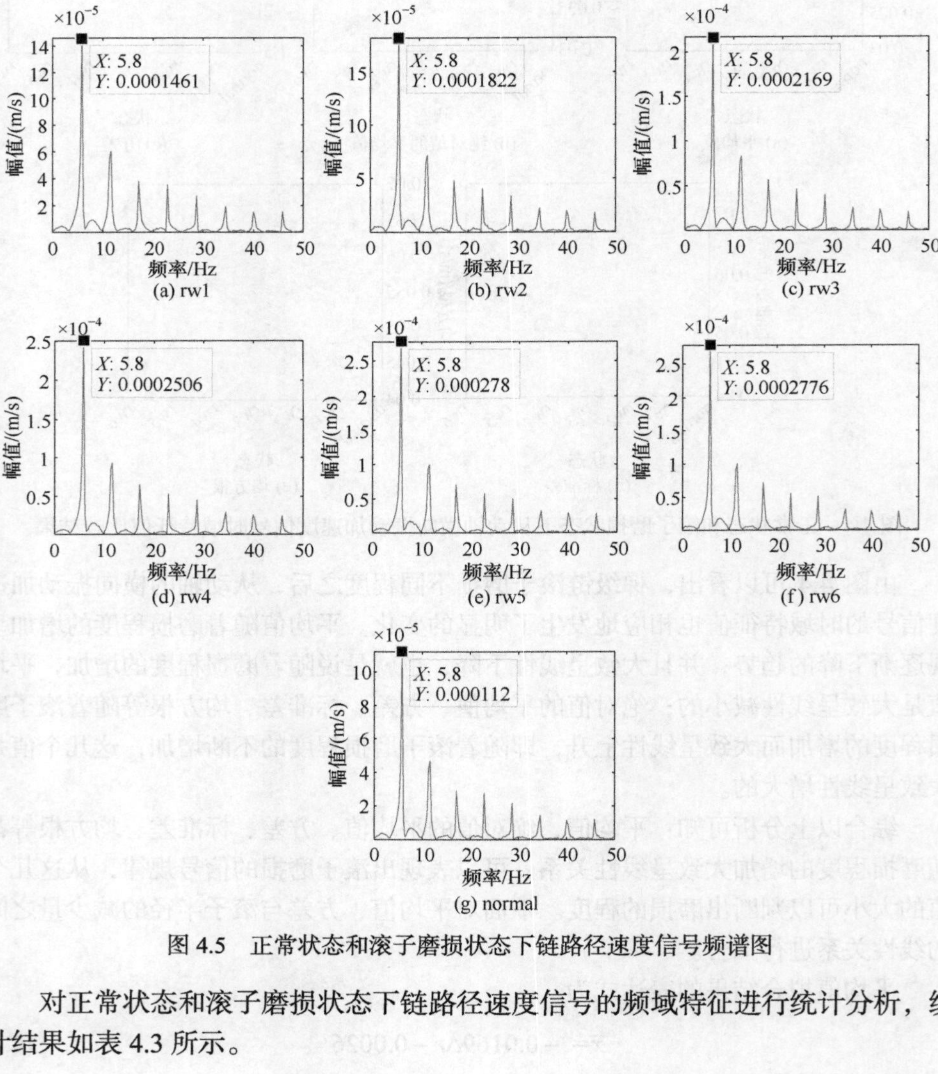

图 4.5　正常状态和滚子磨损状态下链路径速度信号频谱图

对正常状态和滚子磨损状态下链路径速度信号的频域特征进行统计分析，统计结果如表 4.3 所示。

表 4.3　正常状态和滚子磨损状态下链路径速度信号倍频统计　(单位：10^{-5}m/s)

倍频	状态						
	normal	rw1	rw2	rw3	rw4	rw5	rw6
一倍频(5.8Hz)	11.20	14.61	18.22	21.69	25.06	27.80	27.76
二倍频(11.6Hz)	4.686	6.021	7.146	8.248	8.541	9.976	11.03
三倍频(17.09Hz)	2.923	3.795	4.795	5.646	6.477	7.053	7.920
四倍频(22.89Hz)	2.771	3.543	4.046	4.637	5.267	5.782	6.281
五倍频(28.69Hz)	2.157	2.694	3.387	3.992	4.531	5.034	5.284

对表 4.3 所述各个状态下的倍频幅值进行统计，并相互比较。得到链路径速度信号倍频幅值比较结果如图 4.6 所示。

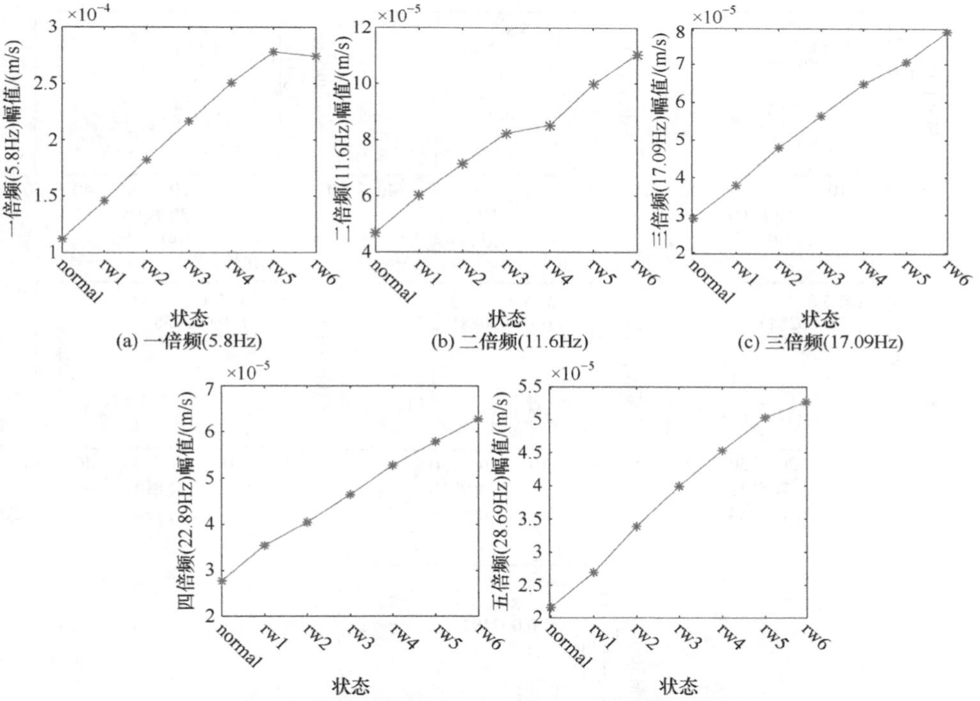

(a) 一倍频(5.8Hz)　(b) 二倍频(11.6Hz)　(c) 三倍频(17.09Hz)

(d) 四倍频(22.89Hz)　(e) 五倍频(28.69Hz)

图 4.6　正常状态和滚子磨损状态下链路径速度信号倍频幅值比较结果

通过对正常状态和六种滚子磨损状态下的链路径速度信号进行傅里叶变换后，并对其倍频幅值进行统计分析，由图 4.6 可以看出，随着滚子磨损程度的不断增加，各种状态下的链路径速度五个倍频幅值统计大致呈直线上升趋势。可以得到五个倍频下的幅值随着滚子磨损程度的增加而增大的变化规律，所以这五个倍频幅值可以作为判断滚子磨损程度的依据。对这五个倍频进行与滚子半径减少量相关的线性拟合。

一倍频拟合结果的表达式为

$$p_1=(1.27\Delta r+1.167)\times10^{-4} \tag{4.5}$$

二倍频拟合结果的表达式为

$$p_2=(4.048\Delta r+4.914)\times10^{-5} \tag{4.6}$$

2. 从动轴横向振动加速度信号频域分析

对正常状态和六种滚子磨损状态下仿真的从动轴横向振动加速度信号进行傅里叶变换，得到其频谱图如图 4.7 所示。

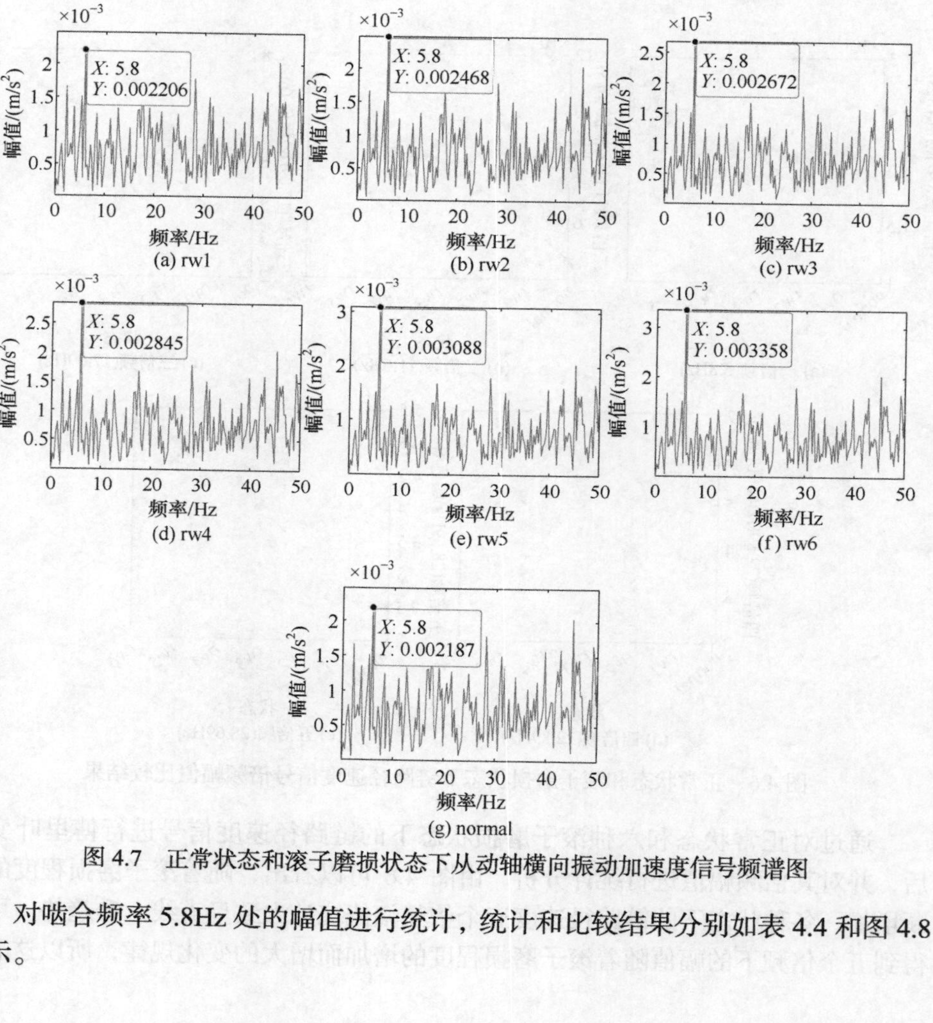

图 4.7　正常状态和滚子磨损状态下从动轴横向振动加速度信号频谱图

对啮合频率 5.8Hz 处的幅值进行统计，统计和比较结果分别如表 4.4 和图 4.8 所示。

表 4.4　轴振动加速度 5.8Hz 处的幅值统计　(单位：$10^{-3}m/s^2$)

倍频	状态						
	normal	rw1	rw2	rw3	rw4	rw5	rw6
一倍频(5.8Hz)	2.187	2.206	2.468	2.672	2.845	3.088	3.358

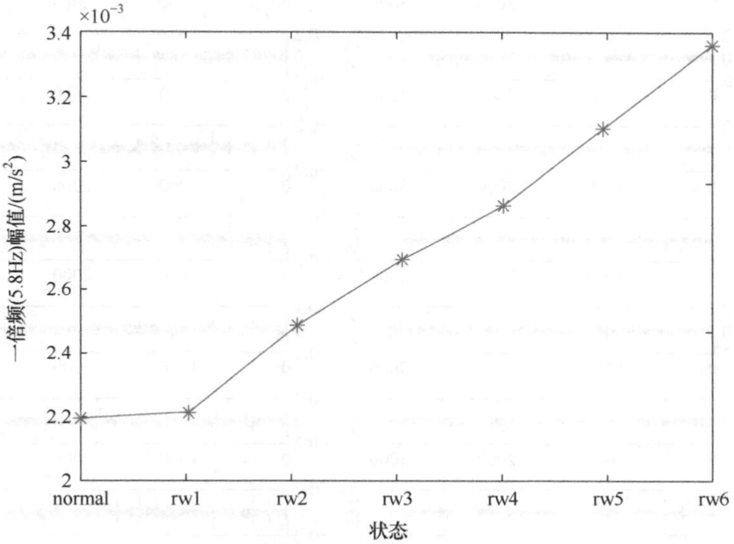

图 4.8　正常状态和滚子磨损状态下轴振动加速度 5.8Hz 时的幅值比较结果

由图 4.8 可以看出，随着滚子磨损程度的增加，一倍频 5.8Hz 频率处的幅值大致呈直线上升趋势，也就是说，此处的幅值呈逐渐增大的变化规律，通过分析 5.8Hz 频率下幅值的状态，可以得到滚子的磨损情况。对一倍频随滚子磨损程度的变化进行线性拟合得到的表达式为

$$p_1=0.000807\Delta r+0.00207 \tag{4.7}$$

4.1.3　滚子磨损状态下信号的小波包分析

对正常状态和滚子磨损状态下的从动轴横向振动加速度信号进行小波包分解并重构，重构位置为第三层的 8 个节点，最后得到的每个分量信号的小波包分解图如图 4.9 所示，其中 S30 表示对第三层的[3, 0]节点进行重构，S31 表示对[3, 1]节点进行重构，以此类推[6]。

由图 4.9 可以看出，滚子磨损之后信号的各个分量都发生了明显的变化，总体表现为波形的变化范围变宽，并且各分量波形的周期性冲击更加明显。对各个分量的能量进行计算并统计，得到正常状态和滚子磨损状态的时域能量分布直方图，分别如图 4.10(a)和(b)所示。

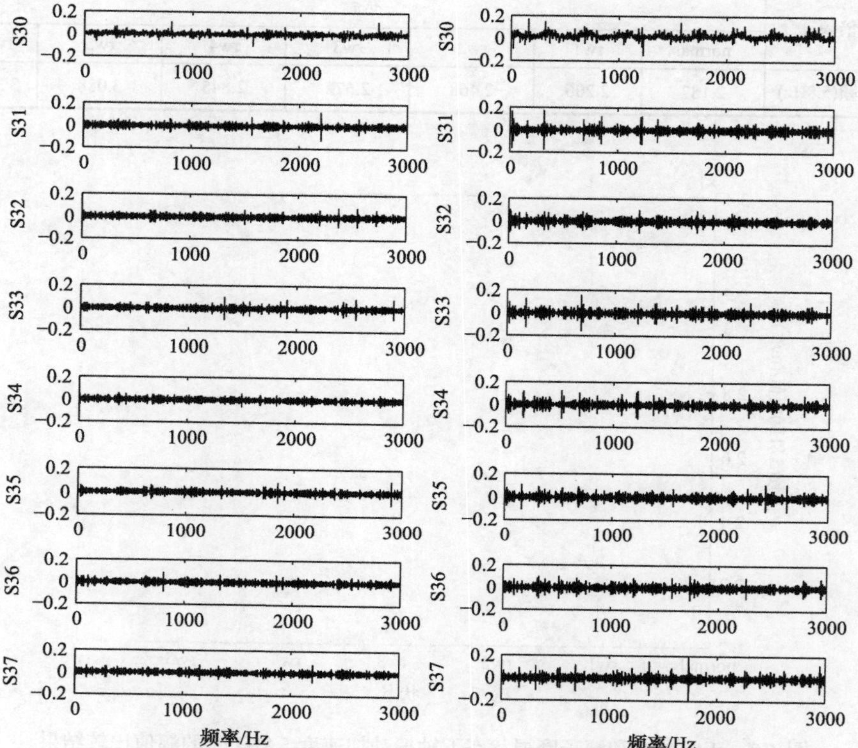

图 4.9　正常状态和滚子磨损状态下信号的小波包分解

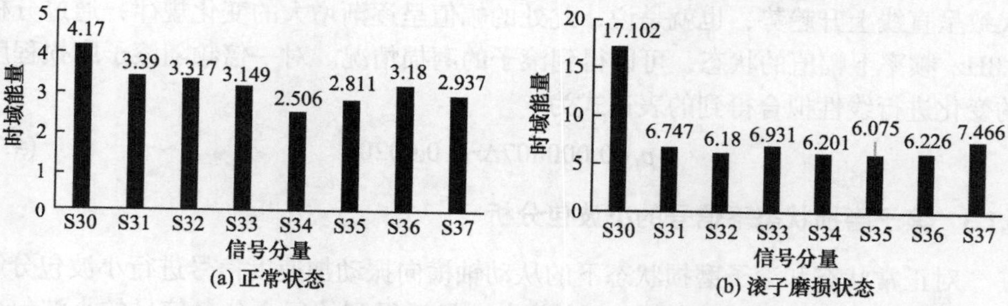

图 4.10　正常状态和滚子磨损状态下时域能量分布直方图

比较图 4.10(a)和(b)可以看出，滚子磨损之后，信号各个分量的时域能量都发生了变化，并且都有不同程度的增大，其中 S30 分量能量增长的幅度最大，说明滚子磨损之后低频带处的信号幅值变化最大。在两个模型中，S30 分量的能量都是最大的，这与链传动的啮合频率为低频带的特征相吻合。

对各分量信号进行频谱分析，得到正常状态和滚子磨损状态的各分量频谱图，分别如图 4.11 和图 4.12 所示。

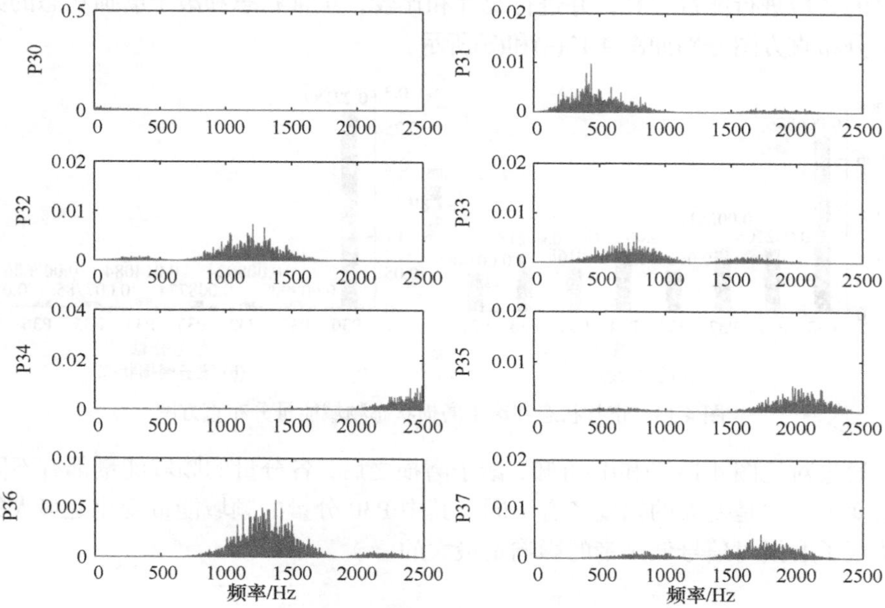

图 4.11　正常状态下各分量频谱图

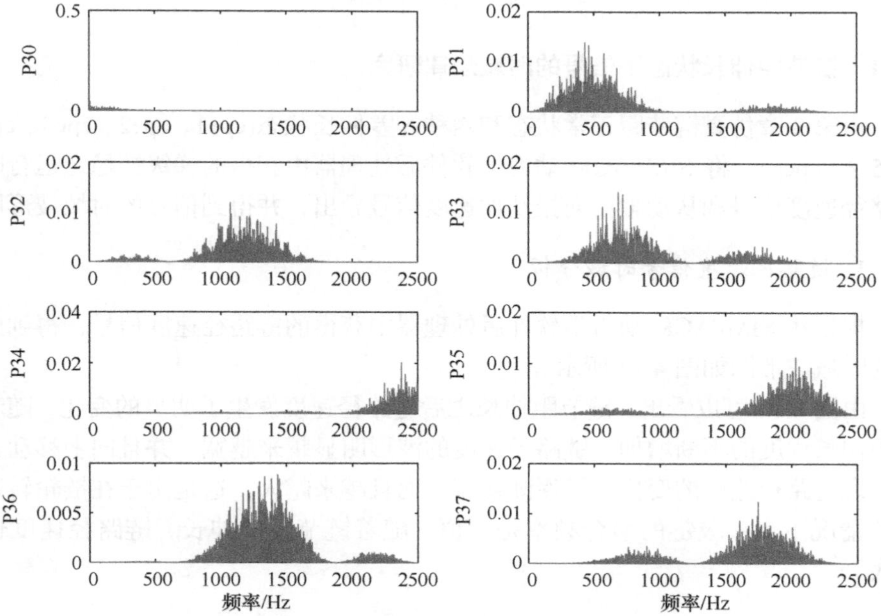

图 4.12　滚子磨损状态下各分量频谱图

通过图 4.11 和图 4.12 中各个分量的比较可以看出，滚子磨损之后，各分量的频谱图发生了不同程度的变化，总体表现为峰值及其边频带的幅值变大。对各个分量的频域进行能量计算，并进行统计和比较，正常状态和滚子磨损状态的频域能量分布直方图分别如图 4.13(a)和(b)所示。

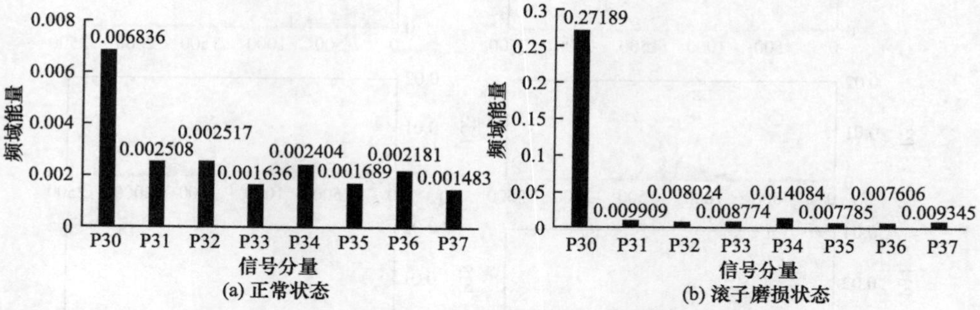

图 4.13　正常状态和滚子磨损状态频域能量分布直方图

通过对比图 4.13(a)和(b)可知，滚子磨损之后，各分量的频域能量都有不同程度的变大，但是变大的幅度各有不同，其中 P30 分量的频域能量变化是最大的，说明滚子磨损对信号低频带的影响是最大的。

4.2　梯级链链节距伸长状态故障规律研究

4.2.1　链节距伸长状态下信号的时域规律研究

由第 3 章仿真链节距正常状态和六种等差伸长状态(cpe1、cpe2、cpe3、cpe4、cpe5 和 cpe6)，将 SIMPACK 动力学软件后处理器中获得的梯级链稳定运行时的链路径速度信号和从动轴横向振动加速度信号导出，并得到信号的时域波形图。

1. 链路径速度信号时域分析

根据从 SIMPACK 动力学软件后处理器中获得的链路径速度信号，得到此信号的时域波形图如图 4.14 所示。

由图 4.14 可以看出，链节距伸长之后链路径速度发生了明显的变化，随着链节距伸长程度的不断增加，链路径速度的波形明显越来越宽，并且向上移动，也就是说链路径速度的变化范围逐渐变宽，而且越来越大。这是由于在链轮转速一定的情况下，梯级链的啮合频率是定值，随着链节距的伸长，链路径速度也会增大。

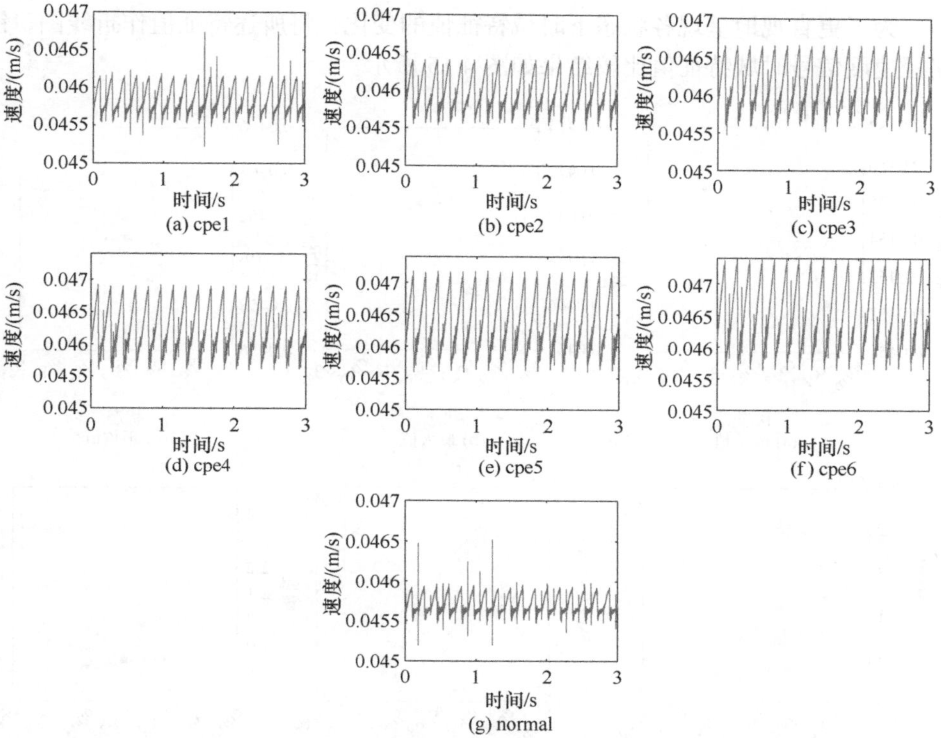

图 4.14　正常状态和链节距伸长状态下链路径速度信号时域波形图

通过计算，得到正常状态和几种劣化状态下链路径速度信号的时域特征值，并进行统计分析，得到正常状态和链节距伸长状态下链路径速度信号时域特征值的结果，如表 4.5 所示。

表 4.5　正常状态和链节距伸长状态下链路径速度信号时域特征值

特征值	状态						
	normal	cpe1	cpe2	cpe3	cpe4	cpe5	cpe6
最小值/(m/s)	0.04520	0.04522	0.04548	0.04547	0.04556	0.04559	0.04564
最大值/(m/s)	0.04652	0.04674	0.04666	0.04667	0.04692	0.04718	0.04740
平均值/(m/s)	0.04570	0.04584	0.04598	0.04611	0.04625	0.04638	0.04651
方差/(m/s)^2	1.165×10^{-8}	2.830×10^{-8}	5.211×10^{-8}	8.457×10^{-8}	1.255×10^{-7}	1.749×10^{-7}	2.318×10^{-7}
标准差/(m/s)	1.079×10^{-4}	1.682×10^{-4}	2.283×10^{-4}	2.908×10^{-4}	3.543×10^{-4}	4.183×10^{-4}	4.815×10^{-4}
峭度	2.445	1.978	1.859	1.847	1.8303	1.816	1.796
均方根/(m/s)	0.04570	0.04584	0.04598	0.04611	0.04625	0.04638	0.04651
波形因子	1.0000028	1.0000067	1.0000123	1.0000199	1.0000293	1.0000407	1.0000536
峭度因子	0.01169	0.01180	0.01190	0.01201	0.01212	0.01222	0.01233

为了更直观地呈现各状态下时域特征值的变化，将所述特征值作折线图，链路径速度信号时域特征值比较结果如图 4.15 所示。

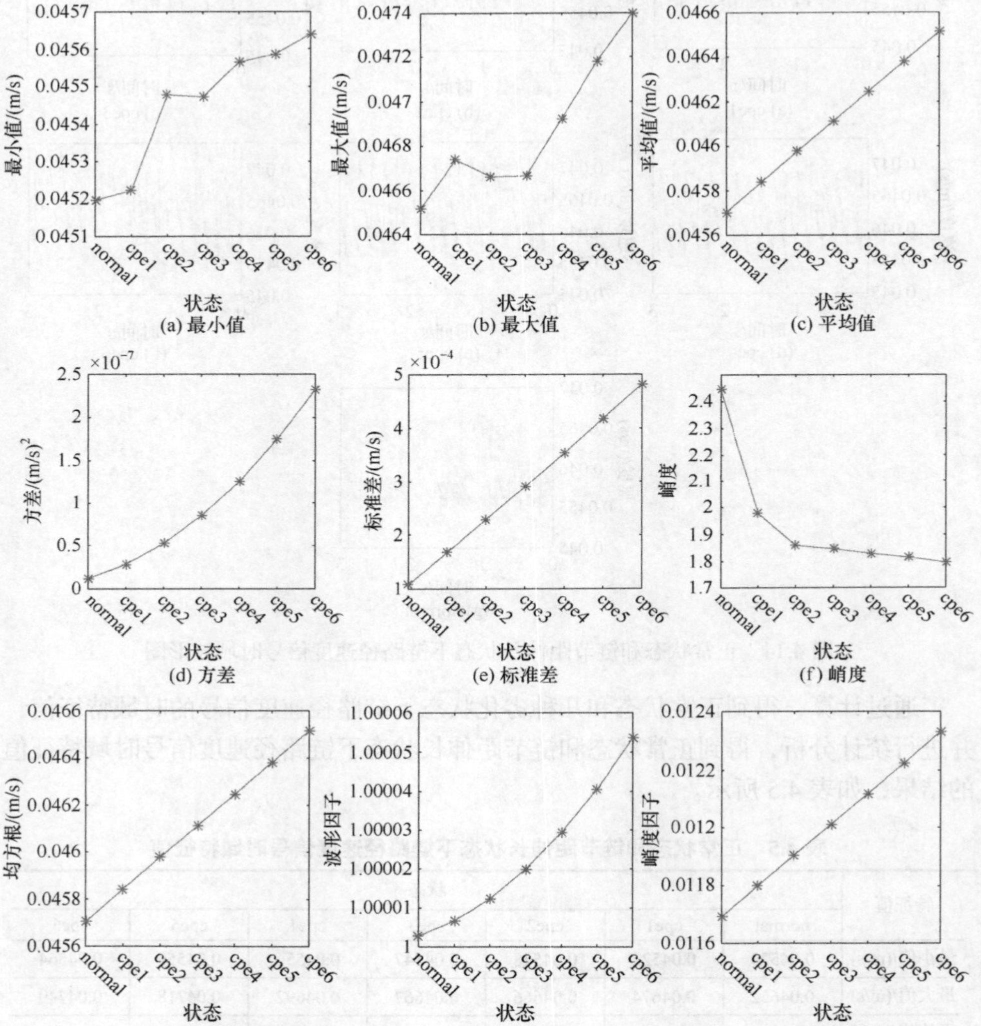

图 4.15　正常状态和链节距伸长状态下链路径速度信号时域特征值比较结果

由图 4.15 中可以看出，链节距伸长不同程度之后，链路径速度的时域特征值发生了明显的变化，随着链节距伸长程度的不断增加，各个时域特征值有的增大，有的减小。由图中不难判断，时域特征值平均值、标准差、均方根和峭度因子随着链节距伸长程度的增大都是呈直线上升的，也就是说，随着链节距伸长程度的不断增加，这几个时域特征值直线变大。对平均值和峭度因子进行线性拟合得到这些特征值随链节距伸长程度的变化。

平均值的拟合表达式为

$$\bar{x}=0.003365\Delta x+0.0457 \tag{4.8}$$

式中，Δx 表示链节距伸长量。

峭度因子的拟合表达式为

$$k=0.002657\Delta x+0.01169 \tag{4.9}$$

时域特征值方差和波形因子随着链节距伸长程度的增大都是呈曲线上升的，也就是说随着链节距伸长程度的不断增加，这两个时域特征值曲线变大；最大值和最小值随着链节距伸长程度的不断增加总体上呈上升的趋势，也就是说随着链节距伸长程度的不断增加，最大值和最小值呈变大的趋势；时域特征值峭度随着链节距伸长程度的增大呈下降的趋势，也就是说，随着链节距伸长程度的不断增加，峭度值逐渐变小。

这几个特征值都反映了链节距伸长不同程度状态下信号的时域规律，通过这几个特征值不难将各个链节距伸长程度的状态区分开来，进行很好的辨识。

2. 从动轴横向振动加速度信号时域分析

根据从 SIMPACK 动力学软件后处理器中获得的从动轴横向振动加速度信号，得到此信号的时域波形图如图 4.16 所示。

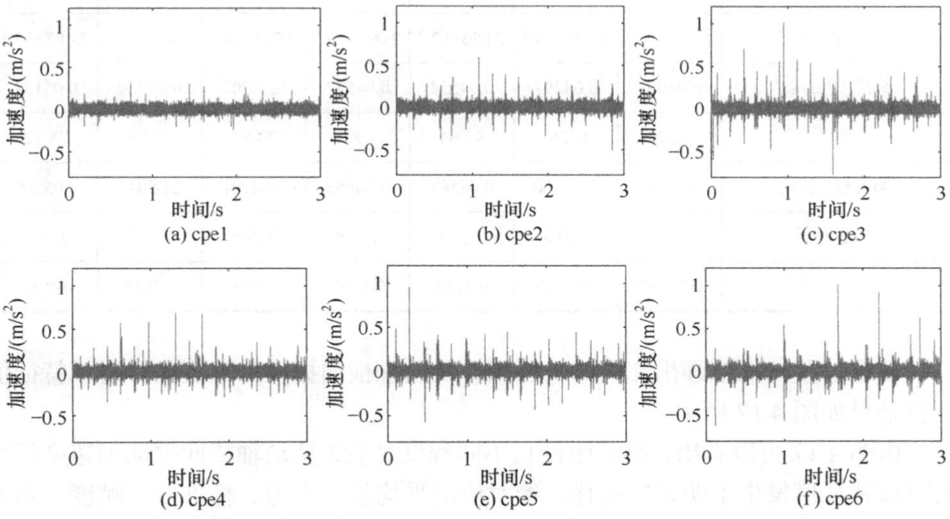

(a) cpe1　(b) cpe2　(c) cpe3

(d) cpe4　(e) cpe5　(f) cpe6

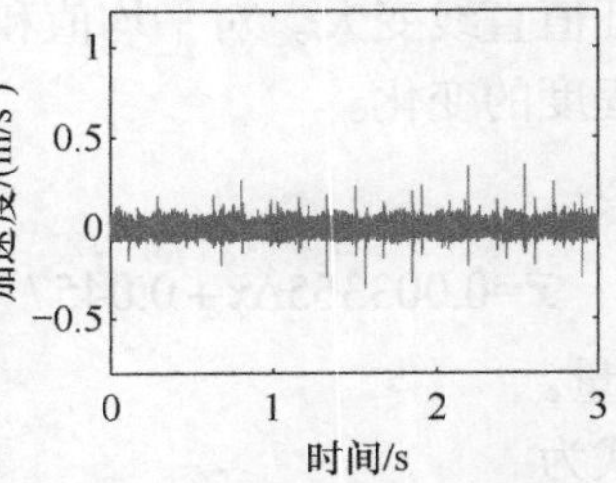

(g) normal

图 4.16　正常状态和链节距伸长状态下从动轴横向振动加速度信号时域波形图

由图 4.16 可以看出，随着链节距伸长程度的不断增加，从动轴横向振动加速度信号也出现了明显的不同。从动轴横向振动加速度幅值出现更多的冲击，并且越来越杂乱无章，但是依然可以看出其周期性的振动规律，下面对这些时域信号进一步分析。

通过计算，得出正常状态和几种劣化状态下从动轴横向振动加速度信号的时域特征值，并对其进行统计分析，如表 4.6 所示。

表 4.6　从动轴横向振动加速度信号的时域特征值

特征值	状态						
	normal	cpe1	cpe2	cpe3	cpe4	cpe5	cpe6
平均值/(m/s²)	−0.00429	−0.006204	−0.006944	−0.007913	−0.009003	−0.00991	−0.010602
绝对值的平均值/(m/s²)	0.03339	0.03439	0.03528	0.03615	0.03617	0.03700	0.03826
方差/(m/s²)²	1.679×10^{-3}	1.899×10^{-3}	2.056×10^{-3}	2.093×10^{-3}	2.214×10^{-3}	2.421×10^{-3}	2.687×10^{-3}
标准差/(m/s²)	0.04097	0.04297	0.04534	0.04572	0.04705	0.04920	0.05183
峭度	4.870	6.870	9.864	9.997	14.99	19.76	28.72
均方根/(m/s²)	0.04120	0.04320	0.04587	0.04653	0.04791	0.05019	0.05290
波形因子	1.234	1.253	1.300	1.318	1.324	1.357	1.383
峭度因子	0.04167	0.07167	0.1145	0.1890	0.198	0.2918	0.4962

根据这些特征值画出相应的折线图，从动轴横向振动加速度信号时域特征值比较结果如图 4.17 所示。

由图 4.17 可以看出，链节距伸长不同程度之后，从动轴横向振动加速度信号的时域特征值发生了明显的变化。绝对值的平均值、方差、标准差、峭度、均方根、波形因子和峭度因子统计折线图都随着链节距伸长程度的不断增加而呈现不断上升的趋势，也就是说，随着链节距伸长程度的不断增加，这几个时域特征值

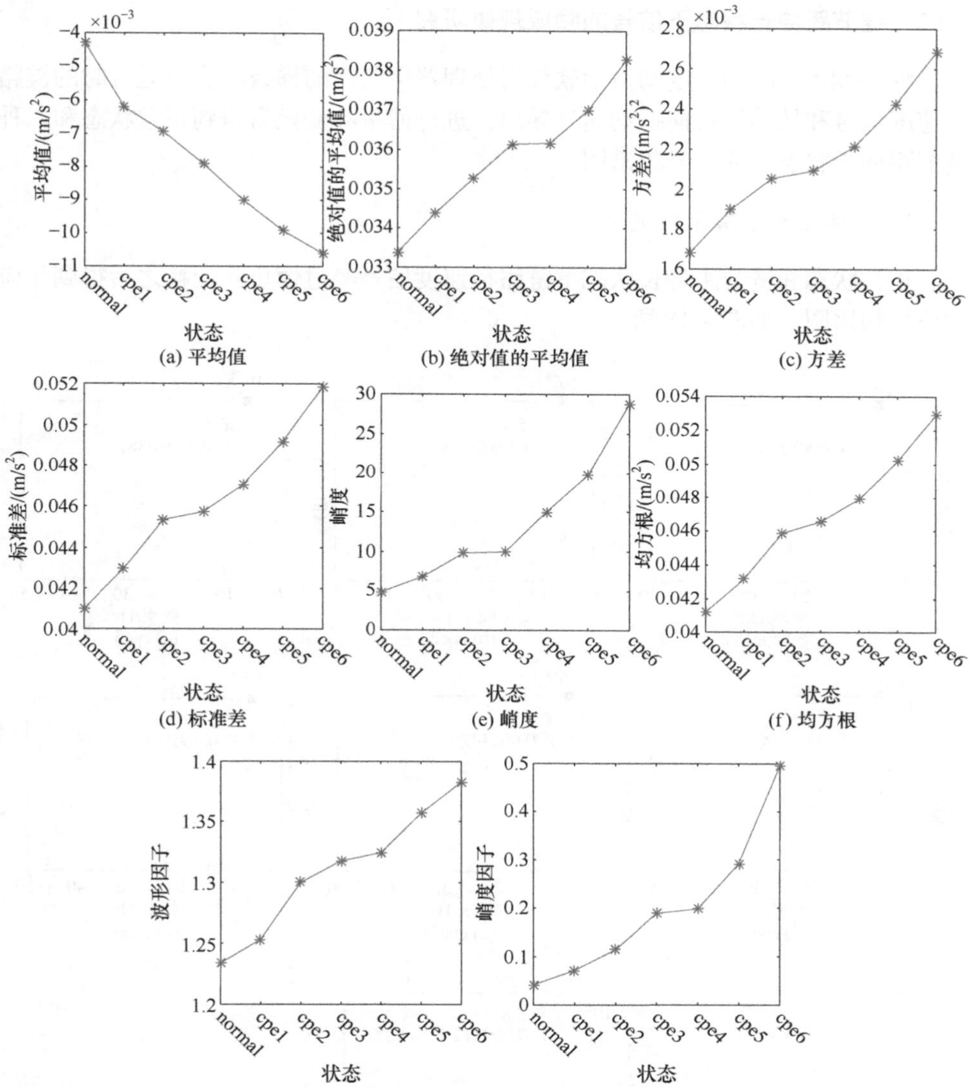

(a) 平均值　(b) 绝对值的平均值　(c) 方差

(d) 标准差　(e) 峭度　(f) 均方根

(g) 波形因子　(h) 峭度因子

图 4.17　正常状态和链节距伸长状态下从动轴横向振动加速度信号时域特征值比较结果

都不断变大，而平均值的折线图呈下降的趋势，但由于加速度的平均值是有方向性的，并且是负值，也可以看成是平均振动加速度值随着链节距伸长程度的增加而增大。

这几个特征值都能反映出梯级链伸长的特征规律，通过这些特征值的大小就能判断链节距伸长的程度。

4.2.2　链节距伸长状态下信号的频域规律研究

将 SIMPACK 加速度动力学软件后处理器中获得的梯级链稳定运行时的链路径速度信号和从动轴横向振动信号导出，进行傅里叶变换后得到正常状态和六种链节距伸长状态下的信号频谱图。

1. 链路径速度信号频域分析

正常状态和链节距伸长状态下链路径速度信号经过傅里叶变换之后得到相应的信号频谱图，如图 4.18 所示。

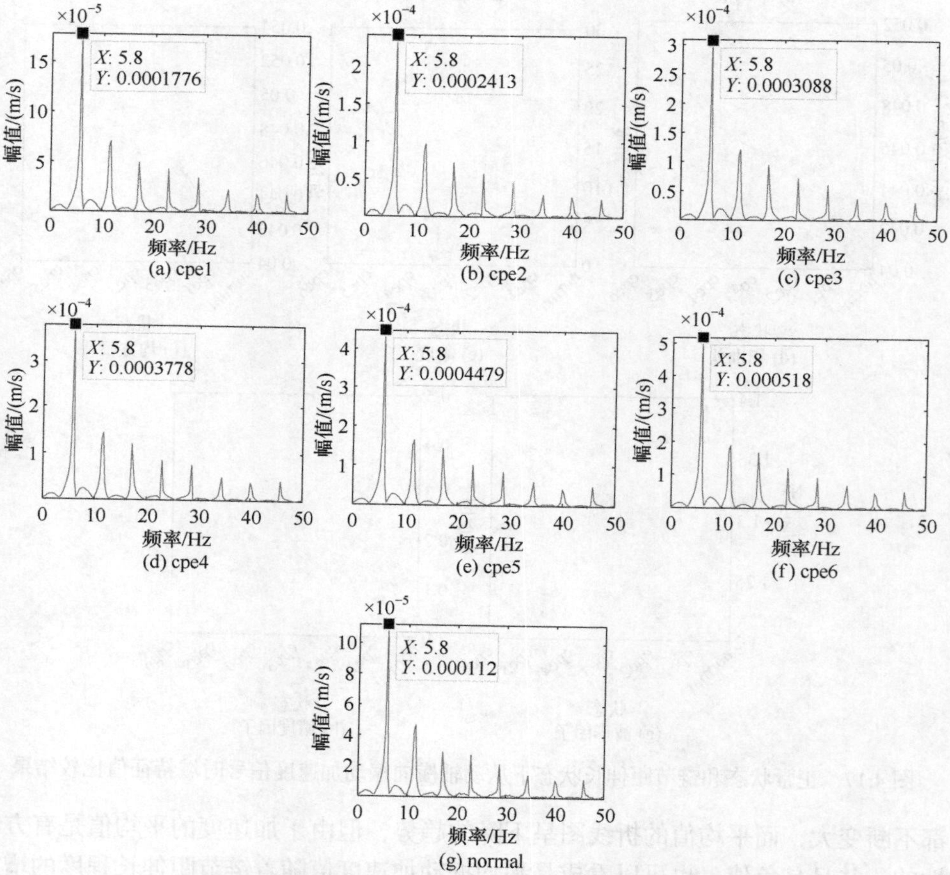

图 4.18　正常状态和链节距伸长状态下链路径速度频谱图

由图 4.18 可以看出，在啮合频率 5.8Hz 处，出现明显的幅值，在二倍频、三倍频、四倍频和五倍频处也出现明显的幅值。对五个倍频进行统计，得到链路径速度倍频统计结果如表 4.7 所示。

表 4.7　正常状态和链节距伸长状态下链路径速度倍频统计　(单位：10^{-5}m/s)

倍频	状态						
	normal	cpe1	cpe2	cpe3	cpe4	cpe5	cpe6
一倍频(5.8Hz)	11.20	17.76	24.13	30.88	37.78	44.79	51.80
二倍频(11.6Hz)	4.686	7.088	9.678	12.11	14.36	15.24	18.80
三倍频(17.09Hz)	2.923	4.927	7.210	9.501	12.02	14.48	16.74
四倍频(22.89Hz)	2.771	4.299	5.730	7.260	8.546	10.20	12.03
五倍频(28.69Hz)	2.157	3.454	4.845	6.223	7.530	8.485	9.332

将各个状态下的倍频以折线图的形式表现出来，以便于相互比较，直观地展现特征值的规律，得到的统计图如图 4.19 所示。

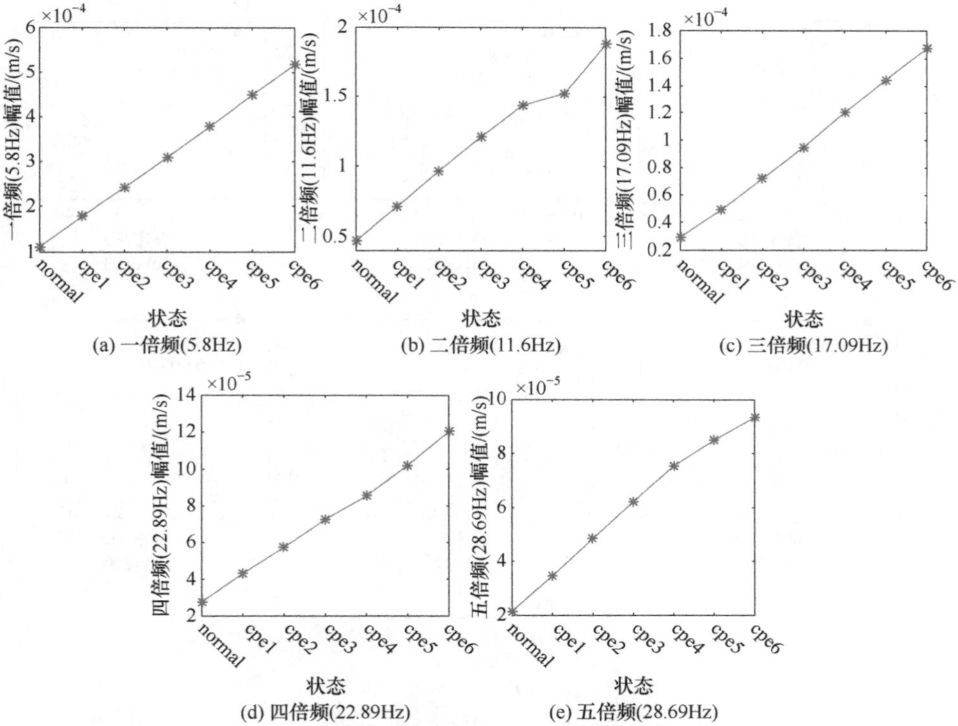

(a) 一倍频(5.8Hz)　(b) 二倍频(11.6Hz)　(c) 三倍频(17.09Hz)

(d) 四倍频(22.89Hz)　(e) 五倍频(28.69Hz)

图 4.19　正常状态和链节距伸长状态下链路径速度倍频幅值比较结果

由图 4.19 可以看出，链节距伸长不同程度之后，链路径速度的倍频幅值发生了明显的变化。由图 4.19 可以判断，五个倍频随着链节距伸长程度的增大都是大致呈直线上升的，也就是说，随着链节距伸长程度的增加，其状态下的倍频值大致呈直线变大。

对一倍频和二倍频进行线性拟合得到倍频与链节距伸长量的规律。

一倍频的拟合表达式为

$$p_1 = 0.001692\Delta x + 0.0001089 \tag{4.10}$$

二倍频的拟合表达式为

$$p_2 = 0.0005654\Delta x + 0.00004924 \tag{4.11}$$

这五个倍频随着链节距伸长程度的增加，都呈现出线性的规律，所以通过倍频的幅值就能够判断链节距的伸长量。

2. 从动轴横向振动加速度信号频域分析

从动轴横向振动加速度信号的频谱图如图 4.20 所示。

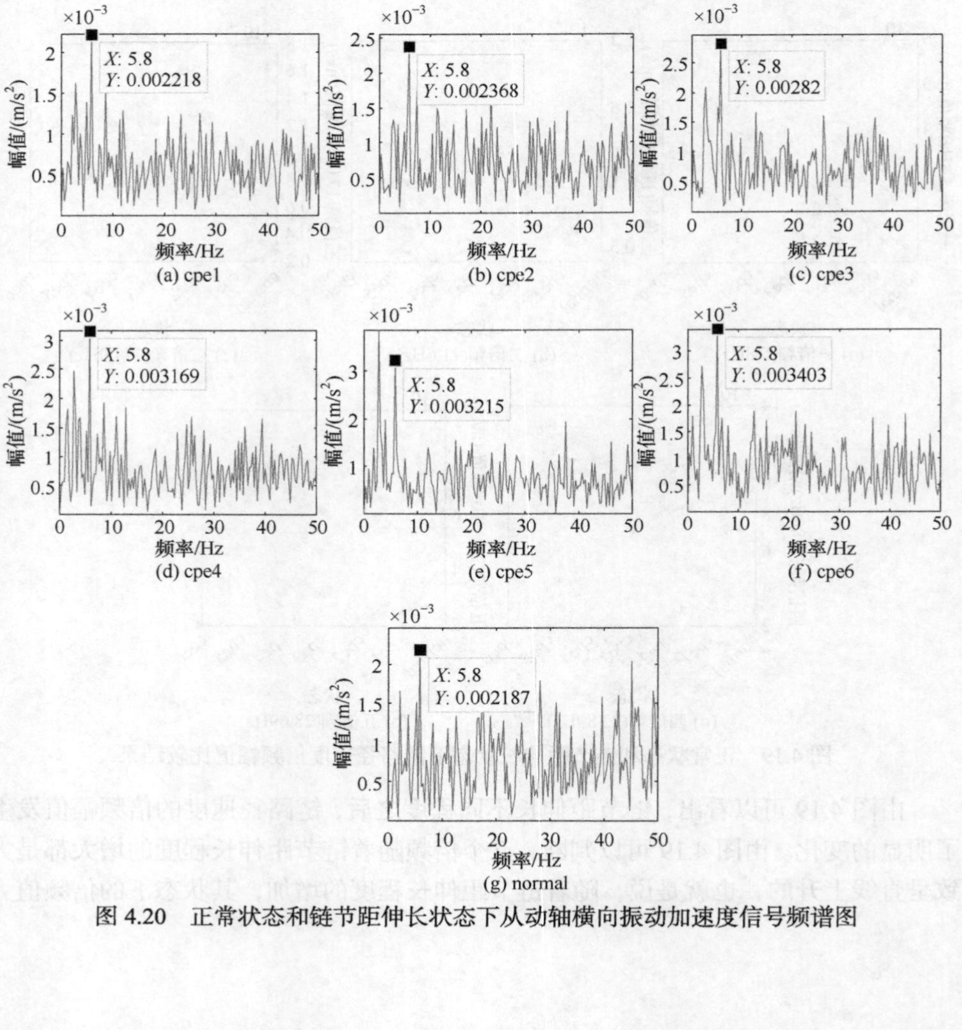

图 4.20　正常状态和链节距伸长状态下从动轴横向振动加速度信号频谱图

由图 4.20 可以看出，在啮合频率 5.8Hz 处，出现明显的峰值，对这一指标进行统计，得到的从动轴横向振动加速度倍频统计如表 4.8 所示。

表 4.8　正常状态和链节距伸长状态下从动轴横向振动加速度倍频统计

(单位：$10^{-3}m/s^2$)

倍频	状态						
	normal	cpe1	cpe2	cpe3	cpe4	cpe5	cpe6
一倍频(5.8Hz)	2.187	2.218	2.368	2.820	3.169	3.215	3.403

对各个状态下啮合频率的幅值进行折线图形式的统计，并相互比较，得到从动轴横向振动加速度倍频幅值比较结果如图 4.21 所示。

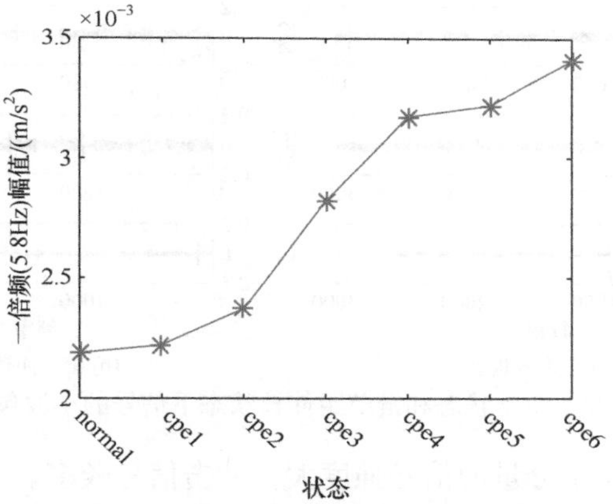

图 4.21　正常状态和链节距伸长状态下从动轴横向振动加速度倍频幅值比较结果

由图 4.21 可以看出，链节距伸长不同程度之后，从动轴横向振动加速度的一倍啮合频率幅值发生了明显的变化。由图中不难判断，一倍啮合频率幅值随着链节距伸长程度的增大呈上升趋势，也就是说，随着链节距伸长程度的不断增加，其状态下的一倍啮合频率幅值曲线变大。其倍频幅值的变化从一定程度上反映了链节距伸长的规律，可以通过幅值的大小判断链节距的伸长量。

4.2.3　链节距伸长状态下信号的小波包分析

采集所需的正常状态和链节距伸长到某程度状态下从动轴横向振动加速度信号，并对其进行小波包分析。

对信号进行小波包分解，并对小波包进行重构，重构点为第三层的 8 个节点，小波包的分解结果如图 4.22 所示。

由图 4.22 可以看出，链节距伸长状态下经过信号的分层之后，每个分量的信

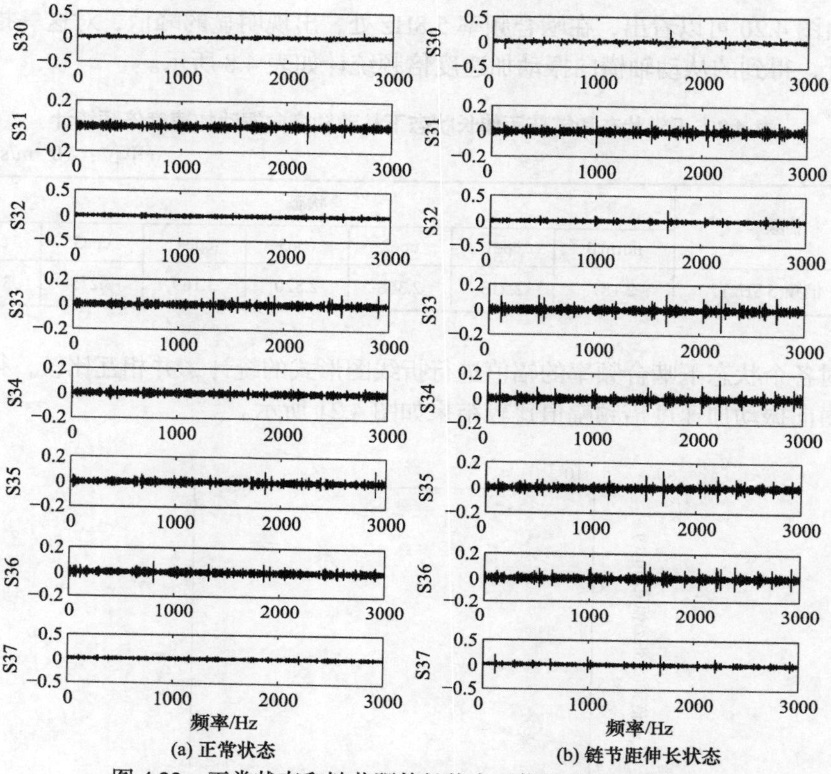

图 4.22　正常状态和链节距伸长状态下信号的小波包分解

号要比正常状态下每个分量的信号强度大，冲击信号较多。

对分层后的信号计算每个分量的能量，得到正常状态和链节距伸长状态的时域能量分布直方图，分别如图 4.23(a)和(b)所示。

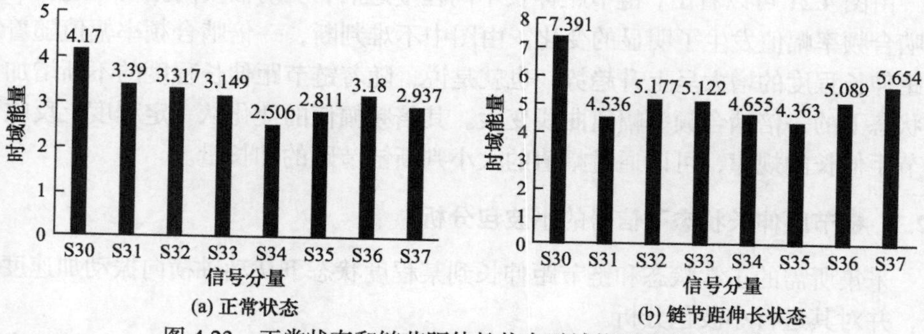

图 4.23　正常状态和链节距伸长状态时域能量分布直方图

比较图 4.23(a)和(b)，不难看出，链节距伸长的小波分解后，每个分量信号的能量都有不同程度的增大，并且 S30 分量的能量不管是否发生链节距伸长，都是最大的，也就是说低频段的能量是比较高的，这也与链传动的啮合频率相吻合。

对分解过后的信号进行功率计算，得到正常状态和链节距伸长状态各分量频谱图，分别如图 4.24 和图 4.25 所示。

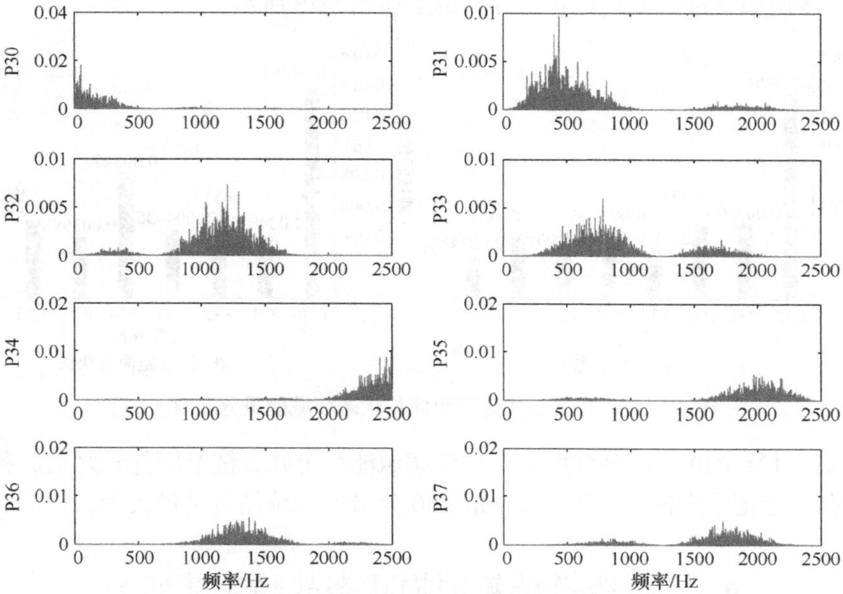

图 4.24　正常状态下各分量频谱图

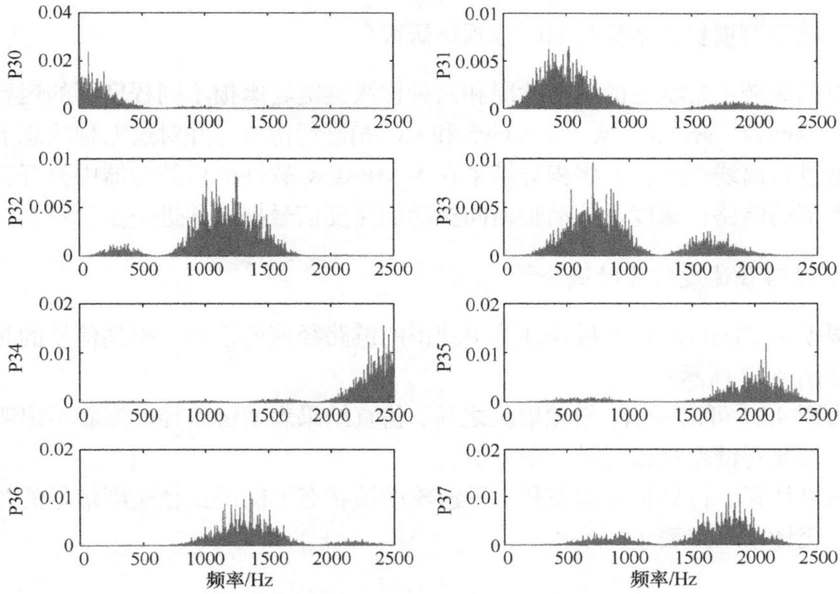

图 4.25　链节距伸长状态下各分量频谱图

由图 4.24 和图 4.25 可以看出，链节距伸长之后小波分解后的各个分量信号的频谱图与正常状态下的形状有所差异，但是其表现出来的特征不特别明显，需进一步计算并比较，但是 P30 分量的频谱图的幅值明显比其他分量的大。

对各层频谱进行能量计算，计算结果如图 4.26 所示。

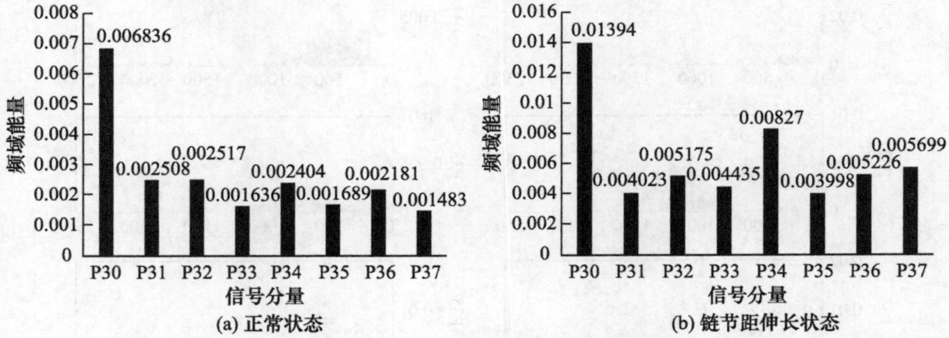

图 4.26 正常状态和链节距伸长状态频域能量分布直方图

通过计算 P30 小波分解后各个分量频域能量可知，链节距伸长之后，各个分量的频域能量明显增大，并且低频带 P30 分量的频域能量是最大的。

4.3 梯级链链轮磨损状态故障规律研究

4.3.1 链轮磨损状态下信号的时域规律研究

对梯级链正常状态的运行状况和六种梯级链链轮磨损不同程度下的运行状态(sww1、sww2、sww3、sww4、sww5 和 sww6)进行仿真，并对这七种状态下的仿真模型进行离线积分，并将积分结果在 SIMPACK 软件的后处理器中打开，将各个状态下的链路径速度及从动轴横向振动加速度信号提取并进一步分析。

1. 链路径速度信号时域分析

根据从 SIMPACK 的后处理器中获得的链路径速度信号，得到信号的时域波形图如图 4.27 所示。

由图 4.27 可以看出，链轮磨损之后，仿真结果表明链路径速度看不出明显的变化，需要对链路径速度进一步分析。

通过计算，得到正常状态和六种链轮磨损状态下的链路径速度信号的时域特征值，统计结果如表 4.9 所示。

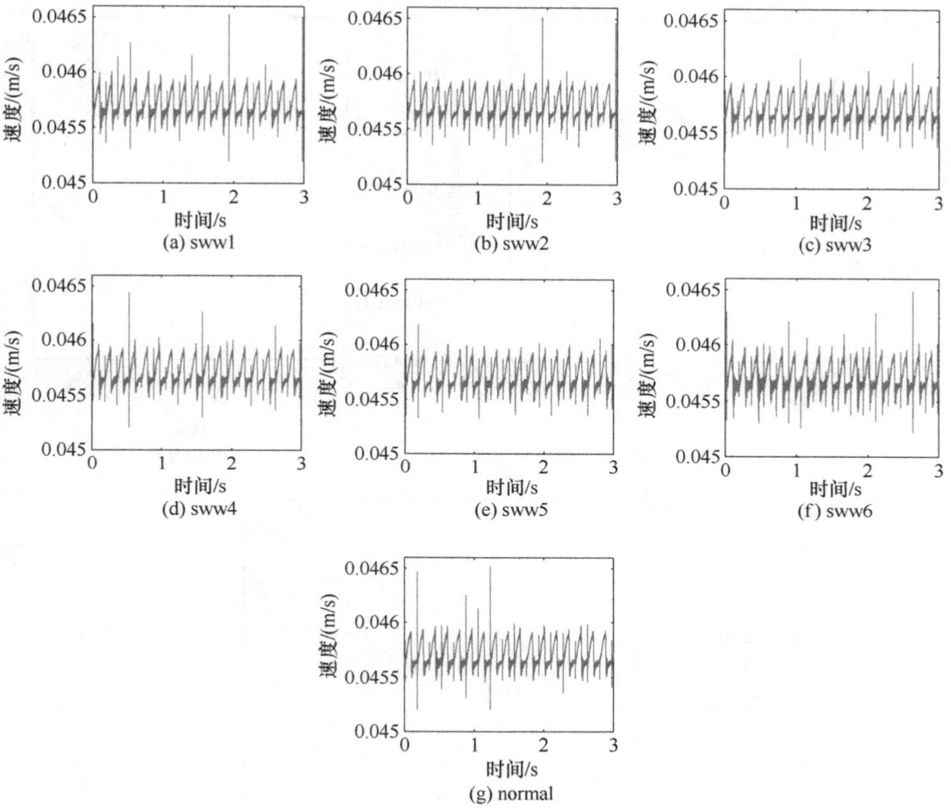

图 4.27　正常状态和链轮磨损状态下链路径速度信号时域波形图

表 4.9　正常状态和链轮磨损状态下链路径速度信号时域特征值统计

特征值	状态						
	normal	sww1	sww2	sww3	sww4	sww5	sww6
平均值/(m/s)	0.0457039	0.0457044	0.0457048	0.0457055	0.0457058	0.0457063	0.0457067
均方根/(m/s)	0.0457041	0.0457046	0.0457050	0.0457056	0.0457060	0.0457064	0.0457068
峭度因子	0.0116932	0.0116936	0.0116939	0.0116944	0.0116947	0.0116950	0.0116954

用折线图将特征值表示出来，并进行比较，链路径速度信号时域特征值比较结果如图 4.28 所示。

由图 4.28 可以看出，链轮磨损不同程度之后，链路径速度信号的时域特征值发生明显的变化，平均值、均方根和峭度因子三个时域特征值随磨损程度的增加而呈现上升的趋势，也就是说这三个特征值的大小都随链轮磨损程度的不断增加而增大，通过这三个特征值能将不同的磨损程度区分开。

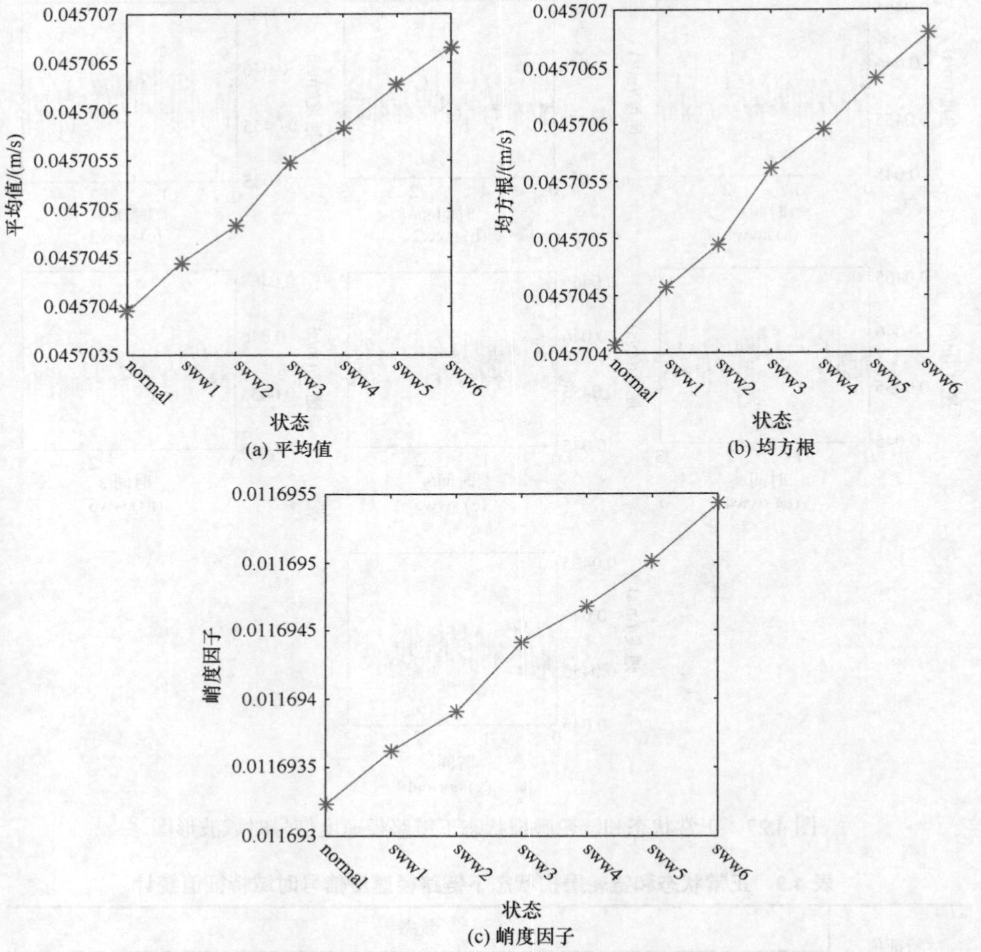

图 4.28　正常状态和链轮磨损状态下链路径速度信号时域特征值比较结果

对平均值和峭度因子与齿沟圆半径的增大量之间的线性关系进行拟合。

平均值的拟合表达式为

$$\overline{x}=3.6566\times10^{-6}\Delta R+0.0457 \tag{4.12}$$

式中，ΔR 表示齿沟圆半径的增大量。

峭度因子的拟合表达式为

$$k=2.906\times10^{-6}\Delta R+0.0117 \tag{4.13}$$

综上可知，可以选择平均值、均方根和峭度因子的大小作为判断链轮磨损程度的依据。

2. 从动轴横向振动加速度信号时域分析

从 SIMPACK 软件的后处理器中将正常状态和六种不同磨损状态下仿真获得的从动轴横向振动加速度提取并进一步分析，得到的时域波形图如图 4.29 所示。

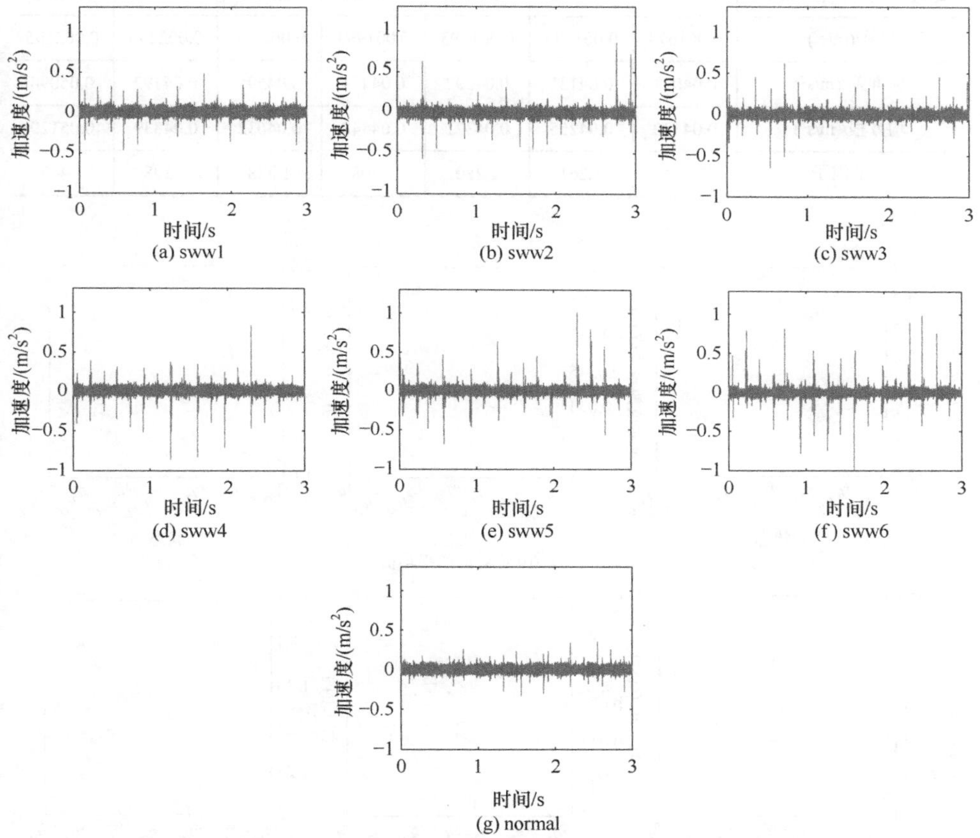

图 4.29　正常状态和链轮磨损状态下从动轴横向振动加速度信号时域波形图

由图 4.29 可以看出，随着链轮的磨损程度增加，从动轴横向振动加速度数据也发生变化。可以看出随着链轮的磨损程度增加，时域波形图中的冲击信号不断增多，并且其振动具有一定的周期性，冲击波形也呈现出周期性。

通过对这些振动数据进行计算，得到正常状态和六种不同磨损程度下从动轴横向振动加速度信号的时域特征值，统计结果和比较结果分别如表 4.10 和图 4.30 所示。

表 4.10 正常状态和链轮磨损状态下轴振动加速度信号时域特征值统计

特征值	状态						
	normal	sww1	sww2	sww3	sww4	sww5	sww6
平均值/(m/s²)	–0.00430	–0.00450	–0.00484	–0.00530	–0.00587	–0.00680	–0.00726
绝对值的平均值/(m/s²)	0.03339	0.03362	0.03396	0.03420	0.03463	0.03492	0.03557
方差/(m/s²)²	0.001679	0.001725	0.001893	0.001993	0.002111	0.002296	0.002595
标准差/(m/s²)	0.04097	0.04131	0.04292	0.04414	0.04595	0.04792	0.05094
均方根/(m/s²)	0.04120	0.04255	0.04321	0.04448	0.04632	0.04839	0.05129
波形因子	1.234	1.261	1.280	1.308	1.338	1.398	1.442

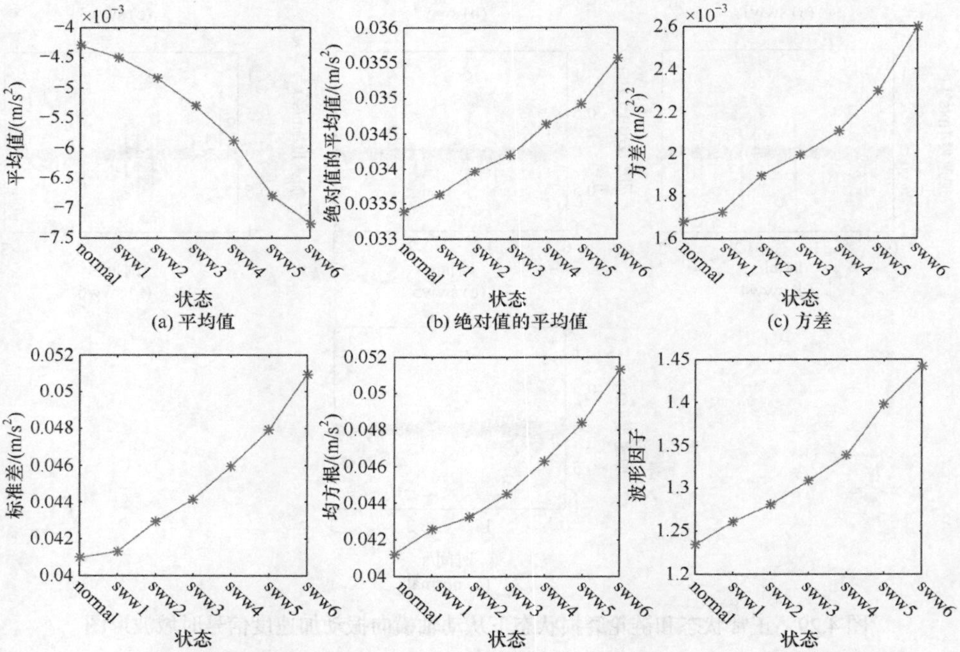

(a) 平均值 (b) 绝对值的平均值 (c) 方差

(d) 标准差 (e) 均方根 (f) 波形因子

图 4.30 正常状态和链轮磨损状态下轴振动加速度时域特征值比较结果

由图 4.30 可以看出，链轮磨损不同程度之后，从动轴的振动加速度信号的时域特征值也相应地发生了明显的变化。平均值随着磨损程度的增加而呈下降趋势，表明随着链轮磨损程度的增加，从动轴横向振动加速度的平均值逐渐减小。绝对值的平均值、方差、标准差、均方根和波形因子这几个时域特征值都是随链轮磨损程度的增加呈上升趋势的，表明这几个特征值是随磨损程度的增加而增大的。以上时域特征值都呈现了链轮磨损时的特征规律，根据其大小可以判断链轮磨损的程度。

对绝对值的平均值和波形因子随齿沟圆半径增量的变化进行线性拟合。

绝对值的平均值的拟合表达式为

$$v_{\text{avg}} = 0.00281\Delta R + 0.03328 \tag{4.14}$$

波形因子的拟合表达式为

$$s = 1.47\times10^{-7}\Delta R + 1.000002771 \tag{4.15}$$

4.3.2　链轮磨损状态下信号的频域规律研究

1. 链路径速度信号频域分析

正常状态和六种不同程度的链轮磨损状态下链路径速度信号通过傅里叶变换后得到的频谱图如图 4.31 所示。

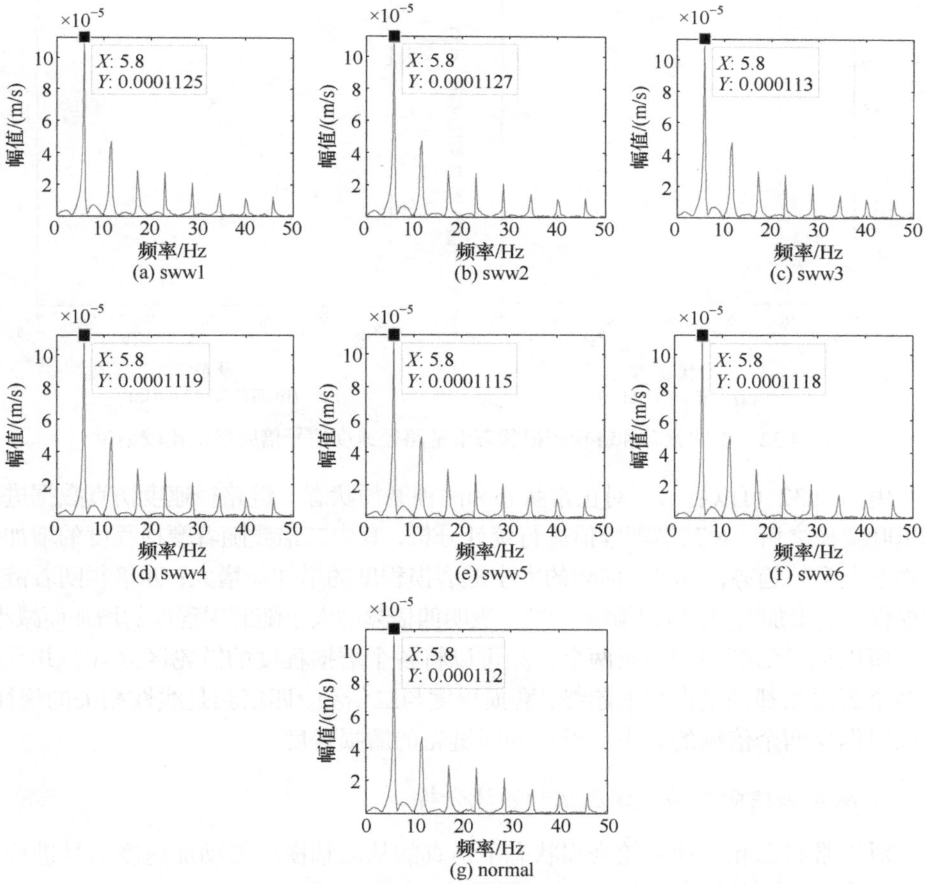

图 4.31　正常状态和链轮磨损状态下链路径速度信号频谱图

对链路径速度信号频域下两个倍频的幅值进行统计分析，统计数据结果如表 4.11 所示。

表 4.11　链路径速度信号倍频统计　　(单位：10^{-5}m/s)

倍频	状态						
	normal	sww1	sww2	sww3	sww4	sww5	sww6
二倍频(11.6Hz)	4.686	4.71	4.743	4.759	4.892	4.947	4.972
四倍频(22.89Hz)	2.771	2.75	2.733	2.724	2.705	2.659	2.651

各个状态下的倍频幅值以折线图的形式呈现，以便于更直观地表示各种状态下倍频幅值的变化，得到链路径速度信号倍频幅值比较结果，如图 4.32 所示。

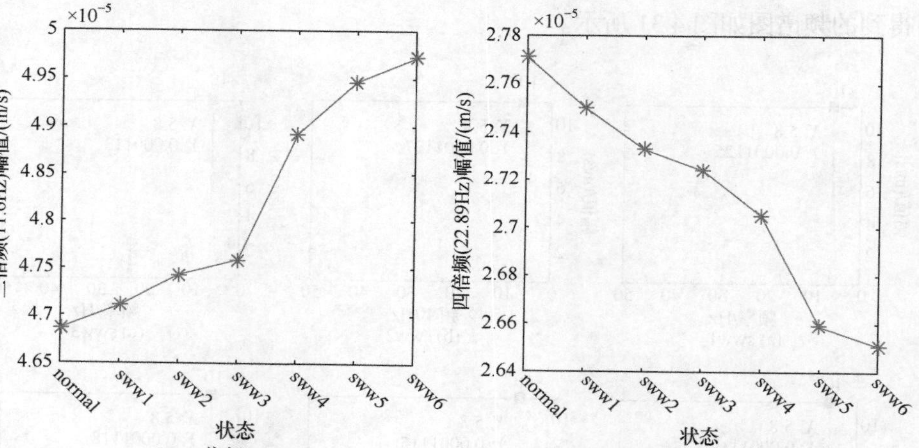

(a) 二倍频(11.6Hz)　　(b) 四倍频(22.89Hz)

图 4.32　正常状态和链轮磨损状态下链路径速度信号倍频幅值比较结果

由图 4.32 可以看出，对正常状态和两种磨损状态下链路径速度仿真数据进行傅里叶变换之后，对其倍频幅值进行统计分析，其中二倍频随着磨损程度的增加而呈逐渐上升的趋势，表明二倍频的大小随磨损程度的增加而增大；四倍频随着链轮磨损程度的增加而呈逐渐下降的趋势，表明四倍频的大小随磨损程度的增加而减小。

所以从二倍频和四倍频两个倍频可以将各个磨损程度的链轮区分开，并且由于两个折线图都是呈直线的趋势，磨损程度与二倍频、四倍频是线性相关的规律，所以根据这两个倍频的大小也可以判断链轮的磨损程度。

2. 从动轴横向振动加速度信号频域分析

对正常状态和六种链轮磨损状态下仿真的从动轴横向振动加速度信号进行傅里叶变换，得到其频谱图如图 4.33 所示。

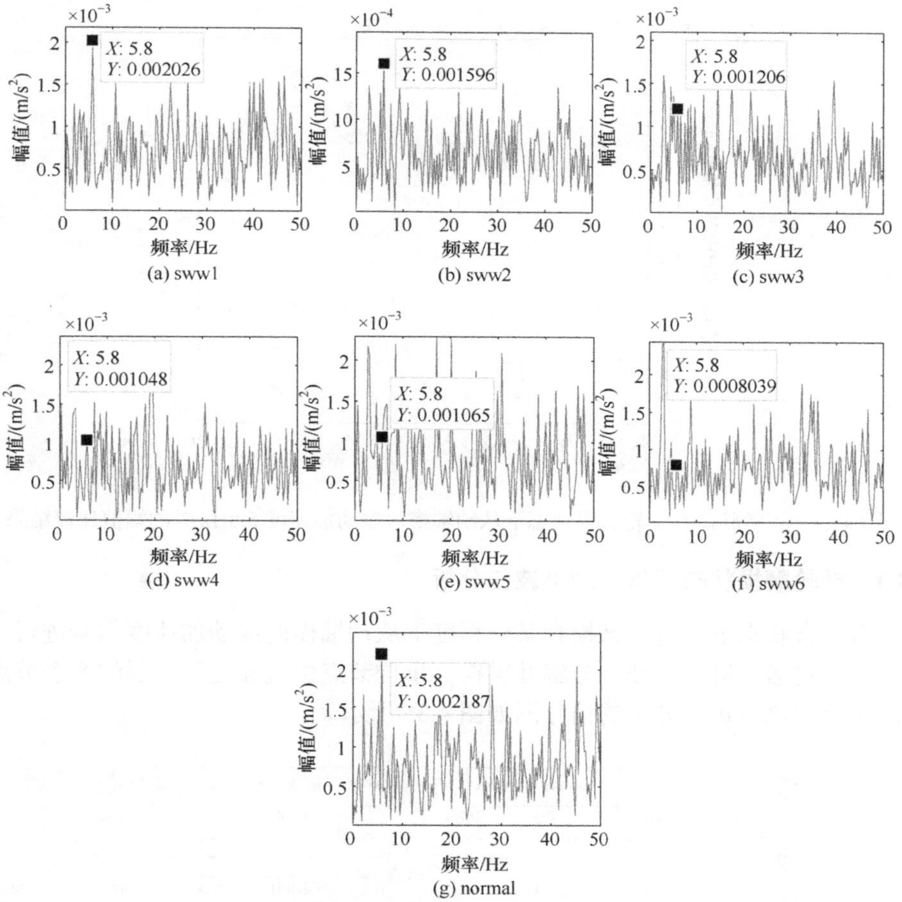

(a) sww1　(b) sww2　(c) sww3　(d) sww4　(e) sww5　(f) sww6　(g) normal

图 4.33　正常状态和链轮磨损状态下从动轴横向振动加速度信号频谱图

对这几种链轮磨损状态下从动轴横向振动加速度信号的一倍频幅值进行统计，并做比较，统计结果和从动轴横向振动加速度在频率为 5.8Hz 下的幅值比较结果分别如表 4.12 和图 4.34 所示。

表 4.12　正常状态和链轮磨损状态轴振动加速度信号倍频统计 (单位：10^{-3}m/s^2)

倍频	状态						
	normal	sww1	sww2	sww3	sww4	sww5	sww6
一倍频(5.8Hz)	2.187	2.026	1.596	1.206	1.048	1.065	0.8039

由图 4.34 可以看出，随着链轮磨损程度的增加，从动轴横向振动加速度信号的一倍频大致呈直线下降的趋势，说明一倍频的大小随着磨损程度的增加而减小。从一倍频幅值的变化规律可以判断链轮的磨损程度。

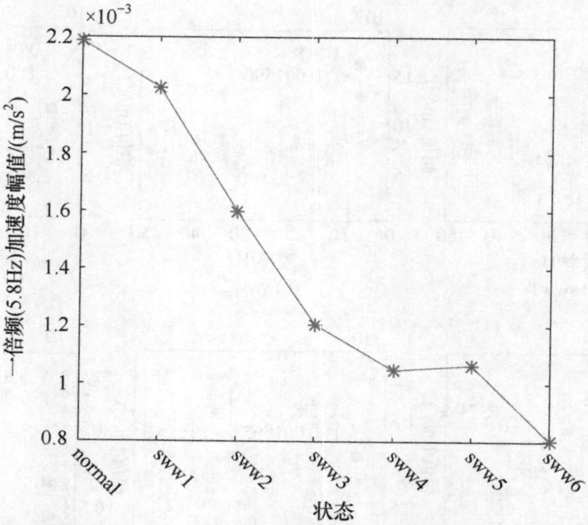

图 4.34　正常状态和链轮磨损状态下从动轴横向振动加速度 5.8Hz 时的幅值比较结果

4.3.3　链轮磨损状态下信号的小波包分析

对正常状态下和链轮磨损到某一程度下从动轴横向振动加速度信号进行小波包分析。对信号进行小波包分解并重构，重构节点位置在是第三层的 8 个节点，小波包分解之后每个分量的信号图如图 4.35 所示。

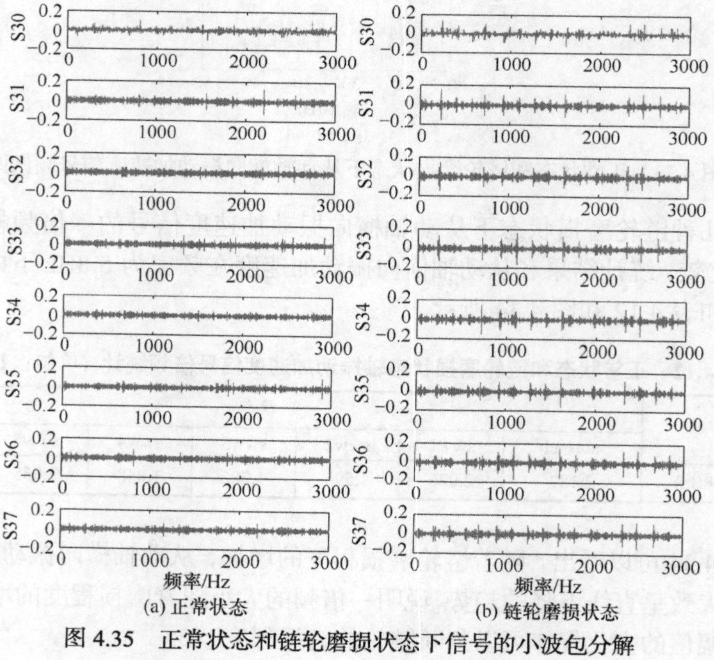

图 4.35　正常状态和链轮磨损状态下信号的小波包分解

由图 4.35 可以看出，链轮磨损模型的信号进行小波包分解后，各分量信号的波动幅度明显变大和变得更复杂，并且有周期性的冲击。

对各个分量进行能量计算，得到的时域能量分布直方图如图 4.36 所示。

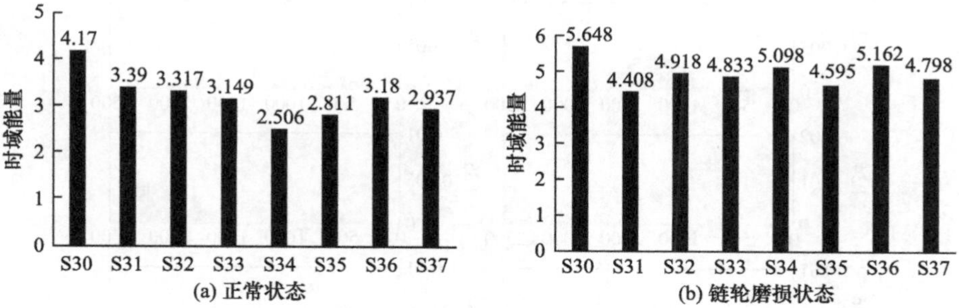

图 4.36　正常状态和链轮磨损状态时域能量分布直方图

由图 4.36 可以看出，图(b)中的各个分量比图(a)中的分量都有明显的增大，并且增大的幅度有所差异。其中 S30 分量的能量是最大的，与链传动的啮合频率是低频带的特征相符。

对各个分量进行频谱分析，得到正常状态和链轮磨损状态的频谱图，分别如图 4.37 和图 4.38 所示。

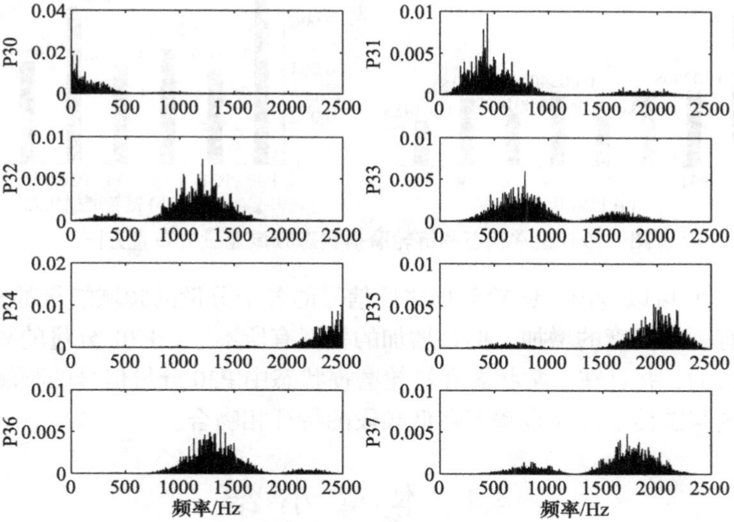

图 4.37　正常状态各分量频谱图

由图 4.37 和图 4.38 可知，链轮磨损后各分量频谱的幅值呈现整体增大的趋势，各边频带也有不同程度的增大。对各分量的频谱进行能量计算，得到的正常状态和链轮磨损状态的频域能量分布直方图，分别如图 4.39(a)和(b)所示。

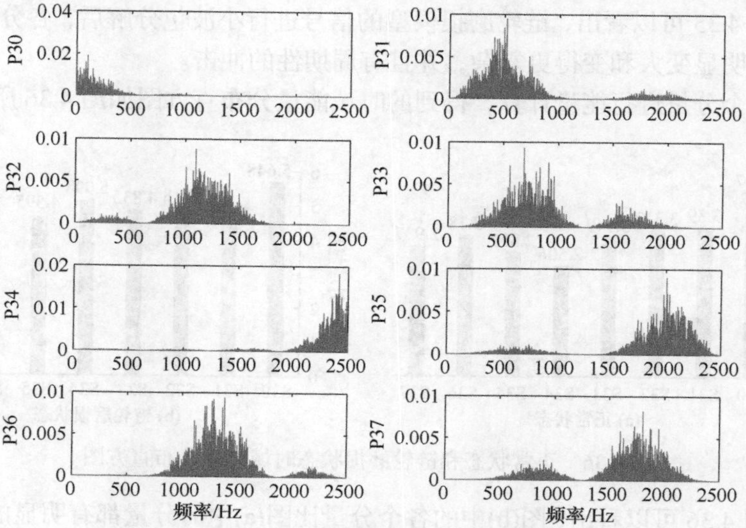

图 4.38　链轮磨损状态各分量频谱图

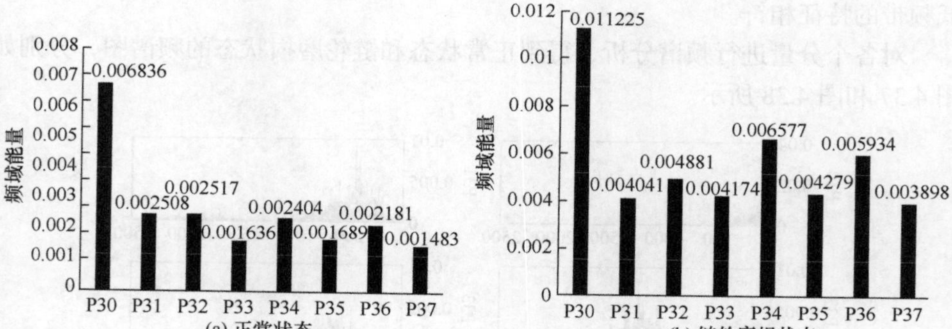

(a) 正常状态　　(b) 链轮磨损状态

图 4.39　正常状态和链轮磨损状态频域能量分布直方图

由图 4.39 可以看出，链轮磨损之后信号的各个分量的频域能量都发生变化，其能量都有一定程度的增加，但是增加的幅度有所不同，P30 分量的频域能量增加量是最大的，并且在正常状态和链轮磨损状态中 P30 分量信号的频域能量也是最大的，这与链传动的啮合频率在低频段的特征相吻合。

4.4　本 章 小 结

本章首先通过对正常状态和六种不同滚子磨损状态下的链路径速度和从动轴横向振动加速度信号进行时域和频域的分析。分析结果表明，对于时域分析结果，链路径速度的平均值、方差、标准差、均方根、波形因子、峭度因子，从动轴横向振动加速度的平均值、绝对值的平均值、方差、标准差、均方根等都是随着磨损程度的增加大致呈线性变化的。通过对这些特征值的分析，可以推测出滚子的磨损程度。对于频域分析结果，链路径速度的五个倍频和从动轴横向振动加速度的一倍频值随滚子磨损程度的增加大致呈线性变化，这三个值也可以作为判断滚子磨损程度的依据。对正常状态和滚子磨损状态下从动轴横向振动加速度信号进行小波包分解，比较各分量时域和频域能量的变化，发现滚子磨损之后其能量都变大，并且 P30 分量能量的增加量最大，在所有分量中 P30 分量的能量也是最大的。

其次通过对正常状态和六种不同梯级链链节距伸长状态下的链路径速度信号和从动轴横向振动加速度信号进行时域分析和频域分析，得到时域上的一些特征值和倍频幅值随链节距伸长程度的变化情况，这些值的变化在一定程度上反映了链节距伸长时的特征规律，可以根据这些特征量判断链节距的伸长程度。对从动轴横向振动加速度信号进行小波包分析，分析结果表明，链节距伸长之后，每个小波包分量的时域能量和频域能量都比正常状态下的大。对正常状态下和链节距伸长状态下从动轴横向振动加速度进行小波包分解，计算每个分量的时域和频域能量并进行比较，发现链节距伸长之后各分量的能量都有不同程度的增大，P30 分量的能量增大量最大，而且 P30 分量的能量与其他分量相比也是最大的。

最后通过对正常状态和六种不同链轮磨损状态下链路径速度和从动轴横向振动加速度信号进行时域和频域的分析。时域分析结果表明，链路径速度的平均值、均方根、峭度因子以及从动轴横向振动加速度的平均值、绝对值的平均值、方差、标准差、均方根、波形因子等的值都是随着链轮的磨损程度大致呈线性变化的，通过分析这些值的大小可以判断链轮磨损程度；频域分析结果表明，链路径速度的二倍频和四倍频以及从动轴横向振动加速度的一倍频的值都随链轮磨损程度的增加而大致呈线性变化，通过对这三个值的大小分析能够判断链轮磨损程度。对正常状态和链轮磨损状态下从动轴横向振动加速度信号进行小波包分析，比较每个分量的时域和频域能量的变化，发现链轮磨损之后，信号的时域和频域能量都有不同程度的增大，并且 P30 分量的能量最大，增大的幅度最大。

参 考 文 献

[1] Yuan X H, Cai L L.Variable amplitude Fourier series with its application in gearbox diagnosis—Part I: Principle and simulation[J]. Mechanical Systems & Signal Processing, 2005, 19(5):1055-1066.

[2] 杨听月. 高速小目标精确测速技术研究[D]. 成都: 电子科技大学, 2016.

[3] 唐向宏, 李齐良. 时频分析与小波变换[M]. 北京: 科学出版社, 2008.

[4] 韩清凯, 于晓光. 基于振动分析的现代机械故障诊断原理及应用[M]. 北京: 科学出版社,

2010.
[5] 赵姣. 基于轮轨噪声的钢轨裂纹故障诊断算法研究[D]. 西安: 西安理工大学, 2018.
[6] 陈军. 基于 SIMPACK 仿真的城轨列车齿轮箱故障诊断研究[D]. 北京: 北京交通大学, 2015.

第 5 章　电扶梯故障树分析与维保策略

电扶梯系统的性能状况直接影响电扶梯的输送能力，并最终影响整个轨道交通的工作效率。因此，如何准确地评估电扶梯系统的可靠性是一个极其重要的问题。为了尽可能获得真实可信的电扶梯系统可靠性指标，需要运用有效的可靠性分析和评估方法对电扶梯系统的可靠性进行研究。为此，本章采用故障树分析方法、故障模式影响和危害性分析方法、贝叶斯网络分析方法确定电扶梯系统关键部件故障模式对电扶梯系统工作的影响及危害性[1]。在一定程度上掌握电扶梯系统的故障规律，从而提升维修及维护水平，提高电扶梯系统运行的稳定性及可靠性，进一步降低故障频率，减少突发故障对运行的影响。

5.1　电扶梯故障树分析

5.1.1　故障树的建立

故障树分析(fault tree analysis，FTA)是一种系统化的演绎方法，它以系统不希望的一个故障事件(顶事件)作为分析的目标，然后去寻找所有引起顶事件发生的直接原因，再分别找出上述每个直接原因发生的所有原因，依次进行，直至找到那些显而易见的原因(底事件)。用一定的符号建树，表达上面的关系，从而找出系统内存在的元件失效、环境影响、软件缺陷和人为失误等各种原因(底事件)和系统失效(顶事件)之间的逻辑关系。因此，故障树分析是一种自上而下(由系统到原件)、系统完整地展示失效因果关系的分析程序。利用故障树可以分析系统故障发生的各种途径，对系统的安全性和可靠性进行评价。

通过分析广州地铁公司 2015 年 3 月至 2018 年 3 月的电扶梯故障数据，找到电扶梯经常发生故障的最直接原因，建立电扶梯故障树。电扶梯故障树如图 5.1 所示。

5.1.2　故障树定量分析

故障树的定量分析主要有两方面内容：①由输入系统各单元(底事件)的失效概率，求出系统的失效概率；②求出各单元(底事件)的结构重要度、概率重要度和关键重要度。

系统各单元的失效概率如表 5.1 所示。

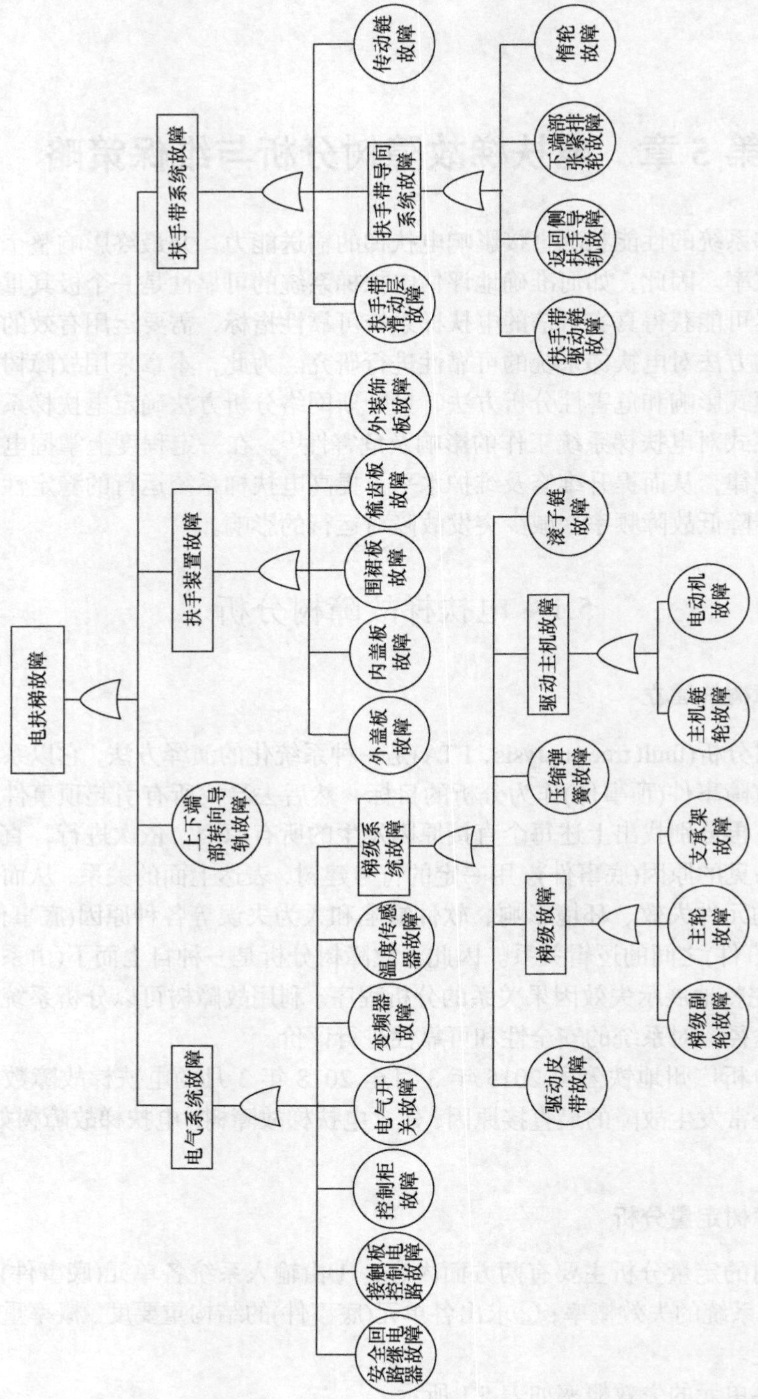
电扶梯故障
扶手带系统故障
扶手装置故障
上下端部转向导轨故障
电气系统故障
传动链故障
扶手带导向系统故障
扶手带滑动层故障
惰轮故障
下端部张紧排轮故障
返回侧扶手导轨故障
扶手带驱动链故障
外装饰板故障
梳齿板故障
围裙板故障
内盖板故障
外盖板故障
梯级系统故障
温度传感器故障
变频器故障
电气开关故障
控制柜故障
接触板控制电路故障
安全回路继电器故障
滚子链故障
驱动主机故障
电动机故障
主机链轮故障
压缩弹簧故障
梯级故障
支承架故障
主轮故障
梯级副轮故障
驱动皮带故障

图5.1 电扶梯故障树

表 5.1 系统各单元的失效概率

编号	底事件	事件概率	编号	底事件	事件概率
X_1	驱动皮带故障	5.96137×10^{-5}	X_{14}	传动链故障	1.98712×10^{-5}
X_2	梯级副轮故障	1.98712×10^{-5}	X_{15}	上下端部转向导轨故障	1.98712×10^{-5}
X_3	主轮故障	1.98712×10^{-5}	X_{16}	外盖板故障	7.94849×10^{-5}
X_4	支承架故障	1.98712×10^{-5}	X_{17}	内盖板故障	0.000119227
X_5	主机链轮故障	1.98712×10^{-5}	X_{18}	围裙板故障	0.000258326
X_6	电动机故障	9.93562×10^{-5}	X_{19}	梳齿板故障	0.002006995
X_7	压缩弹簧故障	5.96137×10^{-5}	X_{20}	外装饰板故障	3.97425×10^{-5}
X_8	滚子链故障	1.98712×10^{-5}	X_{21}	安全回路继电器故障	0.00015897
X_9	扶手带滑动层故障	3.97425×10^{-5}	X_{22}	接触板控制电路故障	1.98712×10^{-5}
X_{10}	扶手带驱动链故障	3.97425×10^{-5}	X_{23}	控制柜故障	1.98712×10^{-5}
X_{11}	返回侧扶手导轨故障	1.98712×10^{-5}	X_{24}	电气开关故障	0.000218584
X_{12}	下端部张紧排轮故障	0.000178841	X_{25}	变频器故障	1.98712×10^{-5}
X_{13}	惰轮故障	0.000139099	X_{26}	温度传感器故障	1.98712×10^{-5}

割集是系统中单元状态变量的一种子集，在该子集以外所有单元均工作的情况下，当子集中所有单元失效时系统必然失效，该子集称为割集。最小割集是指其中任何一个单元工作时系统工作的割集。由表 5.1 可知，每个底事件都为该系统的最小割集，一共有 26 个最小割集：$\{X_1\}$，$\{X_2\}$，…，$\{X_{26}\}$。则系统顶事件 T(电扶梯故障)的概率为

$$Q = P(T) = P(X_1 + X_1'X_2 + X_1'X_2'X_3 + \cdots + X_1'X_2' + \cdots + X_{n-1}'X_n) \tag{5.1}$$

式中，$X_n' = 1 - X_n$。

最后可得顶事件发生概率为 0.00373095，此概率为电扶梯(一台)在单位时间(一天)内发生故障的概率。

单元的结构重要度是指单元在故障树结构中重要顺序的量值。结构重要度的量值与该单元的失效概率无关。其表达式为

$$I_{\text{st}}(j) = \frac{n_j}{2^{n-1}} \tag{5.2}$$

式中，$I_{\text{st}}(j)$ 为第 j 个单元的结构重要度；n 为系统全部单元(底事件)的个数；n_j 为第 j 个单元分别加入 $2n-1$ 个组合中，使之从非割集变成割集的组合总数。

单元的概率重要度是指单元概率的变化对系统概率变化影响程度的量值，用符号 $I_{pr}(j)$ 表示。其表达式为

$$I_{pr}(j)=\frac{\partial Q}{\partial q_j} \tag{5.3}$$

式中，$I_{pr}(j)$ 为第 j 个单元的概率重要度；Q 为系统失效概率；q_j 为第 j 个单元的失效概率。

单元的关键重要度是指系统故障概率变换率和引起其单元故障概率变化率的比值。这是重要度的最高要求指标，因为它不仅可以反映该单元概率重要度的影响，还可以反映该单元概率改进的难易程度。其表达式为

$$I_{cr}(j)=\frac{q_j}{Q}I_{pr}(j) \tag{5.4}$$

式中，$I_{cr}(j)$ 为第 j 个单元的关键重要度。

每个单元的结构重要度都为 2.98023×10^{-8}。各个单元的概率重要度和关键重要度如表 5.2 所示。

表 5.2　各个单元的概率重要度和关键重要度

编号	概率重要度	关键重要度	编号	概率重要度	关键重要度
X_1	0.996328444	0.015919492	X_{14}	0.996288847	0.005306286
X_2	0.996288847	0.005306286	X_{15}	0.996288847	0.005306286
X_3	0.996288847	0.005306286	X_{16}	0.996348244	0.021226411
X_4	0.996288847	0.005306286	X_{17}	0.996387846	0.031840882
X_5	0.996288847	0.005306286	X_{18}	0.996526478	0.068998176
X_6	0.996368045	0.026533541	X_{19}	0.998272577	0.537002036
X_7	0.996328444	0.015919492	X_{20}	0.996308645	0.010612784
X_8	0.996288847	0.005306286	X_{21}	0.996427451	0.042456197
X_9	0.996308645	0.010612784	X_{22}	0.996288847	0.005306286
X_{10}	0.996308645	0.010612784	X_{23}	0.996288847	0.005306286
X_{11}	0.996288847	0.005306286	X_{24}	0.996486865	0.058380752
X_{12}	0.996447255	0.047764171	X_{25}	0.996288847	0.005306286
X_{13}	0.996407648	0.037148434	X_{26}	0.996288847	0.005306286

根据关键重要度，按照其由大到小排序，判断维修故障的顺序为单元 19→18→24→12→21→13→17→6→16、7→1、9、10、20、2→3→4→5→8→11→14→15→22→23→25→26，即梳齿板发生故障的概率最高。在电扶梯维护过程中，需要对梳齿板重点维护。

5.2　电扶梯系统故障模式影响及危害性分析

对 2015 年 3 月到 2018 年 3 月广州地铁公司某地铁站的 8 台电扶梯的维修记录数据进行分析整理，共获得 151 条故障数据，按照故障的部件进行分类统计，结果如表 5.3 所示，并将其统计为柱形图的形式进行比较，如图 5.2 所示。

表 5.3　电扶梯系统故障部件统计

故障编号	故障构件	故障次数	占比/%
1	梳齿板	62	41.06
2	安全开关	40	26.49
3	扶手装置	10	6.62
4	扶手带	9	5.96
5	梯级	6	3.97
6	继电器	5	3.31
7	安全标识	5	3.31
8	驱动链/带	4	2.66
9	毛刷	3	1.99
10	电机轴承	3	1.99
11	梯级链	2	1.32
12	接触器	1	0.66
13	梯级导轨	1	0.66

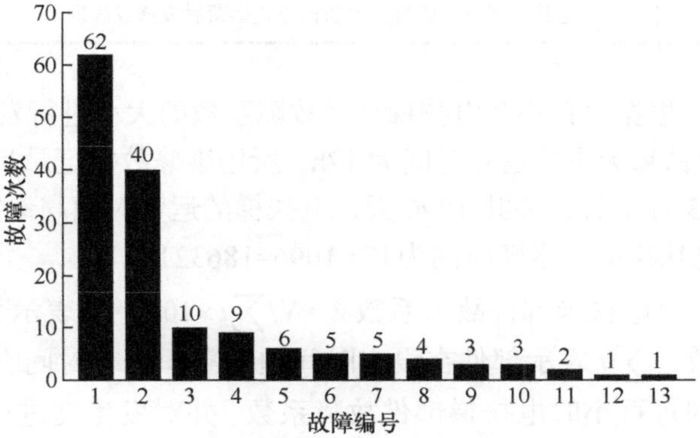

图 5.2　电扶梯系统故障部件排列图

由表 5.3 和图 5.2 可以看出，在电扶梯系统的所有故障中，梳齿板的故障发生率最高，占所有故障比例为 41.06%，其次故障发生率比较高的是安全开关，所以在电扶梯日常运营中应该重视对这两种部件的保养及检修。

对电扶梯系统进行故障模式影响及危害性分析(failure mode effects and criticality analysis，FMECA)的内容如下：

(1) 代码。了解电扶梯结构的功能属性以及各个结构之间的关系，并对各个故障部件进行编号。

(2) 部件名称。填写故障部件的名称，与代码一一对应。

(3) 功能。简要填写部件的主要功能。

(4) 故障模式。通过对电扶梯维修记录数据进行整理，总结出各个部件的故障模式。

(5) 故障模式影响。通过对电扶梯维修记录数据进行整理与分析，同时向某地铁电扶梯维修人员进行调查与讨论，总结各部件故障后可能造成的后果。

(6) 补偿措施。简要说明故障处理的方法，采取某种措施能够消除或者减轻故障的影响。

(7) 故障模式严酷度。确定各个故障模式下的严重程度，根据故障的严重程度进行评分，评分规则如表 5.4 所示。

表 5.4　严酷度评分规则

严酷度	影响	评分
很高	造成重大人员伤亡、电扶梯损坏或财产损失	5
高	造成严重人员伤害或电扶梯部分损坏	4
中等	乘客中等程度伤害或影响电扶梯运行	3
低	影响电扶梯运行，增加非计划性维修或修理	2
很低	电扶梯运行无影响，电扶梯停止运营后维修或修理	1

(8) 发生度。根据每百小时电扶梯部件故障系数的大小进行发生度的划分，并进行评分。某地铁每天平均运营时间为 17h，所用维修数据记录是从 2015 年 3 月 1 日至 2018 年 3 月 1 日，一共 1096 天，电扶梯的运营时间与地铁的运营时间默认相同，所以电扶梯的总运营时间为 $17\times1096=18632\,\text{h}$。

定义每百小时电扶梯部件故障系数 $\lambda=N/\sum t\times10^2$，$N$ 表示部件在设定时间内的故障总次数；$\sum t$ 表示部件在设定时间内的累积运行时间[2,3]。根据此表达式可以计算得到每百小时电扶梯部件故障系数，并对发生度进行的评分规则如表 5.5 所示。

表 5.5　发生度评分规则

定义	说明	故障系数	评分
经常发生	故障发生的频率很高	$0.2<\lambda\leqslant 1$	5
有时发生	中等概率发生故障	$0.1<\lambda\leqslant 0.2$	4
偶尔发生	不常发生故障	$0.01<\lambda\leqslant 0.1$	3
很少发生	不大可能发生故障	$0.001<\lambda\leqslant 0.01$	2
极少发生	几乎不发生故障	$0<\lambda\leqslant 0.001$	1

(9) 不易测度。估计故障部件的故障模式被检测到的难易程度，评分规则如表 5.6 所示。

表 5.6　不易测度评分规则

定义	说明	评分
很低	不能检测出	5
低	多数不能检测出	4
中等	有可能检测出	3
高	检测出的机会很大	2
很高	肯定能检测出	1

(10) 风险系数(risk priority number，RPN)。定义风险系数为严酷度、不易测度和发生度三者乘积，其数值越大，说明潜在问题越严重[4]。所得到的电扶梯系统的 FMECA 表如表 5.7 所示。

表 5.7　电扶梯系统的 FMECA 表

<table>
<tr><th>序号</th><th>部件名称</th><th>功能</th><th>故障模式</th><th>故障模式影响</th><th>补偿措施</th><th>故障模式严酷度</th><th>不易测度</th><th>发生度</th><th>RPN</th></tr>
<tr><td rowspan="4">1</td><td rowspan="4">梳齿板</td><td rowspan="4">啮合、防护</td><td>偏移</td><td>无法与踏板槽啮合</td><td>调整</td><td>3</td><td>1</td><td rowspan="4">5</td><td>15</td></tr>
<tr><td>变形</td><td>无法与踏板槽啮合</td><td>更换</td><td>2</td><td>1</td><td>10</td></tr>
<tr><td>卡异物</td><td>可能导致齿变形或断齿</td><td>清除</td><td>2</td><td>1</td><td>10</td></tr>
<tr><td>断齿</td><td>影响乘客安全</td><td>更换</td><td>3</td><td>1</td><td>15</td></tr>
<tr><td rowspan="2">2</td><td rowspan="2">安全开关</td><td rowspan="2">动作保护</td><td>触点损坏、错位</td><td>无法闭合或断开，无法开停梯</td><td>更换、调整</td><td>2</td><td>2</td><td rowspan="2">5</td><td>20</td></tr>
<tr><td>线路松动虚接</td><td>开关失灵</td><td>紧固接头</td><td>2</td><td>2</td><td>20</td></tr>
</table>

续表

序号	部件名称	功能	故障模式	故障模式影响	补偿措施	故障模式严酷度	不易测度	发生度	RPN
2	安全开关	动作保护	卡异物	无法闭合或断开，无法开停梯	清除	2	1	5	10
3	扶手装置	防护	卡异物	可能使板变形，无法起到防护作用	清除	1	1	3	3
			变形	影响防护作用	更换	2	1		6
			损坏	影响防护作用	更换	2	1		6
			偏移	影响防护作用	调整	1	1		3
4	扶手带	防护	卡异物	出现异响，影响扶手带运行稳定性	清除	2	1	3	6
			偏斜	影响乘客舒适性	调整	1	1		3
			断裂	扶手失效，无法起到防护作用	更换	3	1		9
			变形	影响乘客舒适性	更换	1	1		3
			不同步	影响乘客舒适性	调整	1	1		3
5	梯级	承载	梯级塌陷、断裂、偏移、卡异物	影响乘客安全，停梯	调整、更换、清除异物	3	1	3	9
			梯级轮磨损变形、脱胶	影响电扶梯的舒适性	更换	2	3		18
			梯级支架断裂	影响乘客安全	更换	3	3		27
6	继电器	控制电路	相序错误	无法有效控制电路，无法开停梯	调整	2	2	2	8
			不吸合	无法有效控制电路，无法开停梯	检查调整或更换	2	2		8
			不断开	无法有效控制电路，无法开停梯	检查调整或更换	2	2		8
7	安全标识	警示危险	缺失	无法提示乘客危险	补全	1	1	3	3
			损坏	无法提示乘客危险	更换	1	1		3
8	驱动链/带	驱动	过松	出现异响，影响链的寿命和电扶梯稳定性	调整	3	2	3	18

续表

序号	部件名称	功能	故障模式	故障模式影响	补偿措施	故障模式严酷度	不易测度	发生度	RPN
8	驱动链/带	驱动	磨损	链伸长甚至断裂	更换	2	3	3	18
			断裂	电扶梯逆转	更换	4	4		48
9	毛刷	防护	松动	无法有效防止被夹或隔离异物	紧固	1	1	3	3
			损坏	无法有效防止被夹或隔离异物	更换	2	1		6
10	电机轴承	引导、支撑	损坏	出现异响，影响电扶梯稳定性或导致电扶梯无法运行或逆转	更换	4	3	3	36
11	梯级链	驱动	磨损伸长	影响电扶梯舒适性，严重时导致断裂	调整、更换	2	2	3	12
			断裂	影响乘客安全	更换	4	4		48
12	接触器	控制电路	不吸合	无法有效控制电路，无法开停梯	检查调整或更换	2	2	2	8
			不断开	无法有效控制电路，无法开停梯	检查调整或更换	2	2		8
13	梯级导轨	引导、承载	磨损	影响电扶梯安全与舒适性	更换	2	4	2	16
			变形	电扶梯不稳定或无法运行	调整、更换	3	2		12
			卡异物	出现异响或停梯	清除	2	2		8
			接缝不平整	影响电扶梯稳定性	打磨	2	2		8

由表 5.7 分析可知，电机轴承、梯级链、驱动链/带、梯级等部件的风险系数比较高，所以在电扶梯日常的运行过程中要着重对这几个部件进行可靠性改进和重点关注，除此之外，梳齿板、安全开关发生问题的概率比较高，容易导致电扶梯的停梯，影响运行时间，在对电扶梯维护过程中也应该加大对安全开关和梳齿板的管理，尽量减少停梯时间。

5.3　电扶梯贝叶斯网络分析

尽管故障树分析有很多优点，但是考虑到故障树分析方法中最小割(路)不交化算法非常复杂，计算量也是相当惊人的，对于一个大型复杂系统一般只能求出近似值，而从推理机制和系统状态描述上来看，贝叶斯网络和故障树分析方法有很大的相似性，而且贝叶斯网络既可以进行预测分析又可以进行诊断推理，利用贝叶斯网络所独有的双向推理技术可以方便、定量地给出各元件在系统可靠性中所占的地位，从而避开因寻找最小割集而出现的不交化计算过程，避免了许多烦琐的运算。

将故障树模型转换为贝叶斯网络模型，首先应当考虑如何将逻辑门关系转换为相应的贝叶斯网络的节点和条件概率分布表。在电扶梯的可靠性评估中，贝叶斯网络模型的建立是与故障树的结构一一对应的，因此底事件应转换为贝叶斯网络的节点，将故障树中的逻辑门转换成贝叶斯网络的条件概率分布表。由此形成的贝叶斯网络的映射关系应遵从以下原则：

(1) 故障树中的每一个顶事件、中间事件及底事件分别映射为贝叶斯网络的根节点、中间节点及叶节点，对于多次出现的节点，在贝叶斯网络中只需要建立一个节点。

(2) 故障树中的逻辑门对应的输入输出关系转换为贝叶斯网络中的有向边。基于这两条原则，可将故障树模型转换为贝叶斯网络模型，电扶梯故障的贝叶斯网络模型如图 5.3 所示。

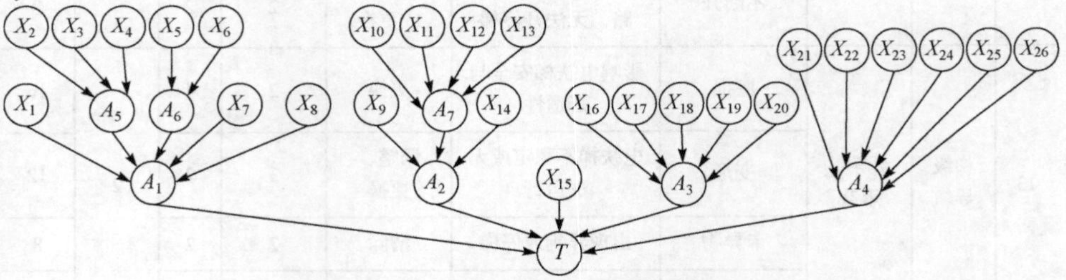

图 5.3　电扶梯故障的贝叶斯网络模型

条件概率是贝叶斯网络的理论基础，条件概率定义为

$$P(B|A)=\frac{P(AB)}{P(A)}=\frac{P(B)P(A|B)}{P(A)} \tag{5.5}$$

式中，$P(A|B)$ 是条件概率；$P(A)$ 是先验概率；$P(B|A)$ 是后验概率。

相应的全概率表达式为

$$P(A)=\sum_{i=1}^{n}P(B_i)P(A|B_i) \tag{5.6}$$

基于条件概率和全概率公式推导出相应的贝叶斯公式，贝叶斯公式事件形式为：假设 $B_1,B_2,\cdots,B_n$ 是 E 的一组互不相容的完备事件，并且 $P(B_i)>0$，A 是 E 的

任意事件，则贝叶斯公式为

$$P(B_i \mid A)=\frac{P(B_i)P(A \mid B_i)}{\sum_{j=i}^{n} P(B_j)P(A \mid B_j)} \tag{5.7}$$

由式(5.7)和数据可以计算各个底事件的后验概率，各个底事件发生故障的后验概率如表 5.8 所示。

表 5.8　后验概率

编号	后验概率	编号	后验概率
X_1	0.015957413	X_{14}	0.005319138
X_2	0.005319138	X_{15}	0.005319138
X_3	0.005319138	X_{16}	0.021276551
X_4	0.005319138	X_{17}	0.031914826
X_5	0.005319138	X_{18}	0.069148789
X_6	0.026595688	X_{19}	0.537232902
X_7	0.015957413	X_{20}	0.010638275
X_8	0.005319138	X_{21}	0.042553101
X_9	0.010638275	X_{22}	0.005319138
X_{10}	0.010638275	X_{23}	0.005319138
X_{11}	0.005319138	X_{24}	0.058510514
X_{12}	0.047872239	X_{25}	0.005319138
X_{13}	0.037233963	X_{26}	0.005319138

由表 5.8 可知，节点 X_{19} 的后验概率高，超过了 0.5，节点 X_{19} 代表梳齿板故障。在电扶梯运行过程中，由梳齿板故障导致电扶梯故障的概率很大，需对梳齿板特别注意，并采取相应的维保措施。

5.4　电扶梯维保策略

通过对电扶梯系统进行 FMECA 可知，电机轴承、梯级链、驱动链/带、梯级等部件的风险系数比较高，是电扶梯系统的薄弱环节，应重点对其进行可靠性改进和在维修保养中重点关注，对于经常发生故障的部件也应进行可靠性改进，尽量避免停梯或减少停梯时间。

(1) 对于机械原因引起的故障，设定可靠度的阈值为 0.8，得到此时的 $t=12.4307\approx 12$，也就是说所涉及的电扶梯 12 天就会出现一次由机械原因引起的检修或故障。

(2) 对于电气原因引起的故障，设定可靠度阈值为 0.8，计算得到 $t = 4.1444 \approx 4$，也就是说所涉及的电扶梯 4 天就会出现一次由电气原因引起的检修或故障。

(3) 对于环境引起的故障，设定可靠度阈值为 0.8，得到 $t = 10.1648 \approx 10$，也就是说所涉及的电扶梯 10 天就会出现一次由环境原因引起的检修或故障。

(4) 对于未知原因引起的故障，设定可靠度阈值为 0.8，计算得到 $t = 77.7717 \approx 77$ (按实际情况取整)，也就是说所涉及的电扶梯 77 天就会出现一次由未知原因引起的检修或故障。

(5) 对于所有的故障，设定可靠度阈值为 0.8，得到 $t = 3.8724 \approx 3$，也就是说所涉及的电扶梯 3 天就会出现一次检修或故障。

5.5 本章小结

本章通过故障树分析方法、FMECA 方法、贝叶斯网络分析方法对电扶梯进行可靠性分析，找到电扶梯系统的薄弱环节，并提出相应的补偿措施，为电扶梯的维护提供参考。最后得到电扶梯维保策略。

参考文献

[1] 刘诗佳, 杨宏博, 王华胜, 等. Failure mode effects analysis of EMU traction transformer[J]. 铁道机车车辆, 2014, 34(1): 73-78.

[2] Pan Y N, Xia J. FMECA analysis of door system for metro vehicles[J]. Rail Transportation Equipment and Technology, 2013, (5): 16-19.

[3] 崔思齐. 燃气管道运行故障的 FMECA 分析[D]. 北京: 北京建筑大学, 2018.

[4] 李存海. ME 型行程开关可靠性研究及数据分析[D]. 哈尔滨: 哈尔滨理工大学, 2017.

第6章 自动售检票系统可靠性分析与维保策略

本章介绍自动售检票(AFC)系统的组成结构与设备功能，分析 AFC 系统的实际故障数据，通过统计分析识别出故障率高的设备，并针对故障率高的设备进行可靠性拟合，确定最优可靠性分布，根据可靠度要求，确定对应的维保周期，给出维保建议。

6.1 自动售检票系统构成

轨道交通 AFC 系统的发展随车票介质及管理体制发展而发展，早期西方发达国家城市在推行 AFC 系统(20 世纪 70～90 年代初)时，使用磁票作为车票介质，并建立基于磁票(含单程票及储值票)处理的 AFC 系统。早期 AFC 系统面向单一线路建设及运营管理，由于技术要求难以统一，各国家的城市需求不同，AFC 系统的设备设计及功能、系统设计及功能、运营管理有很大不同。例如，日本使用小磁票作为单程票，PET(聚对苯二甲酸乙二酯)磁票作为定值储值票；美国使用国际标准化组织(International Organization for Standardization，ISO)尺寸磁票作为单程票等。20 世纪 90 年代以来，以 Philips Mifare 为代表非接触集成电路(integrated circuit，IC)卡的出现及不断成熟，新兴发展中国家在大力建设地铁公共交通系统的同时建设 AFC 系统，AFC 系统发展随车票介质的变化而步入快速规范发展的轨道。北京市自 2004 年起步入轨道交通发展快车道，为适应 2008 年奥运会需要，同时建设地铁 5 号线、10 号线(含奥运支线)、机场线，并完成地铁 13 号线 AFC 系统，地铁 1 号线、2 号线及八通线 AFC 系统改造，以及建设轨道交通自动售检票系统的清分中心(AFC clearing center，ACC)及轨道交通指挥中心(transit command center，TCC)，成功于 2008 年 5 月完成八条线路网络化一票通及一卡通的并网运行，开创轨道交通 AFC 系统建设历史及开通运营的先河。

AFC 系统是一个集计算机技术、网络技术、自动控制技术、非接触式 IC 卡技术、大型数据库技术等多项高新技术于一体，实现购票、检票、计费、收费、统计全过程的自动化系统[1]。为了实现自动售检票，首先必须对各种类型的车票按一定密码规则进行初始化，由自动售票机或人工售票机按乘客的要求对车票进行赋值。通过进站检票机检票进站；到达目的地后由出站检票机检票出站；不能出站的车票，由人工补票机显示信息并进行处理。车站计算机系统对车站内的终端设备进行控制；对车站内的终端设备的数据进行查询、统计，并将车站内终端设备的工作状态和数据信息报送线路中央计算机系统。线路中央计算机系统可对全线的车站计算机系统和车站内的终端设备发布命令、下达参数，可查询全线的车站计算机系统和车站内的终端设备工作状态以及数据信息，并进行统计。

随着城市轨道交通的快速发展、相应技术的进步以及不同政策组合的灵活应用，城市轨道交通 AFC 系统总的发展趋势是标准化、简单化、集成化和人性化[2]。

(1) 标准化。为实现轨道交通 AFC 系统的简洁和大集成，必须制定标准和规范，统一系统设备和终端设备，使系统达到统一的车票介质，实现不同线路之间的方便换乘。

(2) 简单化。为适应快节奏的社会生活，乘客必然选择操作简单、出行高效的交通工具。轨道交通 AFC 系统必然向操作简单化方向发展。AFC 系统的简单化包括：将复杂的系统通过系统集成，简化乘客的使用操作；通过人性化的设计，提高乘客的操作效率。

(3) 集成化。轨道交通网络化运营的形成，使 AFC 系统规模越来越大，同时轨道交通与其他交通方式之间的关系也越来越密切，互相兼容、联乘优惠、跨系统结算等，必然造成各种系统的关联度越来越高。建立统一、标准化、跨平台、跨系统的 AFC 系统应用平台是未来 AFC 系统发展的必然方向。

采用以通用件、通信和数据交换技术，构建可靠、安全、易用、可扩展、互连性高的系统架构，是 AFC 系统的要求，也是发展趋势。在实施过程中，必须注意针对 AFC 系统数据结构的特点和系统对安全性的要求，加强系统的集成管理，以满足 AFC 系统规模扩大和关联度增加的要求。

(4) 人性化。AFC 系统本来就是密切结合应用和利益的系统，从“以人为本”的理念出发，系统的操作方式和界面也必然越来越人性化，AFC 系统的人性化包括：

① 根据人体工程学基本原理设计终端设备的人机界面；

② 设计符合乘客习惯的操作方式；

③ 设计合适的出入口通道，方便轮椅人士、推折叠式婴儿车的乘客；

④ 系统能向人们提供越来越多的相关信息。

AFC 系统的构建主流设计方案为五层架构[3]。第一层：轨道交通线网清分中心系统；第二层：线路中心计算机系统；第三层：车站计算机系统；第四层：车站终端设备；第五层：车票。AFC 系统的网络架构如图 6.1 所示。

车站计算机系统是 AFC 系统中的重要组成部分，车站服务器直接控制和管理车站的各类终端设备。在整个 AFC 系统中，车站计算机系统负责对本车站内部的所有设备进行实时监控，并可对本车站 AFC 系统运营、票务、收益及维修等功能进行集中管理。车站计算机系统能够收集、处理车站内各类数据，并上传到线路

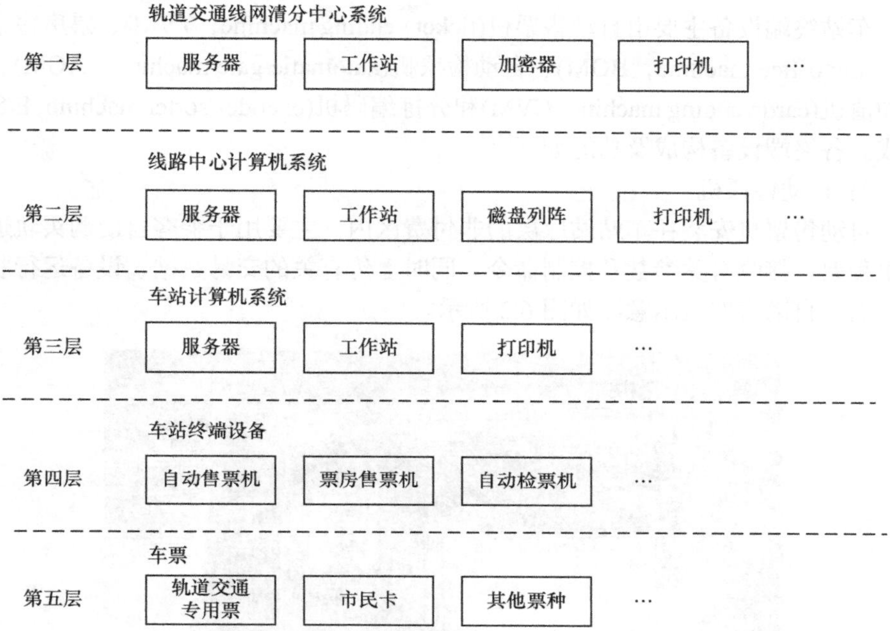

图 6.1　AFC 系统网络架构

中心计算机系统；接收线路中心计算机系统下传的各类系统参数，并下载到各车站设备；可接收线路中心计算机系统下达系统各类命令，并下传到各车站设备；同时可根据需要自行向车站设备下达控制命令，并将该操作记录上传到线路中心计算机系统。车站 AFC 系统是管理车站级票务、运营、客流等的计算机系统，通常安装在车站的车控室内。车站 AFC 系统是一个统称，它包括车站操作员控制计算机、车站网络控制计算机、监视器、紧急控制系统、网络系统及不间断稳压电源系统等，基本功能如下：

(1) 对车站终端设备状态进行实时监控，并能直观地在监视器显示出来。

(2) 接收来自线路中心计算机系统的有关日期、时间、车价表、黑名单等重要参数，然后将数据下传给车站终端设备。

(3) 定期采集和存储车站终端设备的状态信息及交易数据，经处理后传送给线路中心计算机系统。

(4) 进行每日客流、票务和财务统计，并打印相关运营报表。

(5) 紧急情况下，通过操作紧急装置或车站计算机发出指令，控制车站所有进、出站检票机通道阻挡解除(释放转杆或门扇开启)，便于疏散乘客。同时所有的自动售票机、加值验卡机等将自动退出服务，同时做报警记录。

(6) 能实时操作车站计算机系统使车站终端设备进入特殊运营模式。

车站终端设备主要由自动售票机(ticket vending machine，TVM)、票房售票机(booking office machine，BOM)、自动检票机(automatic gate machine，AGM)、自动加值机(card vending machine，CVM)和分拣编码机(encoder/sorter machine，E/SM)构成。各终端设备构成及功能如下[4]：

1) 自动售票机

自动售票机安装在车站站厅层的非付费区内，主要用于乘客自助购买轨道交通单程票，接收有关参数及控制命令，同时上传有关的交易数据、设备运行状态等数据。自动售票机示意图如图 6.2 所示。

图 6.2　自动售票机示意图

自动售票机一般由工控机、主控单元、票卡发送装置、车票传送装置、钱币识别器、钱币找零器(可选)、IC 车票读写器及天线、乘客显示器、触摸屏、运营状态显示器(可选)、维修面板/移动维护终端接口、乘客接近传感器(可选)、电路控制单元、电源模块(含不间断电源(uninterruptible power supply，UPS)或电池)、机身、支持软件等部件组成。

自动售票机的基本功能是通过乘客的自助操作完成自动售票。自动购票的基本过程包括购票选择、接收购票资金、自动出票及找零等过程，在必要时还可包括购票凭证打印等。

自动售票机的应用功能主要包括：

(1) 接收乘客的购票选择，并在购票过程中给出提示信息及操作指导。

(2) 接收乘客投入的现金(或储值票、信用卡等其他付费介质)并自动完成识别。对无法识别的现金(或储值票、信用卡等)予以退还。

(3) 计算乘客投入的现金数量及购票金额，自动找零。

(4) 完成车票校验、车票赋值及出票。

(5) 对各部件的工作状态进行自动监测。

(6) 接收车站计算机系统下发的参数和控制命令，并执行相应的操作。

(7) 对本机接收的现金及维护操作进行管理。

(8) 存储并向车站计算机系统上报状态信息和交易数据。

2) 票房售票机

票房售票机通常安装在售/补票房或车站客服中心内，采用人工方式完成票务处理，如车票发售、加值、车票分析(验票)、退票及其他票务服务，因此票务处理机又称为半自动售/补票机。

票房售票机以主控单元为核心，辅以车票读写器、乘客显示器、打印机、电源等模块，还可以根据需要配置触摸屏、车票处理装置、钱箱等部件。票房售票机的功能如下所述。

(1) 车票发售功能：可以发售包括单程票、储值票、纪念票在内的各种类型的车票。

(2) 车票分析功能：对车票有效性进行分析，查询车票历史交易信息。

(3) 票务处理及服务功能：对无法正常完成进出站的车票进行票务更新、发售出站票、退票处理、受理车票挂失、车票续期(年审)、查询票价及其他服务。

3) 自动检票机

自动检票机是实现乘客自助进出站检票交易(在非付费区和付费区之间通行)的设备，对于持有效车票的乘客，检票机通道阻挡解除(释放转杆或门扇开启)，允许乘客进出站。自动检票机安装于车站付费区与非付费区的交界处，用于实现自动进出站检票。

自动检票机一般包括工控机、车票传送装置、车票回收装置、读写器及天线、乘客显示器、方向指示灯、声光报警装置、通道阻挡装置(转杆式检票机采用转杆装置，门式检票机采用拍打门式检票或剪刀门式检票闸机)、乘客通行传感器(适用于门式检票机)、维修键盘、移动维护终端接口、电路控制单元、电源模块(含UPS或电池)、机身和支持软件等部件。自动检票机示意图如图6.3所示。

自动检票机根据功能可以划分为进站检票机、出站检票机和双向检票机三种。进站检票机用于完成进站检票，检票端在非付费区；出站检票机用于完成出站检票，检票端在付费区；双向检票机既可完成进站检票也可完成出站检票，在非付费区和付费区可分别按进站和出站的处理规则完成检票功能。自动检票机通过系统内部网络与车站计算机连接，接收有关运营参数命令，同时向上级传输交易数据、设备运行状态等。

4) 自动加值机

自动加值机通常安装在非付费区，负责对公共交通卡(储值票)进行加值和查

图 6.3　自动检票机示意图

验，同时可以对单程票(一票通车票)进行查验。自动加值机一般由工控机、乘客显示器、触摸屏、吞卡器、IC 车票读写器及天线、纸币处理单元、维护面板/移动维护终端接口、乘客接近传感器、机身、支持软件、电源模块(含 UPS 或电池)等部件组成。

自动加值机的功能主要分为以下三大类。

(1) 储值票加值功能：允许乘客使用现金或银行卡对储值票进行加值操作。

(2) 车票查验功能：可以用于乘客验票，给出车票内的各种信息和历史交易信息。

(3) 其他服务功能：可以增加其他自助式查询功能，即提供多媒体查询功能，如查询路网票价、车站出入口分布图、地面道路及公交换乘信息等。这些自助式查询功能并不是自动加值机必须具备的功能，但自动加值机上增加这些增值服务并不复杂，可以丰富设备功能，提高设备的利用率。

5) 分拣编码机

分拣编码机用于对车票进行批量的编码和分拣处理，通常安装在票务中心，根据需要也可以安装在车站票务室。采购回来的票卡均需要通过分拣编码机进行初始化处理后，才能投入使用。分拣编码机必须直接与中心计算机系统连接，其编码情况要通过中心计算机系统检查和确认，以确保自动生成车票密钥和编号的有效性及唯一性。

分拣编码机主要功能包括分拣和编码两大类：分拣是指一批车票按照某个或几个特征值将其分开，分别存放到不同的票箱中，车票分拣操作一般不改变车票内容。编码是指对车票进行某种功能的批量处理，如初始化、预赋值、注销、更新等操作。编码将改变车票内某一字段或某几个字段的数据。根据应用需求，既可将功能分离，设置成单独的分拣机或编码机，也可将分拣、编码功能相结合，设置成分拣编码机。

分拣编码机一般由工控机、操作显示器、IC 车票读写器及天线、票卡管理单元、车票读/写模块、票卡传送装置、票盒安放装置、机身、电源模块(含 UPS 或电池)、支持软件和操作平台等部件组成。支持软件由初始化模块、参数装置模块、状态监控模块、动作控制模块、日志处理模块、报警指示模块、日志处理存储模块、通信模块、设备诊断测试模块等组成。

6.2　自动售检票系统主要故障形式及故障数据分析

在车站层面 AFC 系统故障中，主要包括如下设备故障：车站计算机设备、自动检票机设备、票房售票机设备、自动售票机设备。对于车站计算机设备，全线一年的故障次数为 15 次，全线 22 座车站，车站计算机设备的故障率为 0.68 次/年，故障率很低。

在车站终端设备层面，自动售票机、票房售票机、自动检票机故障数据统计分析如图 6.4 所示。

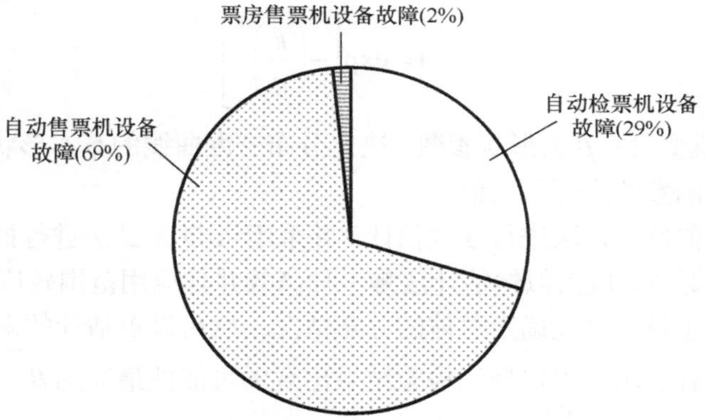

图 6.4　车站终端设备故障数据分析

自动售票机、自动检票机故障占 98%。分别针对自动售票机、票房售票机、自动检票机的故障间隔时间进行可靠性拟合。常用故障模型分布包括指数分布、正态分布和韦布尔分布。

1. 指数分布

指数分布适用于描述故障特征不随使用寿命而变化的分布，此分布的故障率是恒定值。指数分布在概率统计理论中通常是一种连续概率分布，其可靠度函数为

$$R(k) = e^{-\lambda k} \tag{6.1}$$

式中，k 为随机变量；$\lambda>0$ 为分布的一个参数，常称为率参数。

2. 正态分布

正态分布也称为高斯分布，在部件可靠性分析研究中，一般用于分析由磨损或老化等原因导致故障发生的部件，其可靠度函数为

$$R(k)=\int\frac{1}{\sqrt{2\pi}}\mathrm{e}^{\frac{x^2}{2}}\mathrm{d}x=1-\phi\left(\frac{k-\mu}{\delta}\right) \tag{6.2}$$

式中，k 为随机变量；μ 为数学期望，表示测量数据的平均值；δ 为标准差，表示测量数据的离散程度。

3. 韦布尔分布

韦布尔分布适用于故障率随时间变化的部件，通常用于描述机械部件的老化情况。在各种故障分布类型中，韦布尔分布适应性强，可以模拟多种故障变化类型，其可靠度函数为

$$R(k)=\exp\left[-\left(\frac{k}{\eta}\right)^{\beta}\right] \tag{6.3}$$

式中，k 为随机变量；β 为形状参数，决定分布密度曲线的基本形状；η 为尺度参数，影响分布函数的广度和均值。

采用极大似然估计法进行参数估计，并采用 A-D 测试法进行拟合度检验，得出最优分布参数[3]。极大似然估计法是一种高效并且应用范围较广的参数估计方法，其基本思想是：首先确定总体的分布情况，然后设置估计的未知参数为 θ，最后在 θ 的所有能用值里选择使检验结果出现的可能性最大的 $\hat{\theta}$，$\hat{\theta}$ 是 θ 的极大似然估计值。

在研究车站终端设备的可靠性时，假设总体的概率密度函数为 $f(k,\theta)$，而 θ 为未知参数，一组数据样本 $k_1, k_2,\cdots, k_n$ 从总体中被选中的概率为

$$P(\theta)=\prod_{i=1}^{n}f(k_i,\theta)\mathrm{d}k_i \tag{6.4}$$

为求得最大似然估计值，将 θ 的似然函数定义为

$$L(\theta)=\prod_{i=1}^{n}f(k_i,\theta) \tag{6.5}$$

对 $L(\theta)$ 求极值，则可得到 θ 的估计值。因为 $L(\theta)$ 和 $\ln(L(\theta))$ 同时取极值，为方便计算，一般对 $\ln(L(\theta))$ 求极值，对数似然方程表达式为

$$\frac{\mathrm{d}\ln\left(L(\theta)\right)}{\mathrm{d}\theta}=0 \tag{6.6}$$

A-D 测试法测试的是数据拟合接近不同分布的指数，拟合点和所选类型越接近，此方法统计值就越小。比较选择的几个分布的拟合指数，进而确定此部件的最优分布。

A-D 测试法测量的是分布图各点至选定分布拟合曲线的距离的加权平方值，分布越靠后的区域分配权重越高。Minitab 软件通过数据能够得出调整的测试值，软件统计指数越低，说明此分布和数据的拟合效果越好。

A-D 统计量的表达式为

$$A^2=-n-\frac{1}{n}\sum_{i=1}^{n}(2i-1)\left[\ln F(x_i)+\ln\left(1-F(x_{n+1-i})\right)\right] \tag{6.7}$$

式中，n 为样本容量；x_i 为第 i 个样本的值；$F(x_i)=\Phi\left((x_i-\overline{x})/\sigma\right)$，为服从正态分布的经验(样本)累积分布函数，$\overline{x}$ 是均值，σ 是标准差。

使用统计软件 Minitab 对车站终端设备的故障间隔时间进行可靠性拟合，得到自动售票机、自动检票机和票房售票机故障间隔时间的拟合结果图，分别如图 6.5～图 6.7 所示。

自动售票机最佳分布函数为指数分布，其最优可靠度函数为

$$R(t)=\mathrm{e}^{-t/11} \tag{6.8}$$

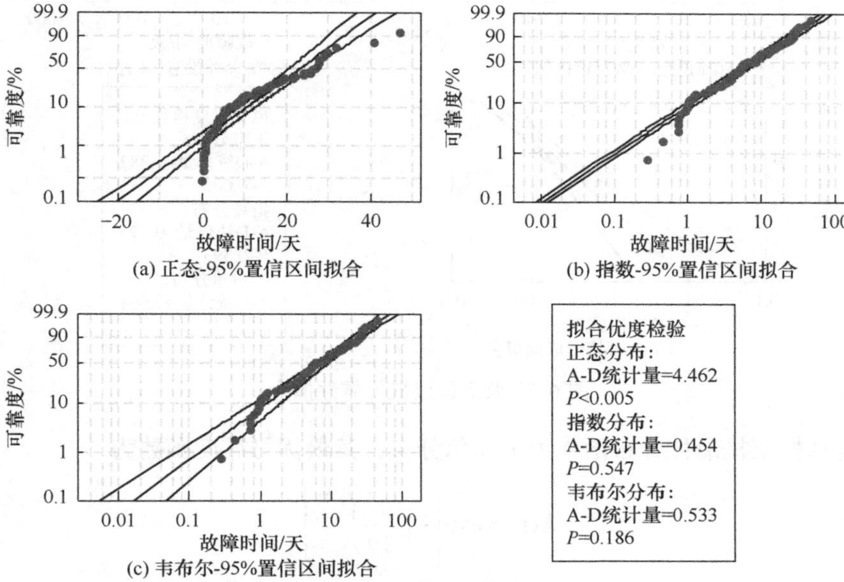

(a) 正态-95%置信区间拟合

(b) 指数-95%置信区间拟合

(c) 韦布尔-95%置信区间拟合

图 6.5　自动售票机可靠性拟合

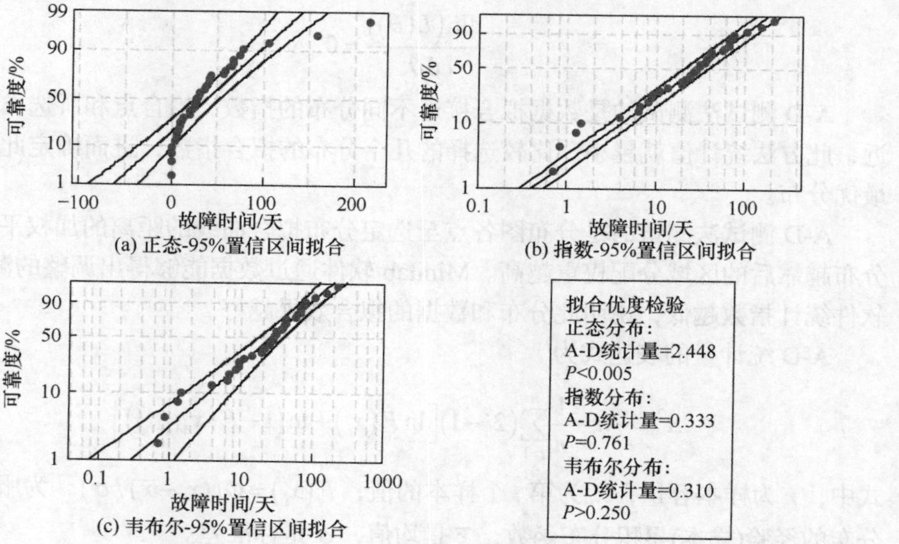

图 6.6　自动检票机可靠性拟合

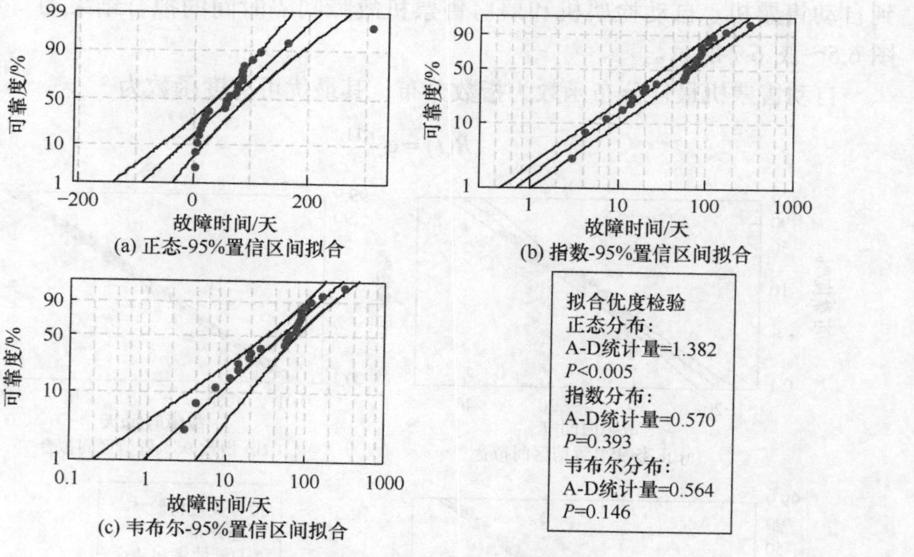

图 6.7　票房售票机可靠性拟合

自动检票机最佳分布函数为韦布尔分布，其最优可靠度函数为

$$R(t)=\exp\left[-\left(\frac{t}{39}\right)^{0.94}\right] \tag{6.9}$$

票房售票机最佳分布函数为指数分布，其最优可靠度函数为

$$R(t)=\exp\left[-\left(\frac{t}{69}\right)^{1.06}\right] \tag{6.10}$$

6.3 自动售检票系统故障树分析

车站级 AFC 系统主要由车站计算机系统、自动检票机、自动售票机和票房售票机组成，车站级 AFC 系统故障树如图 6.8 所示。

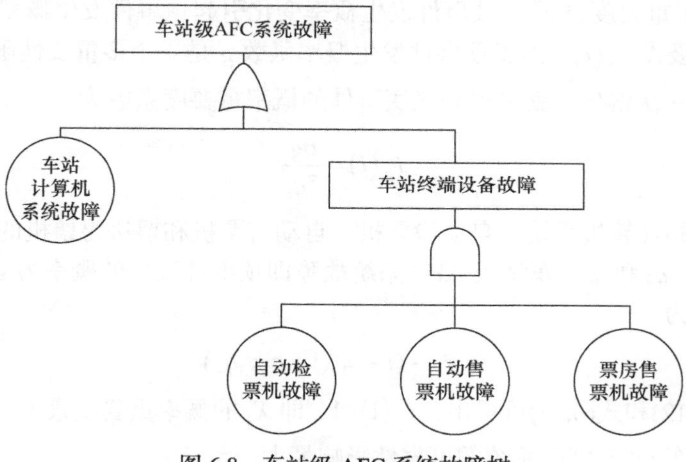

图 6.8　车站级 AFC 系统故障树

将底事件用符号来表示，X_1：车站计算机系统故障，X_2：自动检票机故障，X_3：自动售票机故障，X_4：票房售票机故障。车站级 AFC 系统故障树的最小割集为 $\{X_1\}$ 和 $\{X_2,X_3,X_4\}$。

最小割集的阶数越小，表明割集中事件失效越容易导致系统失效，对于一阶最小割集，其中任何一个底事件失效都会导致系统失效，$\{X_1\}$为一阶最小割集，车站计算机系统故障就会导致 AFC 系统故障，$\{X_2,X_3,X_4\}$为三阶最小割集，自动检票机、自动售票机、票房售票机同时故障才会导致 AFC 系统故障。从上面最小割集分析结果可以看出，在车站层面的 AFC 系统中，车站计算机系统故障导致的后果最严重。

下面在车站级 AFC 系统故障最小割集的基础上，从结构重要度和概率重要度来分析各底事件的重要程度。

(1) 结构重要度分析。结构重要度分析是从故障树结构上入手分析各底事件的重要程度，其计算公式为

$$I_{\phi(X)}=\frac{1}{k}\sum_{j=1}^{n}\frac{1}{n_j},\quad j\in k_j \tag{6.11}$$

式中，$\phi(X)$ 为顶事件的状态，$\phi(X)=1$ 或 $\phi(X)=0$；k 为最小割集总数；k_j 为第 j 个最小割集；n_j 为第 j 个最小割集的底事件数。

车站级 AFC 系统故障树最小割集的总数为 2 个，由结构重要度计算公式可得，$\{X_1\}$ 的结构重要度最大，为 1/2。$\{X_2,X_3,X_4\}$ 的结构重要度都为 1/6。从结构重要度来看，车站计算机系统对车站级 AFC 系统的可靠性影响很大。

(2) 概率重要度分析。底事件发生概率变化引起顶事件发生概率的变化程度称为概率重要度 $I_g(i)$。由于顶事件发生概率函数 g 是一个多重线性函数，只要对自变量 q_i 求一次偏导，就可得到该底事件的概率重要度系数为

$$I_g(i)=\frac{\partial g}{\partial q_i} \tag{6.12}$$

假设车站计算机系统、自动检票机、自动售票机和票房售票机的故障概率分别是 q_1、q_2、q_3 和 q_4。车站级 AFC 系统故障即顶事件发生的概率为 g。则顶事件发生的概率为

$$g=1-(1-q_1)(1-q_2q_3q_4) \tag{6.13}$$

由式(6.12)和式(6.13)可得出，$I_g(1)=1$，即 X_1 的概率重要度最大，说明车站计算机系统对车站级 AFC 系统的可靠性影响最大。

6.4　自动售检票系统维保策略

对于车站计算机系统故障，虽然故障的后果较为严重，但是故障率很低，故障发生的随机性很大，难以进行可靠性拟合分析，建议地铁公司按照现有维保计划维保，同时加强对故障后发生的应急处理。

针对故障后果的严重程度，将车站机电设备或设备部件的可靠度要求分为三类：

(1) 故障后对乘客正常通行影响严重的车站设备或部件，其可靠度需保持在 0.9 及以上。

(2) 故障后对乘客正常通行有一定影响的车站设备或部件，其可靠度需保持在 0.7 及以上。

(3) 故障后对乘客正常通行几乎无影响的车站设备或部件，其可靠度需保持在 0.5 及以上。

自动检票机、自动售票机和票房售票机的可靠度需保持在 0.7 及以上，结合

对应的可靠度函数，自动检票机维保周期为 13 天，自动售票机维保周期为 3 天，票房售票机维保周期为 26 天。

6.5 本 章 小 结

本章统计分析了车站级 AFC 系统的实际故障数据，识别出了故障率高的设备，并进行了可靠性拟合，确定了最优可靠性分布，根据设备故障后果的严重程度，确定了相应的可靠度要求和维保周期，通过针对性的周期性维保，能够保证 AFC 系统的可靠运行，本章的维保策略可为 AFC 系统的维修管理提供参考。

参 考 文 献

[1] 蒋坚迪. 城市轨道交通自动售检票系统建设项目研究[D]. 杭州: 浙江工业大学, 2017.
[2] 张炳森. 轨道交通自动检票机设备故障预测技术研究[D]. 南京: 东南大学, 2018.
[3] 黎江. 轨道交通自动售检票系统的 RAMS 设计[J]. 都市快轨交通, 2008, (2): 83-85.
[4] 石慧麟. 城市轨道交通自动售检票系统设计[J]. 城市轨道交通研究, 2001, (2): 61-63, 68.

第 7 章　屏蔽门可靠性分析与维保策略

本章介绍屏蔽门系统的组成结构与基本功能，分析屏蔽门的实际故障数据，通过统计分析识别出故障率高的设备，并针对故障率高的设备进行可靠性拟合，确定最优可靠性分布，根据可靠度要求，确定对应的维保周期，给出维保建议。

7.1　屏蔽门系统构成及工作原理

地铁屏蔽门系统是 20 世纪 80 年代引入应用于地铁、轻轨等轨道交通系统中的机电设备。屏蔽门系统安装在站台边缘，形成将站台区域与轨道区域隔开的一道屏障。当列车正确停靠车站时，与列车车门相对应的屏蔽门将与车门同时开启，使乘客可以上下列车。在列车车门关闭时屏蔽门也关闭，从而使得在列车离站后保持站台区域与轨道区域的隔离，为乘客提供一个更安全、更安静、更舒适的乘坐环境。同时屏蔽门的应用还可以为地铁的运营节约运营成本[1]。

屏蔽门已经逐步成为现代化地铁中不可或缺的重要设备，地铁屏蔽门的主要作用如下：

(1) 安全。杜绝乘客或者物品跌入隧道区间进而发生安全事故的可能性；保障列车的安全正点运营；封闭的站台区间，提高候车乘客及车站工作人员的安全感；可为无人驾驶的地铁系统提供可靠的安全保障。

(2) 节约运营成本。对于采用空调系统的地铁，由于空调风不再散失到隧道中去，所以大大降低了环控空调系统的能耗，节约了电费，同时由于减小对空调系统的容量要求，也可降低空调系统的初投资；减少对站台工作人员的数量要求，节约运营的人员成本。

(3) 舒适。减少列车进站和离站时所带来的噪声、活塞风等的影响，使候车环境更安静及舒适；减少隧道中的灰尘等污物以避免使其进入车站，提供一个更加清洁的候车环境；减少因安全事故导致的列车误点，保障准点运行；乘客能更加有序而从容地上下列车，提高效率。

地铁屏蔽门系统由机械和电气两部分构成，机械部分包括门体结构和门机传动系统，电气部分包括电源系统和控制与监视系统[2]。屏蔽门系统结构如图 7.1 所示。

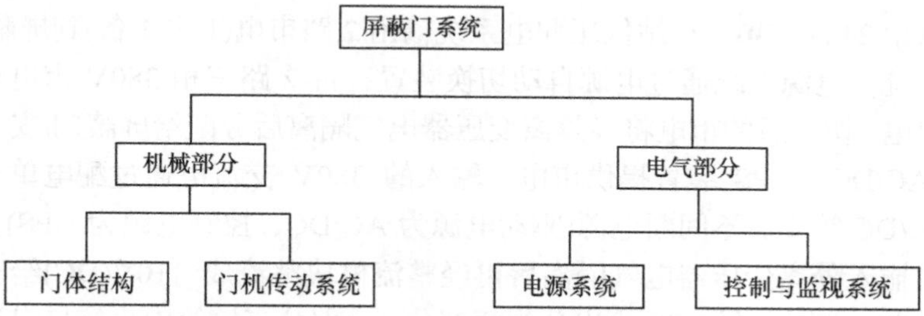

图 7.1　屏蔽门系统结构

7.1.1　门体结构

屏蔽门系统的门体结构为承重结构，主要包括上部预埋件、下部预埋件、立柱、横梁、门机梁、门体、门槛基体等部件。上下部预埋件一般采用可调型连接结构，以吸收土建施工带来的误差及设备使用过程中产生的变形，保证设备精度，结构可靠。立柱与门槛基体和上部连接件相连，为屏蔽门的主要受力构件，采用不锈钢材料。横梁沿站台纵向将所有的立柱连接在一起，保证整个钢架结构的稳定性，同时也是固定门安装构件。门机梁是滑动门驱动装置、传动装置、门锁机构等的安装基体。门体包括标准和非标准的滑动门、固定门、应急门、端门等。一对滑动门的开度要求不小于 2m，应急门和端门的开度要求不小于 1.1m，以方便乘客上下车，并保证紧急情况下乘客的疏散速度。

7.1.2　门机传动系统

门机传动系统主要包括门控单元、驱动装置、传动装置和锁紧装置等。门控单元是门机系统的核心，对滑动门的整个运行过程进行制动和加速控制，具有自动诊断功能[3]。驱动装置即电机，分为交流电机、直流电机两类。直流电机又分为直流有刷电机及直流无刷电机。直流无刷电机具有低转速、无噪声、免维护保养、寿命长、体积小、扭矩大、过载能力强、响应快、线性度好等特点。屏蔽门门机传动系统采用齿形同步带传动方式，由单个直流电机-减速器组合驱动，整个传动装置安装在顶箱内，由以下部分组成：配有驱动轮的齿形同步带、用于调节皮带松紧度的反向滑轮、用于拖动滑动门扇的滑轮挂件组、皮带锁扣、为滑轮导向的导轨和闭锁单元。其中，屏蔽门锁紧装置由锁块、滑轮挂件上的双头柱形锁销、行程开关、解锁电磁铁、闭锁辅助弹片等组成。

7.1.3　电源系统

屏蔽门电源系统主要由驱动电源、控制电源构成。驱动电源主要负责站台滑动门驱动电机的供电(110V(DC))，控制电源主要负责中央接口盘控制柜的供电

(220V(AC)/ 24V(DC))。车站低压配电系统输出 2 路市电(1 主 1 备)到屏蔽门/安全门电源系统，电源系统通过电源自动切换装置，将 2 路三相 380V 市电输入切换成 1 路市电，切换后的市电将经隔离变压器电气隔离后分配给屏蔽门/安全门电源系统为 AC/DC、UPS 装置提供市电。输入的 380V 交流电通过配电单元分配到 UPS、AC/DC 等交流不间断电源(驱动电源为 AC/DC，控制电源为 UPS)。其中驱动电源经输入隔离变压器电气隔离后再经整流模块整流成 110V(DC)给安全门驱动电机供电。控制电源 UPS 输出分为两部分，一部分直接给中央接口盘设备提供 220V(AC)，另一部分经过 AC/DC 整流模块整流成 24V(DC)后给屏蔽门/安全门控制设备供电。

绝缘监测单元可在线监测直流母线和各支路的对地绝缘状况。集中监控单元可实现对交流配电单元、充电模块、交直流馈电、绝缘监测单元、直流母线和蓄电池组等运行参数的采集与各单元的控制和管理，并可通过远程接口接收后台操作员的监控。

控制 UPS 在交流输入异常或整流器故障时，蓄电池将经 UPS 逆变单元逆变后提供的稳定不间断的交流电给负载供电，从而实现对负载的零间断供电。

驱动 AC/DC 电源在交流输入异常或 AC/DC 模块故障时，蓄电池将通过蓄电池组直流母线直接输出给 UPS 的直流母线供电，从而实现对负载的零间断供电。

7.1.4　控制与监视系统

控制与监视系统主要由中央接口盘(包括单元控制器和接口单元)、站台端头控制盘、门机控制器、屏蔽门操作指示盘、就地控制盒等控制设备，以及屏蔽门系统与其他系统(如信号系统、综合监控系统等)的接口电路组成[4]。

1. 中央接口盘

中央接口盘也称为中央控制盘，其控制功能包括：①执行信号系统指令，控制门机控制器实现相应操作，并应向信号系统反馈屏蔽门的状态信息；②可靠地执行站台端头控制盘上的操作命令；③主控机内可以修改滑动门的速度曲线参数，并能集中下传到每个门机控制器；④每套单元控制器配有独立的回路与车站控制室后备盘综合监控系统接口相连。

中央控制盘的监视功能包括：①具有系统运行监视功能和自诊断功能；②能够通过现场总线在线监视所有门机控制器的工作运行状况；③能够查询站台端头控制盘上的操作和状态信息；④能够自动检测屏蔽门系统内部的一些重要故障；⑤储存重要的数据；⑥具有手提电脑接口，以便下载数据或更新参数；⑦具有与综合监控系统通信的功能，将屏蔽门的运营状态及有关故障信息发送至综合监控系统。

2. 单元控制器

单元控制器是每个控制子系统的主要设备，属于整个总线网络的主设备，实现系统内部信息的收发、采集、汇总和分析，并实现与综合监控系统、屏蔽门操作指示盘、站台端头控制盘、门机控制器各单位之间的信息交换，并能够查询逻辑控制单元中各个回路的状态，具有足够存放数据和软件的存储单元，具有运行监视功能和自诊断功能。

单元控制器能够通过现场总线在线监视所有门机控制器的工作运行状况。每个单元控制器均能够在接收到信号系统的开/关门命令后，进行快速准确的反应并发出开/关门命令。执行信号系统指令，控制门机控制器实现相应操作，并向信号系统反馈屏蔽门的状态信息。能够查询站台端头控制盘上的操作和状态信息。

3. 屏蔽门操作指示盘

屏蔽门操作指示盘能监视控制系统各设备的运行状态，实现系统内部信息的收发、采集汇总和分析，实现与中央控制盘、站台端头控制盘、门机控制器等设备之间的信息交换，具有存放数据和软件的存储单元，具有运行监视功能和自诊断功能。每个屏蔽门控制室内设置一套屏蔽门操作指示盘。屏蔽门操作指示盘通过现场总线接口连接至中央控制盘。屏蔽门操作指示盘具有设备维护、故障查询和故障定位功能。通过现场总线在线监视所有门机控制器的工作运行状况和故障状态信息，能够监视站台端头控制盘的工作状态和故障状态信息。

4. 门机控制器

门机控制器是滑动门电机的监控装置，每道滑动门单元均应配置一个门机控制器，并安装在门体上部的顶箱内，门机控制器由中央处理器(central processing unit，CPU)组、存储单元、接口单元及相关软件组成。门机控制器对声光报警状态进行监视，并将此状态送至中央控制盘。门机控制器执行系统控制和就地控制设备发来的控制命令，采集并发送门状态信息及各种故障信息。屏蔽门传动装置示意图如图 7.2 所示。

5. 站台端头控制器盘

每侧站台两端屏蔽门端门外各设置一套站台端头控制盘(PSL)，站台端头控制盘的设置位置与正常停车时列车驾驶室门相对应，以便于列车驾驶员开关控制屏蔽门，站台端头控制盘应具有与单元控制器连接的硬线接口及电源接口。站台端头控制盘具有对整侧屏蔽门进行开关控制的功能，当信号系统无法对屏蔽门进行开关控制时，站台工作人员可通过站台端头控制盘对屏蔽门进行开关门的操作。

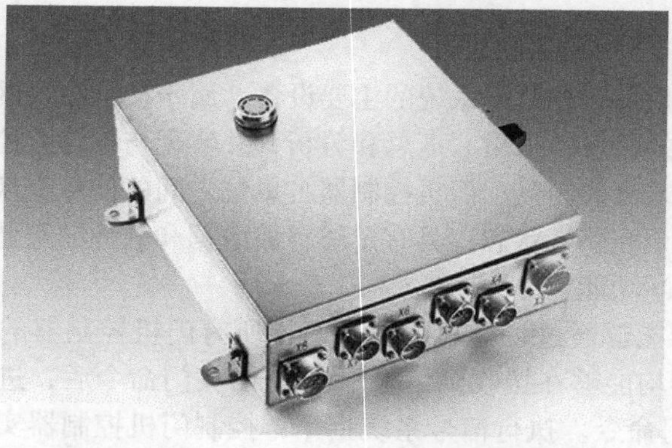

图 7.2　屏蔽门传动装置示意图

当个别屏蔽门因故障不能关闭锁紧而无法发车时，在人为保障安全的前提下，站台工作人员或列车驾驶员可通过站台端头控制器向信号系统发出“互锁解除”信号，允许列车离站。若任何一道屏蔽门(含应急门(EED))没有关闭锁紧，则站台端头控制盘面板上的屏蔽门关闭锁紧状态指示灯灭。当车控室值班员将屏蔽门控制权限切换至车控室综合后备盘控制时，则站台端头控制盘面板上的屏蔽门紧急控制状态等指示灯亮。站台端头控制盘面板示意图如图 7.3 所示。

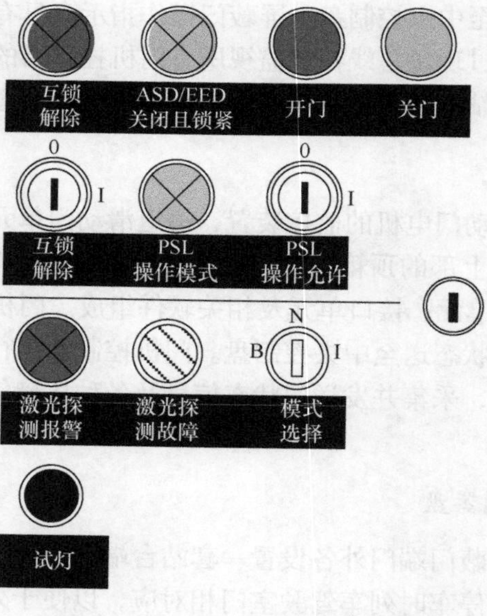

图 7.3　站台端头控制盘面板示意图

ASD：自动滑动门；I：自动；B：隔离；N：维修

6. 就地控制盒

每道滑动门配置一套就地控制盒。就地控制盒主要由模式开关和单道屏蔽门滑动门控制开关组成。模式开关有自动/隔离/手动开门/手动关门四档可选择，在正常情况下，模式开关置于“自动”状态，屏蔽门可接收信号系统的命令进行自动控制。当某道滑动门发生故障需维修或保养时，可将该道滑动门的模式开关置于“隔离”状态，与整个控制系统隔离。也可将该道滑动门的模式开关置于“手动”状态，以便人工开关屏蔽门并进行单道门的调试。

7.1.5 屏蔽门系统工作原理

地铁屏蔽门系统的功能主要由控制功能和监视功能两部分组成，其具体工作过程如下[5]：

(1) 在列车进站前各屏蔽门处于关闭且锁定状态，中央控制盘实时采集各屏蔽门的状态信息并将该信息发送给信号系统。当列车即将进站时，若中央控制盘采集到站台各屏蔽门关闭且锁定，则允许列车进站；若中央控制盘采集到站台有一个(或多个)屏蔽门打开，则及时将该信息发送至信号系统提示列车紧急制动。同时，中央控制盘将该信息发送给上位机监控界面和站台亭内的屏蔽门操作指示盘，提示值班员通过站台端头控制盘及时将相应的屏蔽门人工锁闭并旁路，确保旅客的安全，以便列车能够正常进站。

(2) 当中央控制盘采集到信号系统发送过来的列车开门信号后，中央控制盘将执行屏蔽门开门过程控制程序，产生开门命令并发送给门机控制器执行各屏蔽门的开门操作。同时，中央控制盘将各屏蔽门状态信息反馈给信号系统。在此过程中，若中央控制盘采集到一个(或多个)屏蔽门故障，一方面，中央控制盘向门机控制器发送命令停止相应屏蔽门的开门操作，并由门机控制器驱动屏蔽门上的故障信息显示电路，提示站台乘客不要通过此屏蔽门上车；另一方面，中央控制盘将该信息发送给屏蔽门操作指示盘，提示值班员及时维修或将相应的屏蔽门人工锁闭并旁路。同理，若中央控制盘采集到一个(或多个)车门故障，中央控制盘向门机控制单元发送命令停止相应屏蔽门的开门操作，并由门机控制器驱动屏蔽门上的故障信息显示电路，提示站台乘客不要通过此屏蔽门上车。

(3) 当中央控制盘采集到信号系统发送过来的列车关门信号后，中央控制盘将执行屏蔽门关门过程控制程序，产生关门命令并发送给门机控制器执行各屏蔽门的关闭且锁定操作。同时，主控机将各屏蔽门状态信息反馈给信号系统。在此过程中若检测到障碍物，则通过屏蔽门障碍物探测控制模块启动指定的障碍物程序，产生屏蔽门控制命令并发送给门机控制器对屏蔽门进行相应的操作。具体执行过程为：当滑动门关闭时，若某一门检测到障碍物，此门打开约 100mm 后停下来。在等待 0～2s(可调整)之后，门会自动重关。如果此时仍然检测到障碍物的存在，门像先前一样打开并停止等待一段时间。如果三次关门失败，门将打开至全开位置，并给出相应的声光报警提示。

(4) 列车出站过程中，中央控制盘实时采集各屏蔽门的状态信息并将该信息发送给信号系统。信号系统只有收到中央控制盘发送过来的“关闭且锁定”信号和“互锁解除”信号后才允许列车出站。若中央控制盘采集到站台一个(或多个)屏蔽门打开，中央控制盘及时将该信息发送至信号系统，提示列车紧急制动。同时，中央控制盘将该信息上传给屏蔽门操作指示盘和上位机监控界面中，提示值班员通过站台端头控制盘及时将该屏蔽门人工锁闭并旁路，确保旅客的安全，保证列车正常出站。

(5) 屏蔽门除了由信号系统控制之外，还可以由设在屏蔽门设备室内的屏蔽门操作指示盘进行控制。当中央控制盘采集到操作命令后，会通过逻辑控制器运行相应的操作程序，并产生控制命令发送至门机控制器执行相应的操作。同时，中央控制盘将执行结果以及所采集的各类状态、故障、报警信息反馈到操作界面上进行动画链接，实现友好的人机界面功能。

由此可知，地铁屏蔽门系统的控制功能主要包括：采集中央控制盘的开关门命令，完成屏蔽门启动、开门、关门、停止、障碍物探测、状态报警、信息提示功能；同时，采集屏蔽门的运行状态、屏蔽门的锁闭和互锁解除、障碍物探测、故障报警等信息，并上传给中央控制盘。

地铁屏蔽门系统的监视功能主要包括：收集屏蔽门的操作模式、屏蔽门的运行状态、屏蔽门的锁闭和互锁解除、障碍物探测、故障报警等信息，并与上位机监控界面建立动画链接，将屏蔽门运行过程中的各个信息直观地表示出来；同时提供参数修改、数据下载及远程控制的操作手动按钮。

7.2 屏蔽门系统主要故障形式及故障数据分析

在运营过程中，当屏蔽门发生故障时，应坚持“在确保安全前提下，先发车后处理”的原则，当无法隔离(旁路)时，应先发车再处理。列车到站后，出现整侧滑动门不能同步开/关时，司机操作站台端头控制盘开/关屏蔽门，并将情况报告行调。若后续列车仍出现不能同步开关时，行调通知维修及监控调度通报维修承包商。故障屏蔽门断电不能代替隔离(旁路)，保持屏蔽门开启状态必须断电并隔离(二期方大屏蔽门无须断电[6])。

根据故障后果的严重程度，地铁屏蔽门系统故障可分为系统故障和单个门故障。单个门故障对乘客正常通过屏蔽门无明显影响，系统故障会严重影响乘客通过。

根据屏蔽门系统故障工单，地铁屏蔽门系统常见故障有：①站台端头控制盘和就地控制盒故障(系统故障)；②UPS、蓄电池装置及配电设备故障(系统故障)；③后盖板、绝缘地板故障(单个门故障)；④控制和配电设备故障(系统故障)；⑤门体及其固定设施故障(单个门故障)；⑥照明系统故障(单个门故障)。

结合广州地铁广佛线 2017 年 10 月 1 日至 2018 年 4 月 12 日的屏蔽门系统故障数据，进行屏蔽门系统故障数据统计，分析结果如图 7.4 所示。

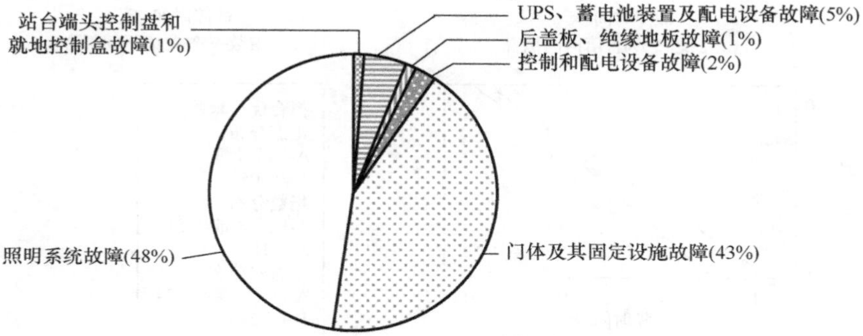

图 7.4　屏蔽门系统结构故障数据分析

门体及其固定设施故障和照明系统故障占 91%，为主要故障，其故障后果都是单个门故障。结合故障率定量分析各类故障，故障率计算公式为

$$\lambda = \frac{N_f}{\Delta t N_0} \tag{7.1}$$

式中，λ 为故障率；N_f 为统计时段内设备故障总次数；Δt 为统计时段；N_0 为设备总数。

系统故障总次数为 28，统计时段为 194 天，统计车站数为 25 座，共 50 套屏蔽门系统，则系统故障的故障率为 1.05 次/年。系统的故障率很低，对于单个车站，系统故障发生随机性较大，在统计时段内可能不会发生故障。

对于门体及其固定设施故障和照明系统故障，计算各车站平均故障间隔时间(MTBF)。每个车站有 2 套独立的屏蔽门系统，统计各车站发生故障频次 n(未发生故障的不统计入内)，$t_{\mathrm{MTBF}} = 194\times2/n$，以各个车站为样本使用统计分析软件 Minitab 进行可靠性拟合。得到门体及其固定设施故障的可靠性拟合结果，如图 7.5 所示。

门体及其固定设施的最佳分布函数为指数分布，则其最优可靠度函数为

$$R(t) = \mathrm{e}^{-t/124} \tag{7.2}$$

照明系统故障的可靠性拟合结果如图 7.6 所示。

照明系统最佳分布函数为指数分布，则其最优可靠度函数为

$$R(t) = \mathrm{e}^{-t/90} \tag{7.3}$$

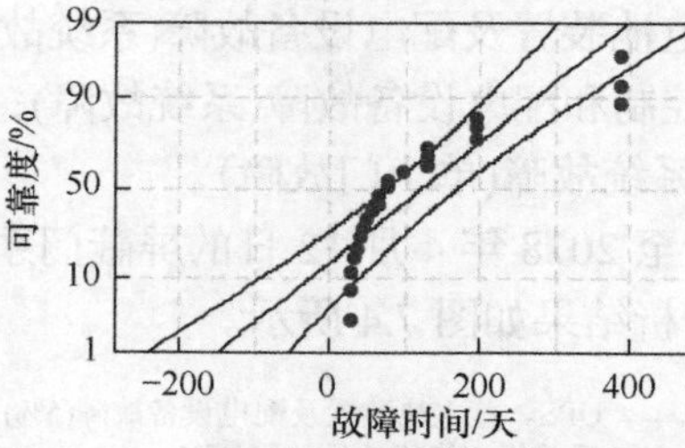

(a) 正态-95%置信区间拟合

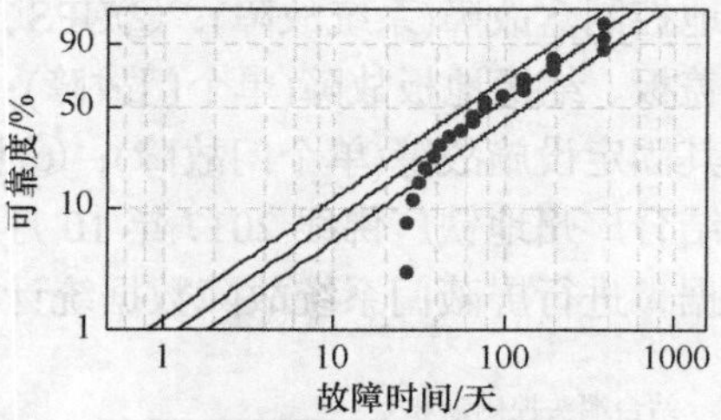

(b) 指数-95%置信区间拟合

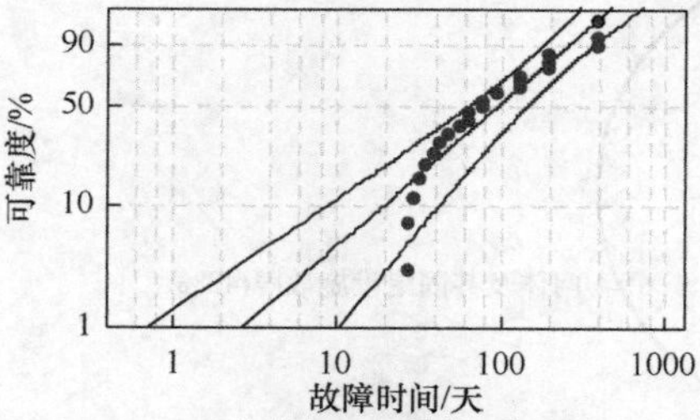

(c) 韦布尔-95%置信区间拟合

拟合优度检验
正态分布:
A-D统计量=2.073
P<0.005
指数分布:
A-D统计量=0.815
P=0.188
韦布尔分布:
A-D统计量=0.824
P=0.029

图 7.5　门体及其固定设施可靠性拟合

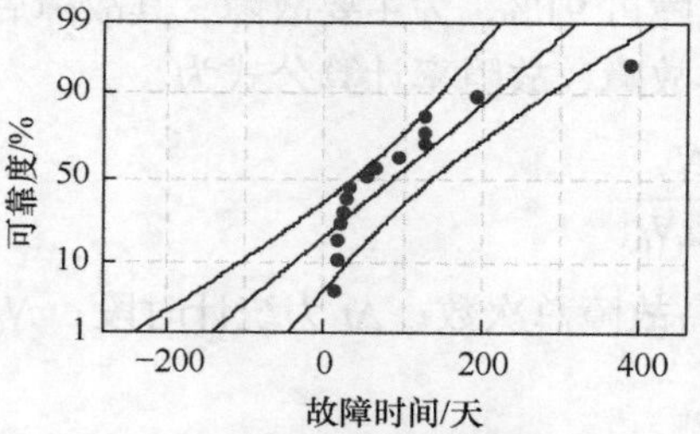

(a) 正态-95%置信区间拟合

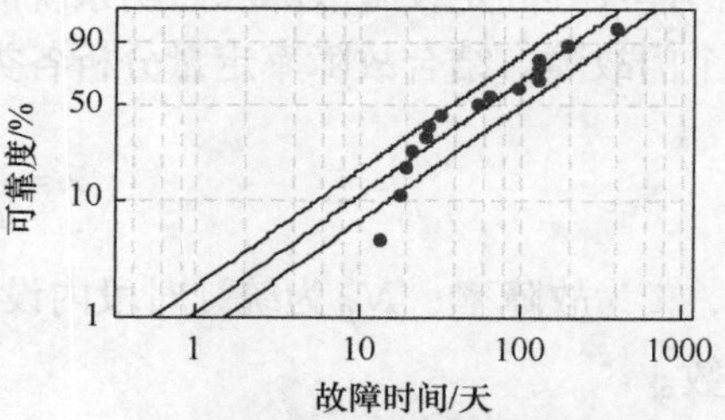

(b) 指数-95%置信区间拟合

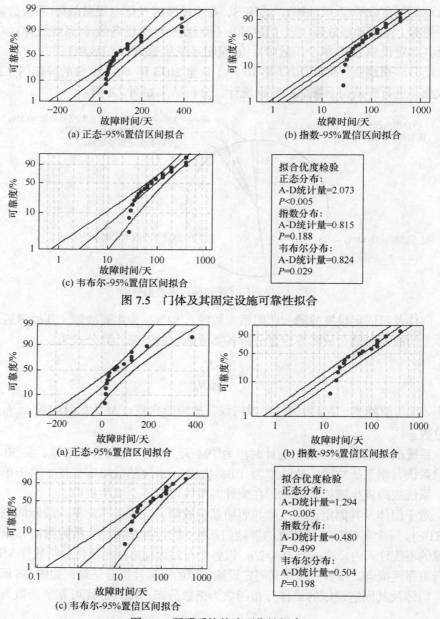

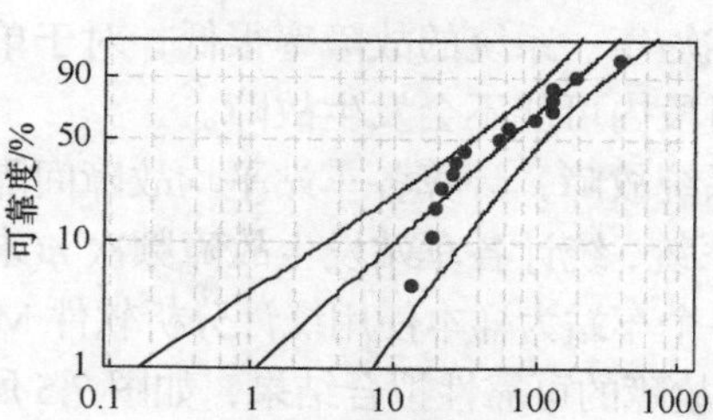

(c) 韦布尔-95%置信区间拟合

拟合优度检验
正态分布:
A-D统计量=1.294
P<0.005
指数分布:
A-D统计量=0.480
P=0.499
韦布尔分布:
A-D统计量=0.504
P=0.198

图 7.6　照明系统故障可靠性拟合

7.3　屏蔽门系统故障树分析

屏蔽门故障树分析分为屏蔽门系统故障树和单个门故障树。屏蔽门系统故障包括 UPS、蓄电池装置及配电设备故障、站台端头控制盘和就地控制盒故障、控制和配电设备故障。UPS、蓄电池装置及配电设备故障包括驱动 UPS 故障和控制 UPS 故障，控制和配电设备故障包括安全回路不通、主控报系统故障、屏蔽门操作指示盘死机。屏蔽门系统故障树如图 7.7 所示。

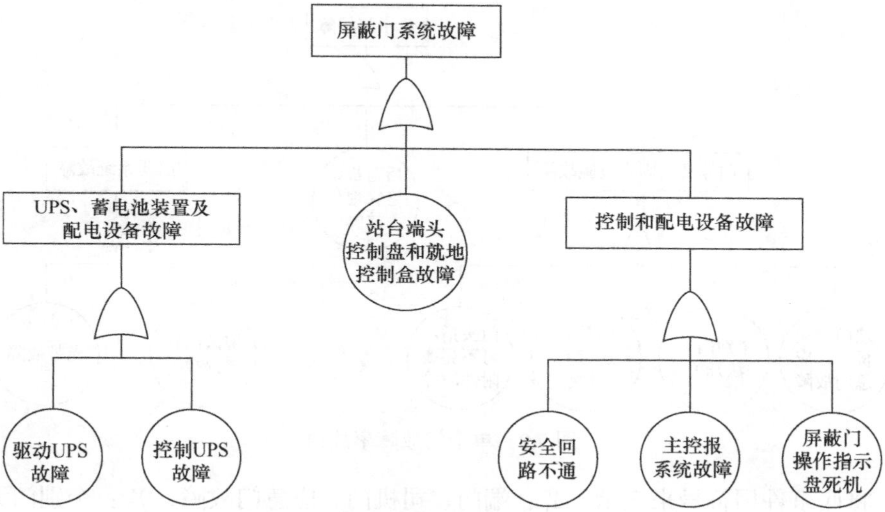

图 7.7　屏蔽门系统故障树

将底事件用符号来表示，X_1：驱动 UPS 故障，X_2：控制 UPS 故障，X_3：站台端头控制盘和就地控制盒故障，X_4：安全回路不通，X_5：主控报系统故障，X_6：屏蔽门操作指示盘死机。屏蔽门系统故障树的最小割集为$\{X_1\}$、$\{X_2\}$、$\{X_3\}$、$\{X_4\}$、$\{X_5\}$、$\{X_6\}$。

最小割集的阶数越小，表明割集中事件失效越容易导致系统失效，对于一阶最小割集，其中任何一个底事件失效都会导致系统失效，屏蔽门系统故障的最小割集都是一阶最小割集，上述任何一个故障就会导致屏蔽门系统故障。

下面在屏蔽门系统故障树最小割集的基础上，结合结构重要度和概率重要度对各底事件的重要程度展开分析。

(1) 结构重要度分析。屏蔽门系统故障事故树的最小割集的总数为 6 个，由结构重要度计算公式(6.11)可得，X_1、X_2、X_3、X_4、X_5和X_6的结构重要度都为 1/6。从结构重要度来看，各底事件对屏蔽门系统的可靠性影响相等。

(2) 概率重要度分析。假设X_1～X_6的故障概率分别是$q_1 \sim q_6$，屏蔽门系统故障即顶事件发生的概率为 g，由式(6.12)和式(6.13)可得出，$I_g(1)=I_g(2)=\cdots=I_g(6)=1$，从概率重要度来看，各底事件对屏蔽门系统的可靠性影响相等。

单个门故障包括门体及其固定设施故障，后盖板、绝缘地板故障，照明系统故障。门体及其固定设施故障包括端门、司机门、应急门故障，个别门无法开关，门单元运行有异响，门头指示灯不亮或附件故障。照明系统故障包括屏蔽门软灯故障和光带故障。单个门故障事故树如图 7.8 所示。

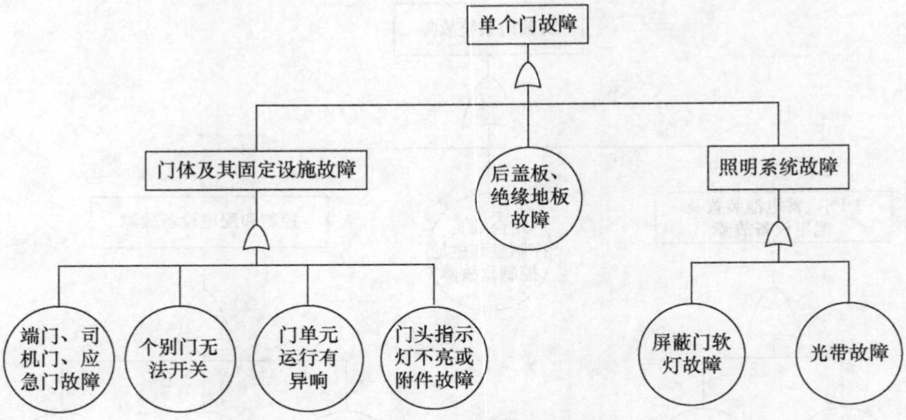

图 7.8　单个门故障事故树

将底事件用符号来表示，Y_1：端门、司机门、应急门故障，Y_2：个别门无法开关，Y_3：门单元运行有异响，Y_4：门头指示灯不亮或附件故障，Y_5：后盖板、绝缘地板故障，Y_6：屏蔽门软灯故障，Y_7：光带故障。单个门故障树的最小割集为$\{Y_1\}$、$\{Y_2\}$、$\{Y_3\}$、$\{Y_4\}$、$\{Y_5\}$、$\{Y_6\}$、$\{Y_7\}$。

最小割集的阶数越小，表明割集中事件失效越容易导致系统失效，对于一阶最小割集，其中任何一个底事件失效都会导致系统失效，屏蔽门单个门故障的最小割集都是一阶最小割集，上述任何一个故障都会导致屏蔽门单个门故障。

下面在屏蔽门单个门故障事故树最小割集的基础上，结合结构重要度和概率重要度对各底事件的重要程度展开分析。

(1) 结构重要度分析。屏蔽门单个门故障事故树的最小割集总数为 7 个，由结构重要度计算公式可得，Y_1、Y_2、Y_3、Y_4、Y_5、Y_6和Y_7的结构重要度都为 1/7。从结构重要度来看，各底事件对屏蔽门单个门故障的影响相等。

(2) 概率重要度分析。假设$Y_1 \sim Y_7$的故障概率分别是$q_1 \sim q_7$，屏蔽门单个门故障即顶事件发生的概率为g_1，由式(6.12)和式(6.13)可得出，$I_{g_1}(1) = I_{g_1}(2) = \cdots = I_{g_1}(7) = 1$，从概率重要度来看，各底事件对屏蔽门单个门故障的影响相等。

7.4　屏蔽门系统维保策略

对于屏蔽门系统的系统故障，虽然故障的后果较为严重，但是故障率很低，故障发生随机性很大，难以进行可靠性拟合分析，建议按照地铁公司现有维保计划维保，同时加强对故障发生后的应急处理。后盖板、绝缘地板故障的故障后果不严重且故障率低，不需要定期维保，随坏随修即可。

针对故障后果的严重程度，将车站机电设备或设备部件的可靠度要求分为三类：

(1) 故障后对乘客正常通行影响严重的车站设备或部件，其可靠度需保持在 0.9 及以上。

(2) 故障后对乘客正常通行有一定影响的车站设备或部件，其可靠度需保持在 0.7 及以上。

(3) 故障后对乘客正常通行几乎无影响的车站设备或部件，其可靠度需保持在 0.5 及以上。

门体及其固定设施可靠度需保持在 0.7 及以上，照明系统可靠度需保持在 0.5 及以上。根据屏蔽门部件的可靠度要求，结合其可靠性函数，门体及其固定设施维保周期为 44 天，照明系统维保周期为 62 天。

7.5　本 章 小 结

本章统计分析了屏蔽门系统的实际故障数据，识别出了故障率高的设备或部件，并进行可靠性拟合，确定了最优可靠性分布，根据设备或部件故障后果严重程度，确定了相应的可靠度要求和维保周期，通过针对性的周期性维保，能够保证屏蔽门的可靠运行，本章的维保策略为屏蔽门的维修管理提供参考。

参 考 文 献

[1] 刘沃鸿. 地铁屏蔽门控制与监视系统的设计与实现[D]. 广州: 华南理工大学, 2015.
[2] 杨子河. 地铁屏蔽门监控系统的研究与设计[D]. 兰州: 兰州交通大学, 2013.
[3] 谭铁仁, 关振宇, 张君鹏. 地铁屏蔽门的常见故障[J]. 现代城市轨道交通, 2013, (1): 28-31.
[4] 廖海象. 地铁屏蔽门控制系统控制模式及常见故障处理方法[J]. 电世界, 2013, (1): 33-35.
[5] 劳运敬. 地铁屏蔽门控制系统的研究[D]. 广州: 华南理工大学, 2012.
[6] 张杰. 地铁屏蔽门的可靠性设计[J]. 现代电子技术, 2009, (23): 189-190, 193.

第 8 章 车站通行能力建模和服役能力提升研究

地铁车站的服役能力会直接影响线路能力，保持车站能力在一定水平是至关重要的。车站机电设备故障会影响车站能力，本章研究在考虑车站机电设备故障的情况下车站能力的保持问题，首先建立车站期望能力模型，然后根据设备可靠性-车站期望能力曲线，通过灵敏度分析确定设备可靠性阈值，最后，提出设备维修周期优化模型，通过优化设备维修周期来保持车站能力，并通过仿真实例验证方法的有效性和实用性。

8.1 车站通行能力

乘客在地铁车站的集散过程可以划分为三个子过程：乘客进站、乘客上下车和乘客出站。由于目前地铁安检已常态化，乘客进站过程为乘客购票，通过安检和进站闸机，到达站厅，再通过楼梯或电扶梯，到达站台的全过程，其中持有一卡通的乘客无须购票；乘客出站过程为乘客从站台通过楼梯或电扶梯到达站厅，通过闸机出站的全过程；乘客上下车过程为乘客上车、下车及在站台等待的全过程。乘客上下车过程通过站台把乘客进站过程与出站过程紧密联系在一起，而乘客进站过程与出站过程流程类似，方向相反[1]。地铁车站乘客集散过程示意图如图 8.1 所示。

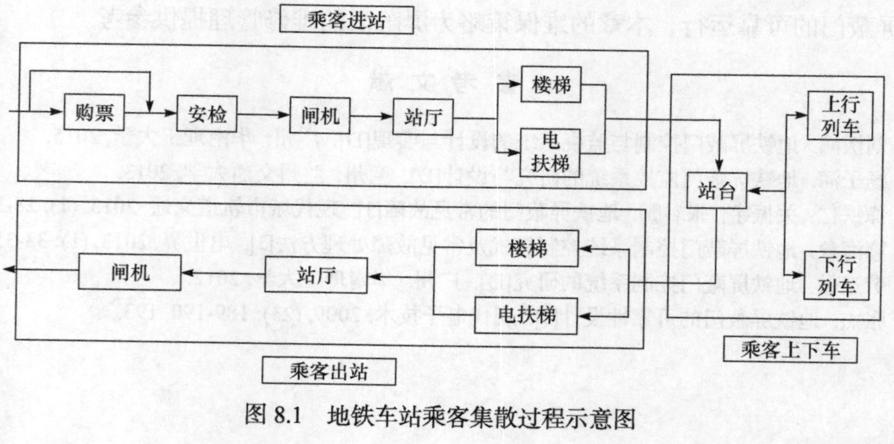

图 8.1 地铁车站乘客集散过程示意图

根据乘客在地铁车站内的集散过程，借鉴排队论的基本原理，可以把地铁车站当成一个服务系统。系统输入是单位时间内进入车站系统的乘客数，即进站人数和下车人数，系统输入反映车站的聚集能力；系统输出是单位时间内离开车站系统的乘客数，即出站人数和上车人数，系统输出反映车站的疏散能力；系统服务时间是乘客的进站时间、出站时间和在站台的等待时间，系统服务时间能够反映地铁车站的集散效率[2]。地铁车站服务系统示意图如图 8.2 所示。

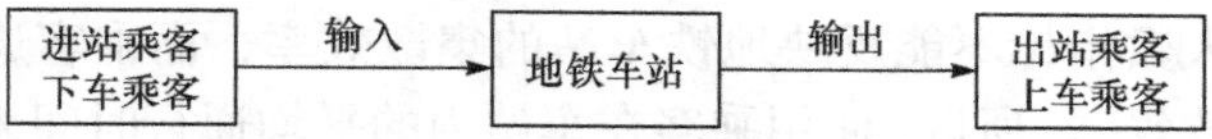

图 8.2　地铁车站服务系统示意图

地铁车站的客流输入和输出是相互关联的，并与计算的时间粒度有关。当单位时间粒度比较大时，如 1 天，车站所有进站乘客都能上车，所有下车乘客都能出站，则系统输出等于输入；当单位时间粒度较小时，如 15min、30min、1h，由于车站设施设备规模和数量不足，列车能力有限等，乘客会在车站瓶颈处发生拥挤、排队甚至滞留的情况，此时，系统输出小于输入。根据上述分析，地铁车站系统的输出才能更真实地反映地铁车站能力，且计算时间粒度不宜过大。

综上所述，地铁车站能力可以被定义为在一定的车站设施设备数量以及给定的列车运营计划下，地铁车站在单位时间内(通常为 1h)所能服务的最大乘客数[3]。

根据地铁车站能力的定义，地铁车站能力只与车站设施设备数量和列车运营计划相关，与客流输入无关，是一个静态值，但是在车站实际运营过程中，还需要考虑客流输入的影响，故地铁车站能力的衡量需要在一定的客流输入下进行。

地铁车站能力评价指标包括车站服务人数指标和乘客通行时间指标。车站服务人数指标指在一定的客流输入下，单位时间内地铁车站服务的乘客数，其中，单位时间内地铁车站服务的乘客数 N^S 为单位时间内出站乘客数 N^{out} 与上车乘客数 N^{board} 的总和，计算公式为

$$N^S = N^{\mathrm{out}} + N^{\mathrm{board}} \tag{8.1}$$

乘客通行时间指标指在一定的客流输入下，乘客在地铁车站的平均通行时间。乘客在车站内的通行时间分为两个部分：进站时间和出站时间，进站时间为乘客从进站口，经过安检、闸机、楼梯或电扶梯等设施设备到达站台的时间，出站时间为乘客从屏蔽门通过楼梯或电扶梯、出站闸机等设施设备到达站厅非付费区的

时间。乘客在车站内的平均通行时间计算公式为

$$T_A^{\text{travel}} = \frac{\sum_{i=1}^{m} t_i^{\text{in}}}{m} + \frac{\sum_{i=1}^{n} t_i^{\text{out}}}{n} \tag{8.2}$$

式中，m 表示单位时间内从进站口到达站台完成全部进站流程的总人数；t_i^{in} 表示 m 人中第 i 个人的进站时间；n 表示单位时间内从屏蔽门到达出站口完成全部出站流程的总人数；i 表示 n 人中第 i 个人的进站时间。

车站服务人数指标不能反映地铁车站的集散效率，而乘客通行时间指标能反映车站的集散效率。所以，使用乘客在车站内的平均通行时间来衡量地铁车站能力。

8.2　车站关键设备服役能力分析

车站设施设备是地铁车站的重要组成部分，车站设施设备可以分为两类：土建设施和机电设备。土建设施包括楼梯、通道等，机电设备包括闸机、电扶梯、屏蔽门等。通道和楼梯等土建设施建成投入使用后，在很长一段时间内基本不会发生损坏，可靠度恒等于 1，其通过能力保持不变。闸机、电扶梯、屏蔽门等机电设备在投入使用后会发生故障，可靠度小于等于 1，设备发生故障时，其通过能力会减小，并且会影响整个地铁车站的通行能力。

闸机、电扶梯是地铁车站的重要机电设备，其可靠性对车站通行能力影响较大，故称闸机、电扶梯为车站关键设备。由于屏蔽门系统发生故障的概率很小，单个门故障对乘客上下车的影响很小，故屏蔽门没有列入车站关键设备。车站关键设备服役能力可以定义为：在考虑设备故障的情况下，闸机、电扶梯等车站关键设备服务乘客的期望能力。

闸机、电扶梯等车站关键设备在使用过程中有两种状态：正常和故障。以闸机为例，考虑到闸机的可靠性，设其可靠度函数为 $R_g(t)$，表示设备在规定条件下和规定时间内，完成规定功能的概率。假设单个闸机正常工作时，其最大通过能力为 C_g，当闸机发生故障时，闸机不能服务乘客，通过能力为零，则在 t 时刻，闸机能正常工作的概率为 $R_g(t)$，此时单个闸机的服役能力为 $C_gR_g(t)$。闸机组内的闸机是否正常工作相互独立，当闸机数量为 n 时，闸机组的服役能力参数如表 8.1 所示。

表 8.1　闸机组服役能力参数表

正常工作数量	概率	闸机组最大通过能力
0	$(1-R_g(t))^n$	0
1	$C_n^1(1-R_g(t))^{n-1}R_g(t)$	C_g
⋮	⋮	⋮
n	$(R_g(t))^n$	nC_g

闸机组的最大服役能力为

$$C_E=\sum_{i=0}^{n}\left(C_iP_i\right) \tag{8.3}$$

式中，i 为闸机组正常工作数量；P_i 为闸机组工作的概率；C_i 为闸机组最大通过能力。

同理，可计算出电扶梯的最大服役能力。因为设备的最大通过能力是固定值，故设备组的最大通过能力随闸机数量呈线性变化，但是当输入客流固定时，设备组的通过能力与闸机数量不是呈线性关系，需要通过 AnyLogic 仿真计算得到对应的通过能力，然后按照相同的方法即可计算出对应的服役能力。

8.3　车站服役能力仿真建模

当车站关键设备发生故障时，即车站内的设备数量减少时，整个地铁车站的通行能力发生变化。根据车站关键设备在地铁车站使用功能的不同，暂不考虑设备布局的影响，可分为进站闸机组、出站闸机组、上行扶梯组、下行扶梯组。假设进站闸机组的闸机数量为 m_1、出站闸机组的闸机数量为 m_2、上行电扶梯组的扶梯数量为 m_3、下行电扶梯组的扶梯数量为 m_4。此外，设备组内的设备是否正常工作相互独立，不同设备是否正常工作相互独立，假设闸机的可靠度函数为 $R_1(t)$，电扶梯的可靠度函数为 $R_2(t)$。

进站闸机组中闸机正常工作的数量为 a，$a\in\{0,1,\cdots,m_1\}$，故进站闸机组有 m_1+1 种工作状态，每种工作状态对应的概率为 P_{1a}；同理，出站闸机组有 m_2+1 种工作状态，每种工作状态对应的概率为 P_{2b}，$b\in\{0,1,\cdots,m_2\}$；上行扶梯组有 m_3+1 种工作状态，每种工作状态对应的概率为 P_{3c}，$c\in\{0,1,\cdots,m_3\}$；下行扶梯组有 m_4+1 种工作状态，每种工作状态对应的概率为 P_{4d}，$d\in\{0,1,\cdots,m_4\}$；a、b、c、d 之间的取值相互独立，车站关键设备正常工作数量如图 8.3 所示。

由此可知，地铁车站的工作状态共有 n 种，其计算公式为

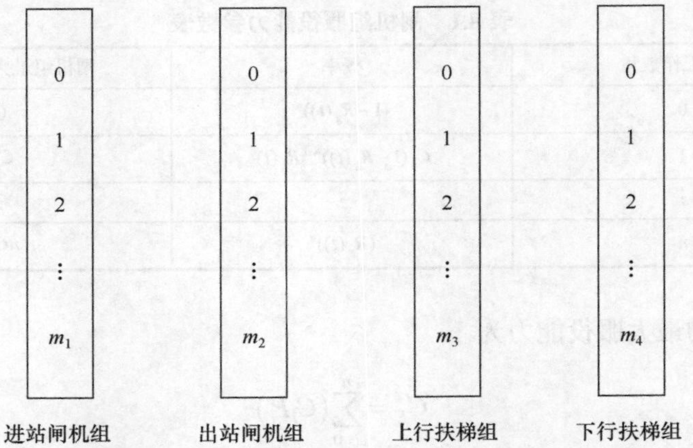

图 8.3　车站关键设备正常工作数量图

$$n=\prod_{j=1}^{4}\left(m_j+1\right) \tag{8.4}$$

每种车站工作状态对应的概率为 P_i，其计算公式为

$$P_i=P_{1a}P_{2b}P_{3c}P_{4d} \tag{8.5}$$

对应的车站能力为 C_i，C_i 可由 AnyLogic 仿真模型计算得出，不同工作状态下的车站能力是不同的，在 t 时刻关键设备故障的地铁车站期望能力 C_s 的表达式为

$$C_s=\sum_{i=1}^{n}\left(C_iP_i\right) \tag{8.6}$$

对应乘客平均通行时间 T_s 的表达式为

$$T_s=\sum_{i=1}^{n}\left(T_iP_i\right) \tag{8.7}$$

8.4　车站服役能力提升技术

8.4.1　车站期望能力灵敏度分析

灵敏度分析是研究与分析一个系统(或模型)的状态或输出变化对系统参数或周围条件变化的敏感程度的方法，通过灵敏度分析还可以确定哪些参数对系统或模型有较大的影响。

在客流仿真模型的基础上，研究车站关键设备故障对地铁车站能力的影响，并进行灵敏度分析。在一定的客流输入下，以乘客在车站内的平均通行时间来衡量地铁车站能力。通过分析关键设备故障数量对地铁车站能力的影响，得出车站不同设备故障的数量约束值，根据所述的各个设备的故障约束值，确定车站设备的维修优先级排序。

具体地，以进站闸机为例，进站闸机组的闸机数量为 m_1，当其他设备组都正常工作时，进站闸机的故障数量为 l，分别对应的车站能力为 C_l，$l \in \{0,1,\cdots,m_1\}$，并使用客流仿真模型仿真计算出对应乘客平均通行时间 T_l，绘制设备故障数量-平均通行时间曲线，即 l-T_l 曲线。其中，当闸机全部故障时，乘客不能进站，理论上进站时间为无穷大，为了量化时间指标，且计算车站能力的单位时间粒度为 1h，故当乘客不能进站时，乘客进站时间赋值为 3600s。为了实现车站能力的保持，结合 l-T_l 曲线，通过灵敏度分析，来确定设备故障数量的警戒值，即设备的故障约束值。其他设备组的灵敏度分析方法同进站闸机组。

灵敏度 ϕ_l 代表设备故障数量对于车站能力的影响程度，其计算公式为

$$\phi_l = \frac{T_l - T_0}{T_0}, \quad \phi_l \geqslant \beta \tag{8.8}$$

式中，ϕ_l 为设备故障数量为 l 时的灵敏度；T_l 为设备故障数量为 l 时的乘客平均通行时间；T_0 为设备故障数量为 0 时的乘客平均通行时间；β 为 ϕ_l 的灵敏度阈值。

关键设备故障数量对地铁车站能力的影响没有考虑故障发生概率，由于不同的设备故障数量对应不同的发生概率，在地铁车站服役期望能力模型的基础上，研究设备可靠度对地铁车站期望能力的影响，从而确定设备的可靠性约束。具体地，以进站闸机为例，假设其他类型的设备可靠度恒为 1 时，进站闸机的可靠度为 r，$r \in [0,1]$，每种情况对应的地铁车站服役能力为 C_r，利用基于AnyLogic的地铁车站能力仿真模型和地铁车站期望能力计算公式，计算出对应的乘客期望平均通行时间 T_r，绘制设备可靠度-乘客期望平均通行时间曲线，即 r-T_r 曲线。为了将地铁车站服役能力保持在一定的水平，结合 r-T_r 曲线，通过灵敏度分析，来确定设备的可靠度下限，即设备的可靠度约束值。其他设备的灵敏度分析方法同进站闸机组，同样能确定其可靠度约束值。

灵敏度 ϕ_r 代表在给定客流输入下，设备可靠度对于地铁车站期望能力的影响程度，地铁车站期望能力由乘客期望平均通行时间来衡量，灵敏度 ϕ_r 计算公式为

$$\phi_r = \frac{T_r - T_1}{T_1}, \quad \phi_r \geqslant \gamma \tag{8.9}$$

式中，ϕ_r 为设备可靠度为 r 时的灵敏度；T_r 为设备可靠度为 r 时的乘客期望平

均通行时间；T_1 为设备可靠度为 1 时的乘客期望平均通行时间；γ 为 ϕ_r 的灵敏度阈值。

8.4.2 车站关键设备故障分布拟合方法及维修优化模型

本节对车站关键设备的各部分故障率进行分布函数拟合，得出最优分布参数，根据最优分布参数确定各设备中各部分的可靠度函数及故障概率密度函数。

常用故障模型分布包括指数分布、正态分布和韦布尔分布，详见第 6 章介绍。

根据车站关键可靠度约束值和各设备中各部分的可靠度函数及故障概率密度函数，通过维修周期优化模型计算出各设备中各部件的最优维修周期。

对地铁车站关键设备维修周期优化，目标在于以最低的维修成本保障设备安全可靠运营。因此，本书在设备可靠性约束的条件下，以单位维修周期内的平均安全运营维护费用最低为优化目标，建立维修周期优化模型。考虑到车站设备故障对车站正常运营的影响，这里的维修成本不仅指设备维修材料费用和人力成本，也包含设备停机损失。维修周期优化模型[3]可表示为

$$\min C(T)=\frac{c_p R(T)+c_f\int_0^T f(t)\mathrm{d}t}{\int_0^T R(t)\mathrm{d}t},\ R(T)\geqslant R_e \tag{8.10}$$

式中，$C(T)$ 为单个维修周期内，设备单位正常运行时间的维修成本(元/天)；c_p 为设备单次定期维修总费用，包括预防性更换费用和修复性维护费用(元)；$R(t)$ 为车站设备的可靠度函数；c_f 为设备单次故障的平均总费用，包括故障设备更换、修复费用及设备停机损失(元)；T 为维修周期(天)，是决策变量；$f(t)$ 为设备故障概率密度函数；$\int_0^T R(t)\mathrm{d}t$ 为单个维修周期内设备的可靠运行时间(天)；$R(T)$ 为设备在 T 时的可靠度；R_e 为设备可靠度下限。

车站设备维修周期优化模型中的约束条件表示在设备维修周期内，需要保证设备可靠度在可靠度下限 R_e 之上，以保证设备在维修周期内的可靠运行。

对于车站关键设备，设备的不同部件故障率是不同的，为了更有针对性地提升维修效率，降低维修成本，设备被划分为 n 个部分，不同部分分别采用不同的维修周期。假设车站关键设备第 i 个部分的可靠度函数为 $R_i(t)$，第 i 个部分的维修周期为 T_i，第 i 个部分的维修成本为 $C_i(T_i)$，$i\in\{1,2,\cdots,n\}$。设备的总维修成本为 $C_e(T_1,T_2,\cdots,T_n)$。在设备可靠性约束下，对车站设备实施分部件维修，建立新的车站设备维修周期优化模型。分部件维修的车站设备维修周期优化模型为

$$
\begin{aligned}
&\min\left(C_e\left(T_1,T_2,\cdots,T_n\right)\right)=\min\left(C_1\left(T_1\right)+C_2\left(T_2\right)+\cdots+C_n\left(T_n\right)\right)\\
&C_i\left(T_i\right)=\frac{c_{pi}R_i\left(T_i\right)+c_{fi}\int_0^{T_i}f_i\left(t\right)\mathrm{d}t}{\int_0^{T_i}R_i\left(t\right)\mathrm{d}t}\\
&R_1\left(T_1\right),R_2\left(T_2\right),\cdots,R_n\left(T_n\right)\geqslant R_e,\quad T_1,T_2,\cdots,T_n\in\mathbf{N}
\end{aligned}
\tag{8.11}
$$

式中，$C_i(T_i)$ 为单个维修周期内，设备第 i 个部分单位正常运行时间的维修成本(元/天)；c_{pi} 为设备第 i 个部分的单次定期维修总费用，包括预防性更换费用(对不可修复元件)和修复性维护费用(对可修复元件)(元)；$R_i\left(t\right)$ 为车站设备第 i 个部分的可靠度函数；c_{fi} 为设备第 i 个部分单次故障的平均总费用，包括故障设备更换、修复费用及设备停机损失(元)；T_i 为设备第 i 个部分的维修周期(天)，是决策变量；$f_i\left(t\right)$ 为设备第 i 个部分的故障概率密度函数；$\int_0^{T_i}R_i\left(t\right)\mathrm{d}t$ 为设备第 i 个部分在单个维修周期内的可靠运行时间(天)；$R_i\left(T_i\right)$ 为设备第 i 个部分在 T_i 时的可靠度；R_e 为设备可靠度下限，由灵敏度分析确定。

由于车站关键设备采用分部件维修的策略，故需要确定车站关键设备各部分的最优故障分布和对应的可靠度函数。本书采用极大似然估计法对车站关键设备各部分的故障分布进行参数估计，并采用 A-D 测试法进行拟合度检验，其中，选择的分布函数包括指数分布、正态分布和韦布尔分布，并用 A-D 统计量衡量拟合优度，A-D 统计量越小，分布与数据拟合得越好，为了判定最好的分布，A-D 统计量必须比其他统计量低得多。当统计量彼此接近时，可以使用概率图在分布之间做出选择。同时，可使用对应的 P 值来检验数据是否来自所选择的分布，如果 P 值小于所选 α(通常为0.05或0.10)，则拒绝数据来自该分布的原假设。通过上述方法，确定设备各部分的最优故障分布，并得到对应的可靠度函数及故障概率密度函数。

根据车站设备可靠度约束值和设备各部分的可靠度函数及故障概率密度函数，通过车站设备维修周期优化模型能够计算出设备中各部件的最优维修周期。车站设备维修周期优化模型的求解采用枚举法，首先，给出设备可靠度下限、车站设备各部分的可靠度函数和维修成本函数；其次，确定设备各部分满足设备可靠性要求的所有维修周期，初步得到设备的维修周期集合 T_c，维修周期集合 T_c 中部分维修周期组合不满足设备整体的可靠性要求；然后，进一步筛选出满足设备整体可靠性要求的维修周期集合 T_s；最后计算维修周期集合 T_s 中每个维修周期组合的设备维修总成本，选择最小值，从而得到设备各部分的最优维修周期。其算法流程图如图8.4所示。

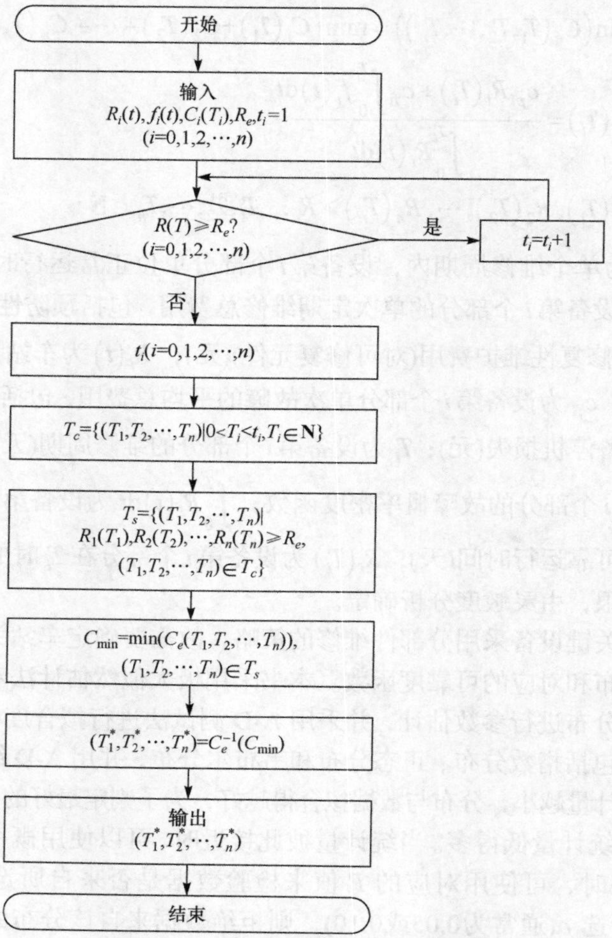

图 8.4　车站设备维修周期优化模型算法

8.5 车站服役能力实例研究

8.5.1 基于 AnyLogic 的车站客流仿真模型

本节选择北京地铁某站进行实例分析，首先对车站实地调研，得到车站布局图和客流数据，绘制出乘客在车站的进出站流线，如图 8.5 所示。

基于 AnyLogic 的客流仿真模型包括车站环境建模和行人行为建模两个部分[4]。车站环境建模是绘制出站厅层和站台层的建筑结构，如墙壁、立柱、障碍物等，然后添加各类服务设施，如闸机、电扶梯等，并修改对应“线服务”和“扶梯组”的参数，最后添加“目标线”设定行人的生成源和目的地，完成车站环境建模。行

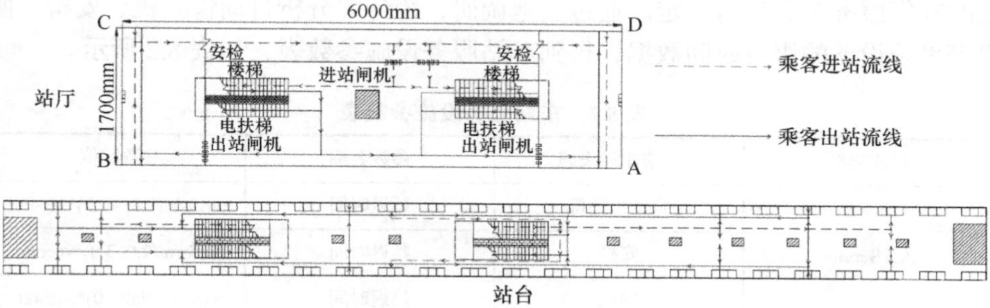

图 8.5　行人进出站流线示意图

人行为建模包括出站行为建模和进站行为建模，根据行人在车站的进出站走行流线，使用行人库中的逻辑模块，构建行人从生成、接受各类服务设施服务，最后到消失的所有流程。其中，行人出站行为建模和行人进站行为建模分别如图 8.6 和图 8.7 所示。

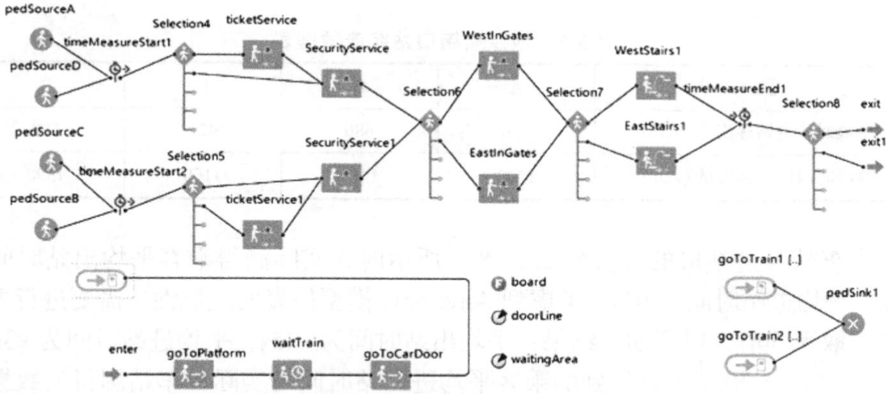

图 8.6　行人出站行为建模

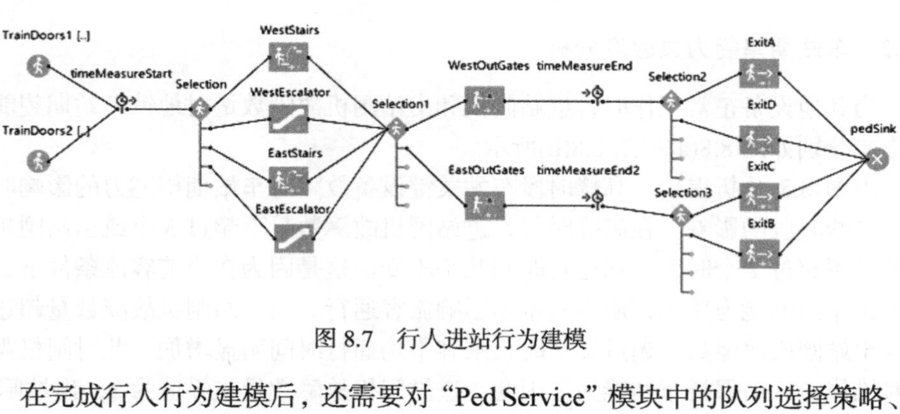

图 8.7　行人进站行为建模

在完成行人行为建模后，还需要对“Ped Service”模块中的队列选择策略、延迟时间等服务参数进行标定。通过实地调研，统计并分析自动售票机、安检、闸机等设施设备的服务时间数据，得到车站服务设施参数表，如表 8.2 所示。

表 8.2 车站服务设施参数表

模块类型	对应车站设施	参数名称	参数赋值
Ped Service	自动售票机	延迟时间	normal(12.0, 40.0)*second
	安检	延迟时间	uniform(2.0, 3.0)*second
	闸机	延迟时间	exponential(3.0)*second

在搭建好的 AnyLogic 仿真模型后，通过对比仿真结果与实际数据来验证模型的准确性。通过实地调研，统计并分析双向列车运行数据、乘客上下车数据及乘客平均进出站时间，其中列车运行间隔时间为 150s，停站时间为 30s，列车定员为 1428 人，平均满载率为 110%，乘客下车人数服从均匀分布，乘客进出站选择电扶梯和楼梯的概率是固定的，根据历史数据确定大小，其他客流数据见表 8.3。

表 8.3 地铁新街口站客流数据表

进站口	A	B	C	D
平峰时段进站客流量/(人/h)	400	680	420	580
高峰时段进站客流量/(人/h)	1200	1480	1160	1390

当车站各进站口的客流量如表 8.3 所示时，实际测得乘客平均出站时间为 138s，平均进站时间为 95s，考虑到 AnyLogic 模型仿真的随机性，需要进行多次仿真，取平均值，得到如下结果：平均出站时间为 135s，平均进站时间为 93s。

AnyLogic 模型仿真得到的乘客平均进出站时间与实际在车站测得的数据相比，误差较小，从而验证了 AnyLogic 模型的准确性。

8.5.2 车站期望能力灵敏度分析

当其他设备正常工作时，进站闸机和出站闸机故障数量对地铁车站期望能力的影响分别如图 8.8(a)和图 8.8(b)所示。

由图 8.8 分析得出，高峰时段车站关键设备故障对车站期望能力的影响明显大于平峰时段的影响。在高峰时段，进站闸机故障数量不超过 3 个或出站闸机故障数量不超过 2 个时，平均通行时间几乎不变。这是因为在当前客流条件下，闸机不是车站的能力瓶颈，所以基本不影响旅客通行。当进站闸机故障数量超过 3 个或出站闸机故障数量超过 2 个时，乘客平均通行时间明显增加，此时闸机需要及时维修，从而保持车站能力。因此，进站闸机故障数量临界值为 3，出站闸机

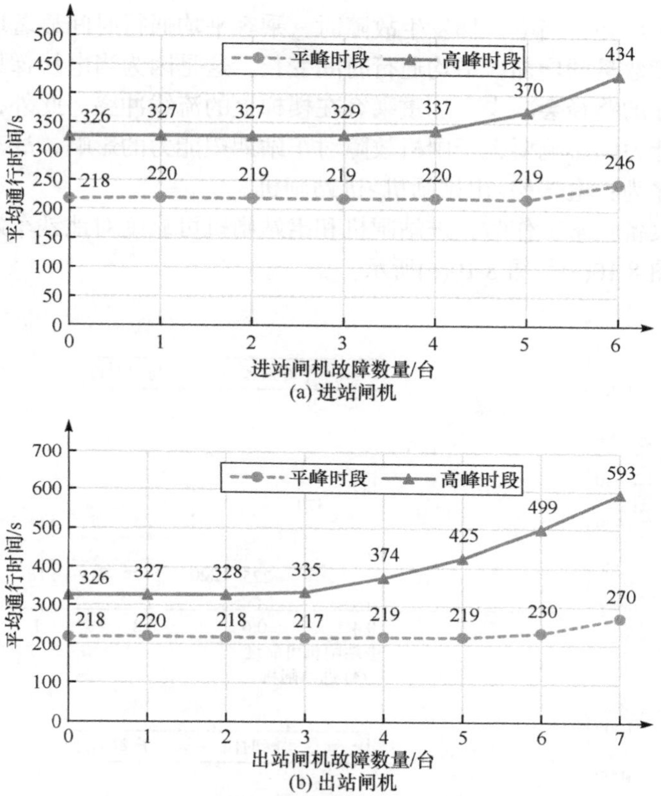

(a) 进站闸机

(b) 出站闸机

图 8.8　闸机故障数量对车站期望能力的影响

故障数量临界值为 2。此外，出站闸机故障的影响比进站闸门故障的影响要更严重，因此出站闸机故障时应优先维修。

该车站的两部电扶梯都是上行，当其他设备都正常工作时，电扶梯故障数量对车站通行能力的影响如图 8.9 所示。

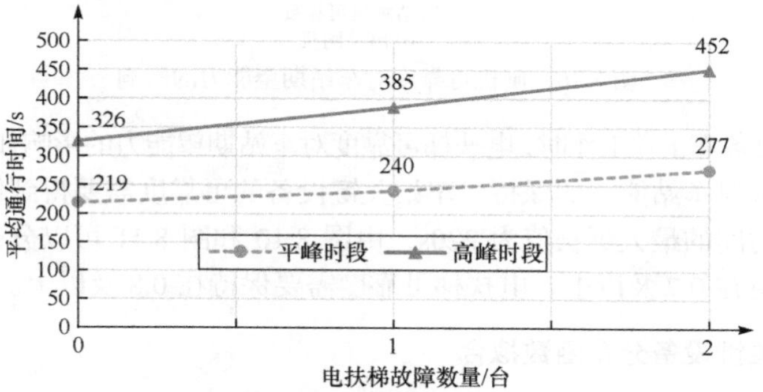

图 8.9　电扶梯故障数量对车站期望能力的影响

由图 8.9 可知，当电扶梯发生故障时，乘客平均通行时间显著增加，并且随着电扶梯故障数量的增加，平均通行时间变长。这是因为当电扶梯故障时，乘客从站台到大厅的路径会减少，加重乘客在楼梯上的流线冲突。此外，电扶梯故障对车站期望能力的影响要大于闸机故障对车站期望能力的影响，故车站设备的维修优先级排序为：电扶梯>出站闸机>进站闸机。

当其他设备正常工作时，进站闸机和出站闸机可靠度对地铁车站期望能力的影响分别如图 8.10(a)和图 8.10(b)所示。

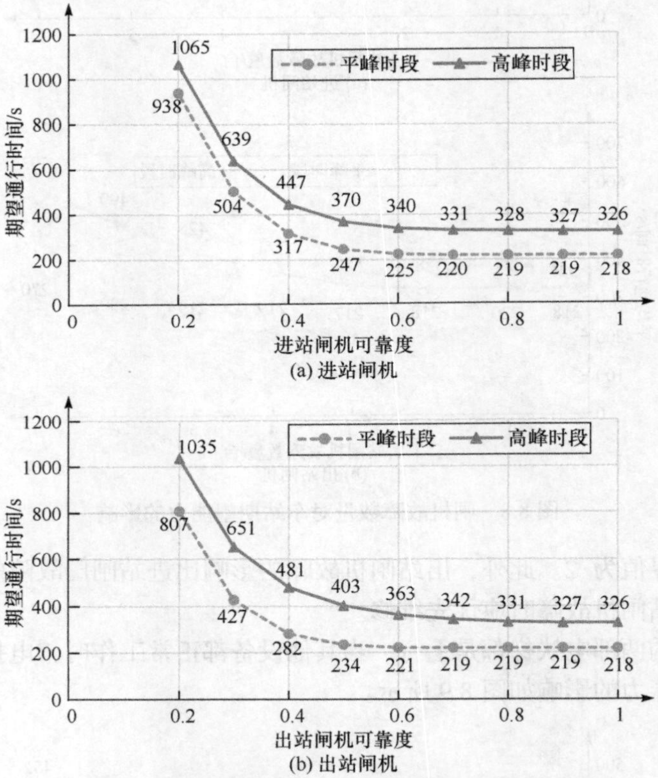

图 8.10　闸机可靠度对车站期望能力的影响

当其他设备都正常工作时，电扶梯可靠度对车站期望能力的影响如图 8.11 所示。

为了实现对车站能力的保持，车站关键设备的可靠度需要得到保持。设定乘客期望通行时间的最大延长值为 220s，由图 8.10 和图 8.11 可以分析出，闸机可靠度需要保持在 0.7 及以上，电扶梯可靠度需要保持在 0.8 及以上。

8.5.3　车站关键设备分布函数拟合

闸机分为软件和硬件两个部分，分别进行可靠性拟合。本节使用 Minitab 软

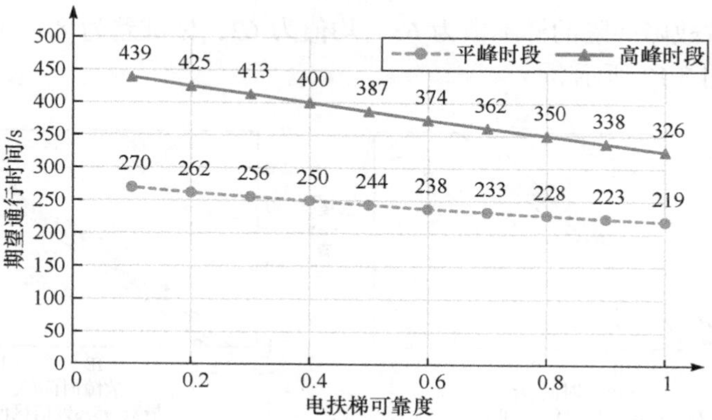

图 8.11　电扶梯可靠度对车站期望能力的影响

件选择极大似然估计法进行数据拟合，并使用 A-D 测试法选出最优分布。

闸机软件故障间隔的样本数为 51，均值为 34 天，标准差为 40，得到拟合度检验结果，如图 8.12 所示。

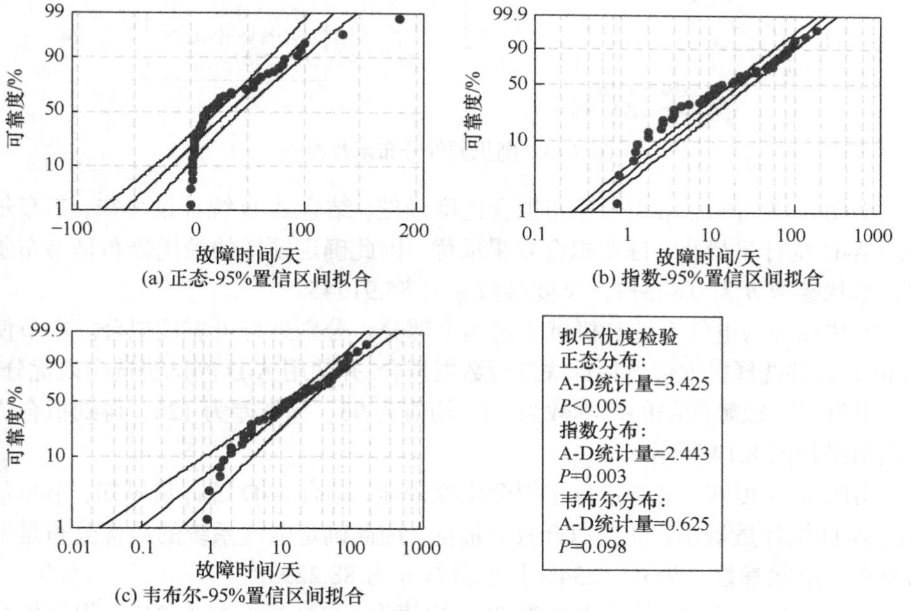

图 8.12　闸机软件分布函数检验

由图 8.12 可知，韦布尔分布拟合优度最佳，结合 A-D 统计量可知，韦布尔分布的 A-D 统计量最小，证明拟合效果最优，因此确定软件的最优分布是韦布尔分布，形状参数 β 为 0.80344，尺度参数 η 为 30.05205。

闸机硬件故障间隔的样本数为 63，均值为 62，标准差为 82，得到拟合优度检验结果如图 8.13 所示。

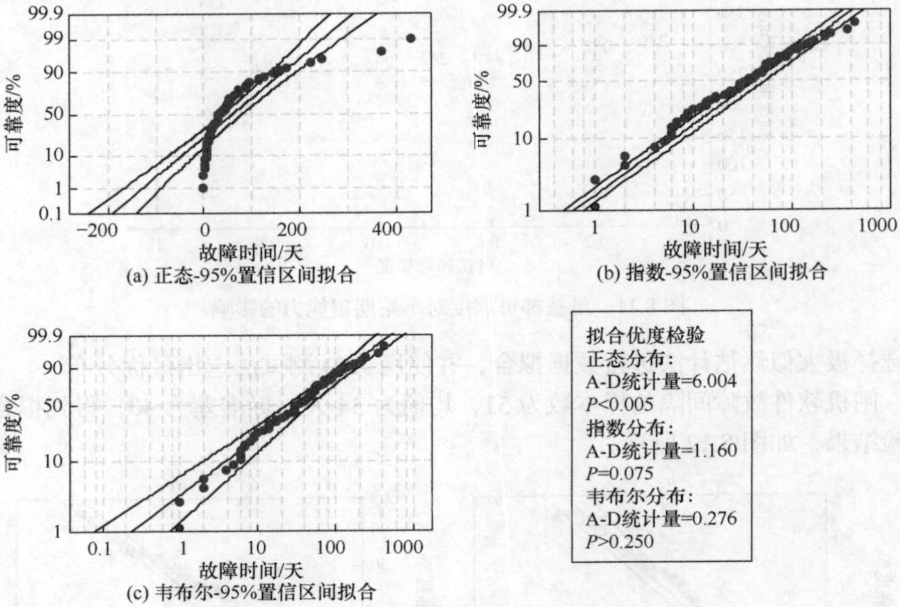

(a) 正态-95%置信区间拟合

(b) 指数-95%置信区间拟合

(c) 韦布尔-95%置信区间拟合

图 8.13　闸机硬件分布函数检验

由图 8.13 可知，韦布尔分布拟合优度最佳，结合 A-D 统计量可知，韦布尔分布的 A-D 统计量最小，证明拟合效果最优，因此确定硬件的最优分布是韦布尔分布，形状参数 β 为 0.84317，尺度参数 η 为 55.91545。

电扶梯分为电气系统和机械系统两个部分，分别进行可靠性拟合。本节使用 Minitab 软件选择极大似然估计法进行数据拟合，并使用 A-D 测试法选出最优分布。

电气系统故障间隔的样本数为 29，均值为 93，标准差为 125；得到拟合优度检验结果如图 8.14 所示。

由图 8.14 可知，韦布尔分布拟合优度最佳，结合 A-D 统计量可知，韦布尔分布的 A-D 统计量最小，证明拟合效果最优，因此确定电气系统的最优分布是韦布尔分布，形状参数 β 为 0.91234，尺度参数 η 为 88.22938。

机械系统故障间隔的样本数为 28，均值为 161，标准差为 212，得到拟合优度检验结果如图 8.15 所示。

由图 8.15 可知，韦布尔分布拟合优度最佳，结合 A-D 统计量可知，韦布尔分布的 A-D 统计量最小，证明拟合效果最优，因此确定机械系统的最优分布是韦布尔分布，形状参数 β 为 0.92270，尺度参数 η 为 153.69404。

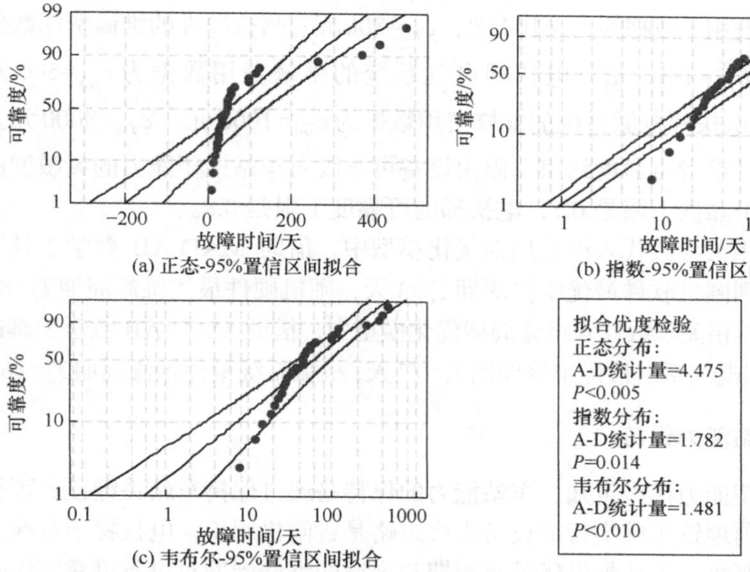

图 8.14　电扶梯电气系统分布函数检验

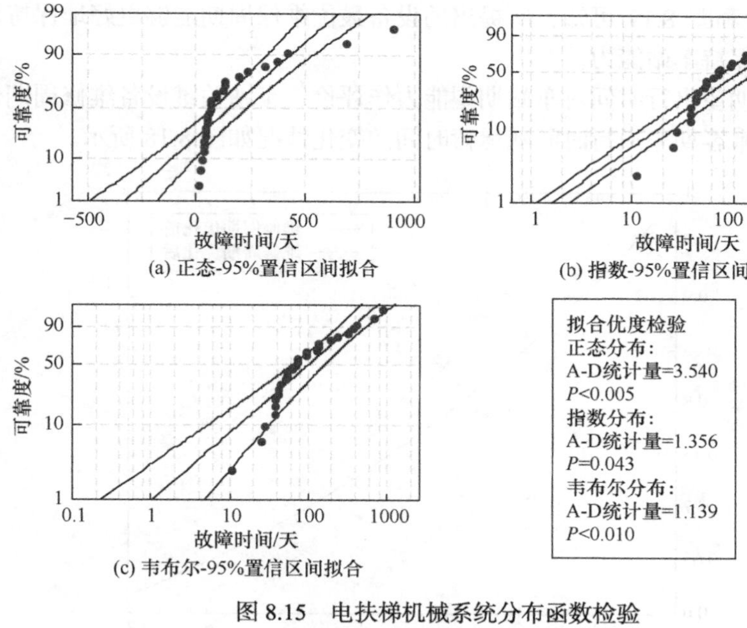

图 8.15　电扶梯机械系统分布函数检验

8.5.4　车站关键设备维修周期优化

在维修周期优化模型参数方面，通过统计分布检验，确定相应的寿命分布类型及主要分布函数和参数，包括 $R(t)$ 、 $f(t)$ 等；另外，从维修台账记录上统计间机软件的维修费用，数据为c_{p1}=100 元，c_{f1}=300 元；闸机硬件的维修费用数据为c_{p2}=250 元，c_{f2}=1000 元。电扶梯电气系统的维修费用数据为c_{p3}=500 元，c_{f3}=1500 元；电扶梯机械系统的维修费用数据为c_{p4}=1000 元，c_{f4}=3000 元。所分析的车站关键设备可靠度约束下限由设备可靠度对车站期望能力的灵敏度曲线确定，闸机的可靠度下限是 0.7，电扶梯的可靠度下限是 0.8。

将闸机的相关参数代入维修周期优化模型中，借助 MATLAB 数学工具进行优化求解，得到闸机软件最优维修周期T_1=3 天，闸机硬件最优维修周期T_2=8 天。

将电扶梯的相关参数代入维修周期优化模型中，借助 MATLAB 数学工具进行优化求解，得到电气系统最优维修周期T_3=77 天，机械系统最优维修周期T_4=16 天。

8.5.5 地铁车站能力保持

由车站期望能力模型可知，车站能力的保持是通过保持车站关键设备可靠度来实现的。目前地铁车站实行的设备维修策略是：闸机周检，电扶梯半月检。现将本章得到的闸机、电扶梯最优维修周期与现行的维修周期对设备可靠度保持程度进行对比分析，对比结果分别见图 8.16 和图 8.17。

由图 8.16 和图 8.17 可知，所提出的设备最优维保周期能够更好地保持设备可靠度，从而保持车站能力。

以乘客的期望出行时间对车站期望能力作评价，车站关键设备维修周期优化后高峰时段的乘客期望通行时间随运营时间的变化情况如图 8.18 所示。

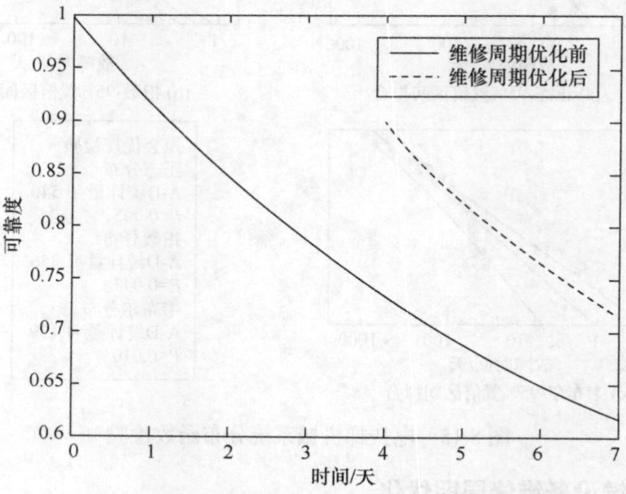

图 8.16 闸机可靠度保持对比图

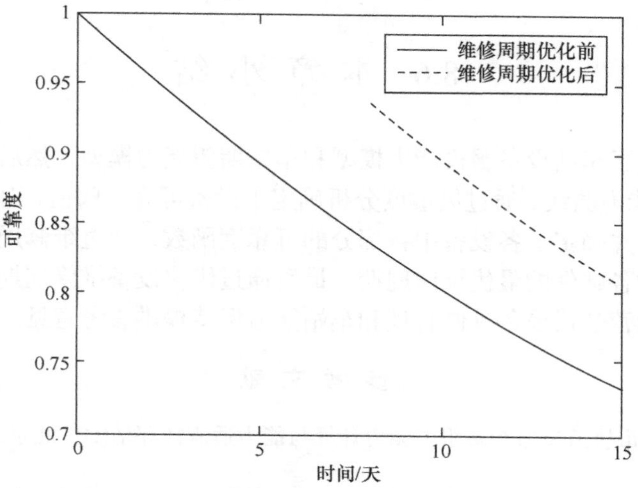

图 8.17　电扶梯可靠度保持对比图

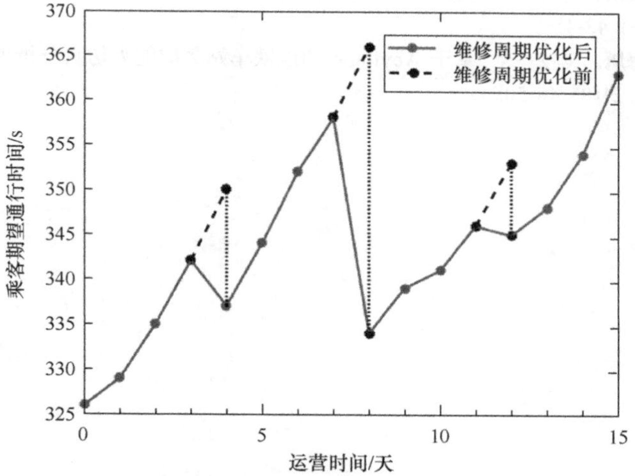

图 8.18　期望通行时间随车站运营时间的变化情况

由图 8.16～图 8.18 可知，初始，闸机的期望通行时间为 326s，随着运营时间的增加，期望通行时间增加。在第 3 天对闸机软件系统进行维护后，期望通行时间减少到 337s。在第 7 天对闸机整体进行维护后，期望通行时间再次降低。第 11 天对闸机软件系统进行维护后，期望通行时间基本保持不变。最后，每半个月进行一次全设备维护，使期望通行时间回到初始水平。在车站设备维修周期优化前，若不及时维护，期望通行时间增大，车站期望能力降低。从以上分析可知，通过优化后的设备维修计划能保持设备可靠度，并通过保持关键设备的可靠度使车站期望能力保持在一定的水平。

8.6　本 章 小 结

本章建立了车站设备服役能力模型和车站期望能力模型，然后根据设备可靠度-车站期望能力曲线，通过灵敏度分析确定了设备可靠度阈值，对车站关键设备做可靠性分析并确定了各设备中各部分的可靠度函数，通过维修周期优化模型计算出各设备中各部件的最优维修周期，最后通过优化设备维修周期来保持车站能力，为地铁运营公司设备维修管理和车站能力保持提供参考意见。

参 考 文 献

[1] 许心越. 城市轨道交通车站服务能力计算与能力适应性评估[D]. 北京：北京交通大学, 2015.
[2] 郑津楚. 高速列车转向架系统的运用可靠性研究[D]. 北京：北京交通大学, 2016.
[3] 陈城辉, 徐永能, 傅晓莉. 轨道交通关键行车设备维修周期优化模型及应用[J]. 都市快轨交通, 2011, 24(2): 42-45.
[4] 李洪旭, 李海鹰, 樊校, 等. 基于 Anylogic 的地铁车站集散能力仿真分析评估[J]. 铁路计算机应用, 2012, 21(8): 48-50.

第 9 章　地铁供电系统可靠性分析

本章介绍地铁供电系统的组成及各部分的功能，以牵引变电系统为主要研究对象，并分析牵引变电系统的故障数据。牵引变电所是牵引供电系统的核心，本章对牵引供电所进行可靠性分析,包括牵引变电所故障树分析和贝叶斯网络分析，并根据可靠性分析结果给出相应的维保建议。

9.1　地铁供电系统简介

地铁供电系统一般划分为外部电源、主变电所、牵引供电系统、动力照明供电系统、杂散电流腐蚀防护系统和电力监控系统。

(1) 外部电源。地铁供电系统的外部电源就是为主变电所供电的城市电网。外部电源方案的形式有集中式供电、分散式供电、混合式供电。集中式供电通常从城市电网 110kV 侧引入两回电源，按照地铁设计规范要求，至少有一回电源为专线。

(2) 主变电所。主变电所的功能是接收城网高压电源(通常为 110kV)，经降压为牵引变电所、降压变电所提供中压电源(通常为 35kV 或 10kV)，主变电所适用于集中式供电。主变电所接线方式为线变式或桥型接线。

(3) 牵引供电系统。牵引供电系统的功能是将交流中压经降压整流成 1500V(DC)或 750V(DC)电压，为地铁列车提供牵引供电，系统包括牵引变电所与牵引网，牵引网包括接触网与回流网。接触网有架空接触网(1500V(DC))和接触轨(1500V(DC)或 750V(DC))两种悬挂方式，大多数工程利用走行轨兼作回流网；少数工程单独设回流轨。

(4) 动力照明供电系统。动力照明供电系统由降压变电所和动力照明配电线路组成，功能是将交流中压(35kV 或 10kV)降压变成 220V/380V(AC)电压，为车站和区间各类照明、电扶梯、风机、水泵等动力机械设备和通信、信号、自动化等设备提供电源。

(5) 杂散电流腐蚀防护系统。 杂散电流腐蚀防护系统的功能是减少因直流牵引供电引起的杂散电流并防止其对外扩散，尽量避免杂散电流对城市轨道交通主体结构及其附近结构钢筋、金属管线的电腐蚀，并对杂散电流及其腐蚀保护情况进行监测。

(6) 电力监控系统。电力监控系统的功能是实时对地铁变电所、接触网设备进行远程数据采集和监控。在城市轨道交通控制中心，通过调度端、通信通道和变电所综合自动化系统对主要电气设备进行四遥控制，实现对整个供电系统的运营调度和管理。

牵引供电系统是地铁供电系统的核心，本章以牵引供电系统为研究对象，牵引供电系统由两部分构成：牵引变电所和牵引网，其中牵引变电所是牵引供电的核心。牵引供电系统中的牵引变电所将三相高压交流电变成适合电动车辆使用的低压直流电。馈电线再将牵引变电所的直流电送到接触网上，电动车辆通过其受流器与接触网的直接接触而获得电能[1]。牵引供电系统的组成构件如图 9.1 所示。

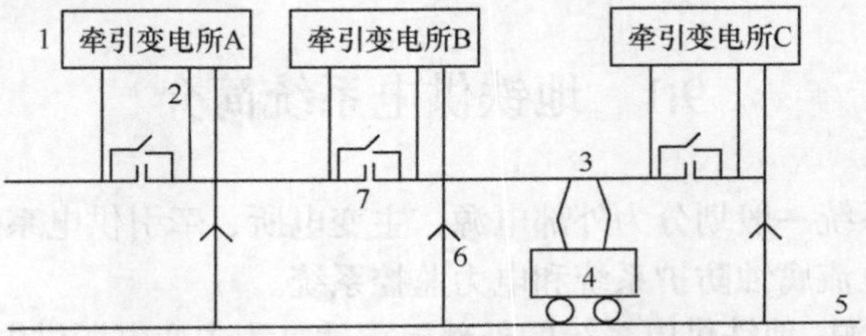

图 9.1　牵引供电系统的构成组件

1-牵引变电所；2-馈电线；3-接触网(轨)；4-电动列车；5-钢轨；6-回流线；7-电分段

牵引供电系统中的牵引网结构相对简单，主要由机械设施组成，主要劣化形式为磨损和疲劳，通常不会失效，故接触网可靠性很高。牵引变电所结构复杂，由许多元件组成，如电缆线路、牵引变压器、断路器、隔离开关、互感器、母线及避雷器等。牵引变电所为牵引供电系统的关键部件，需要重点分析。

为了更好地识别牵引变电所的关键设备，分析牵引变电所的可靠性，还需要了解牵引变电所的结构及其运行方式。牵引变电所的主接线图如图 9.2 所示。

牵引变电所的运行方式包括正常运行方式和故障运行方式。

(1) 正常运行方式。正常运行时，牵引变电所的两回 35kV(AC)进线电源分列运行，母线分段断路器 110 分闸，隔离开关 1101、1102 分闸。

两套牵引整流机组 TRl、RT1 与 TR2、RT2 并联运行，接触网越区隔离开关 2113、2124 分闸，正线接触网由相邻的两座变电所构成双边供电。

(2) 故障运行方式。当一回 35kV(AC)进线电源失电时，在满足母线分段断路器合闸条件时，自动投切装置动作，母线分段断路器 110 合闸，由另一回 35kV(AC)进线电源承担全所的牵引电荷和动力照明一、二级负荷。

当变电所中一套牵引整流机组解列，另一套牵引整流机组具备运行条件时，其不宜退出运行，若退出运行，则该牵引变电所解列。

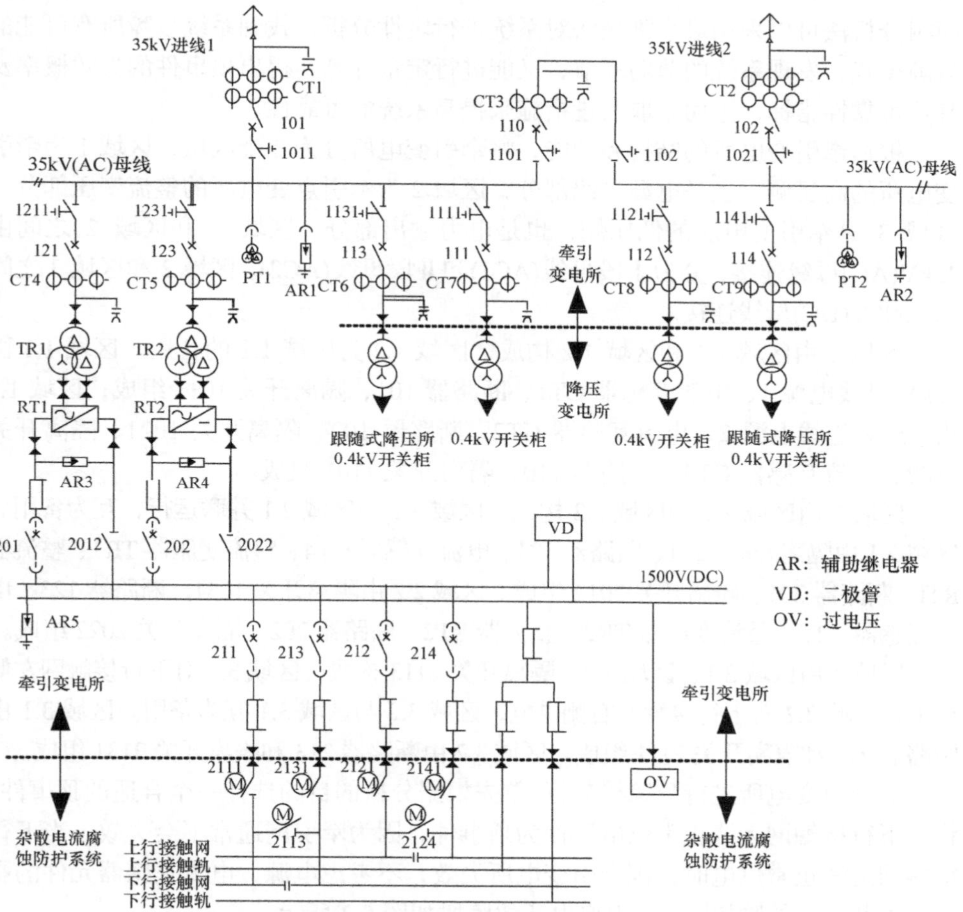

图 9.2　牵引变电所主接线图

当一座正线牵引变电所(终端牵引变电所除外)解列时，其相邻的两座牵引变电所通过闭合接触网越区隔离开关越区大双边供电，共同承担解列牵引变电所正常供电范围的牵引负荷。正线终端牵引变电所解列时，由相邻的牵引变电所单边供电，承担解列牵引变电所正常供电范围的牵引负荷。

9.2　地铁供电系统故障树分析

故障树分析法是分析系统可靠性和安全性的一种常用方法，它研究引起系统发生故障的各种直接或间接原因，通过建立故障树这一图形化方式能够清晰地了解事件之间的内在联系，从顶事件出发通过层层深入，明确系统故障与其他事件之间的逻辑关系，找到导致顶事件故障的各种原因，直到最根本的原因。另外故障树分析法可以采用最小割集法对系统进行定性分析，找到系统故障所有可能的故障模式，发现系统的薄弱环节；又能进行定量计算，得出顶事件的失效概率及其他可靠性指标，进而采取改进措施来提高系统的可靠性。

根据牵引变电所的结构和功能，将牵引变电所分为 3 个区域，区域 1 为牵引变电所的高压侧，也是电源进线部分，区域 2 为牵引点变电所的整流变压部分，区域 3 是牵引变电所的低压侧，也是电力输出部分。区域 1 和区域 2 之间由 35kV(AC)母线连接，分为Ⅰ段母线(AC1)和Ⅱ段母线(AC2)。区域 2 和区域 3 之间由 1500V(DC)母线连接。

区域 1 由区域 1.1 和区域 1.2 构成，区域 1.2 为区域 1.1 的备用。区域 1.1 由 35kV 进线电源 1、电流互感器 CT1、断路器 101、隔离开关 1011 组成；区域 1.2 由 35kV 进线电源 2、电流互感器 CT2、断路器 102、隔离开关 1021、隔离开关 1102、电流互感器 CT3、断路器 110、隔离开关 1101 组成。

区域 2 由区域 2.1 和区域 2.2 构成，区域 2.2 与区域 2.1 并联运行，互为备用。区域 2.1 由隔离开关 1211、断路器 121、电流互感器 CT4、整流变压器 TR1、整流器 RTl、断路器 201、隔离开关 2012 组成。区域 2.2 由隔离开关 1231、断路器 123、电流互感器 CT5、整流变压器 TR2、整流器 RT2、断路器 202、隔离开关 2022 组成。

区域 3 由区域 3.1、区域 3.2、隔离开关 2113 构成，区域 3.1 对下行接触网左侧供电，区域 3.2 对下行接触网右侧供电，区域 3.2 与区域 3.1 互为备用。区域 3.1 由断路器 211 和隔离开关 2111 组成。区域 3.2 由断路器 213 和隔离开关 2131 组成。

对牵引变电所进行故障树分析，首先根据分析的目的选择一个合适的顶事件。将“下行接触网无法正常供电”作为顶事件，因为牵引网通常不会失效，当下行接触网无法正常供电时，则牵引变电所失效，不考虑电源、电流互感器元件的影响，由此建立故障树[2]，牵引变电所故障树如图 9.3 所示。

将底事件用符号来表示，如表 9.1 所示。

表 9.1 牵引变电所故障树底事件

底事件	符号	底事件	符号	底事件	符号
101 故障	X_1	TR1 故障	X_{10}	2022 故障	X_{19}
1011 故障	X_2	RT1 故障	X_{11}	211 故障	X_{20}
110 故障	X_3	201 故障	X_{12}	2111 故障	X_{21}
1101 故障	X_4	2012 故障	X_{13}	213 故障	X_{22}
1102 故障	X_5	1231 故障	X_{14}	2131 故障	X_{23}
102 故障	X_6	123 故障	X_{15}	Ⅰ段母线故障	X_{24}
1021 故障	X_7	TR2 故障	X_{16}	Ⅱ段母线故障	X_{25}
1211 故障	X_8	RT2 故障	X_{17}	1500V(DC)母线故障	X_{26}
121 故障	X_9	202 故障	X_{18}		

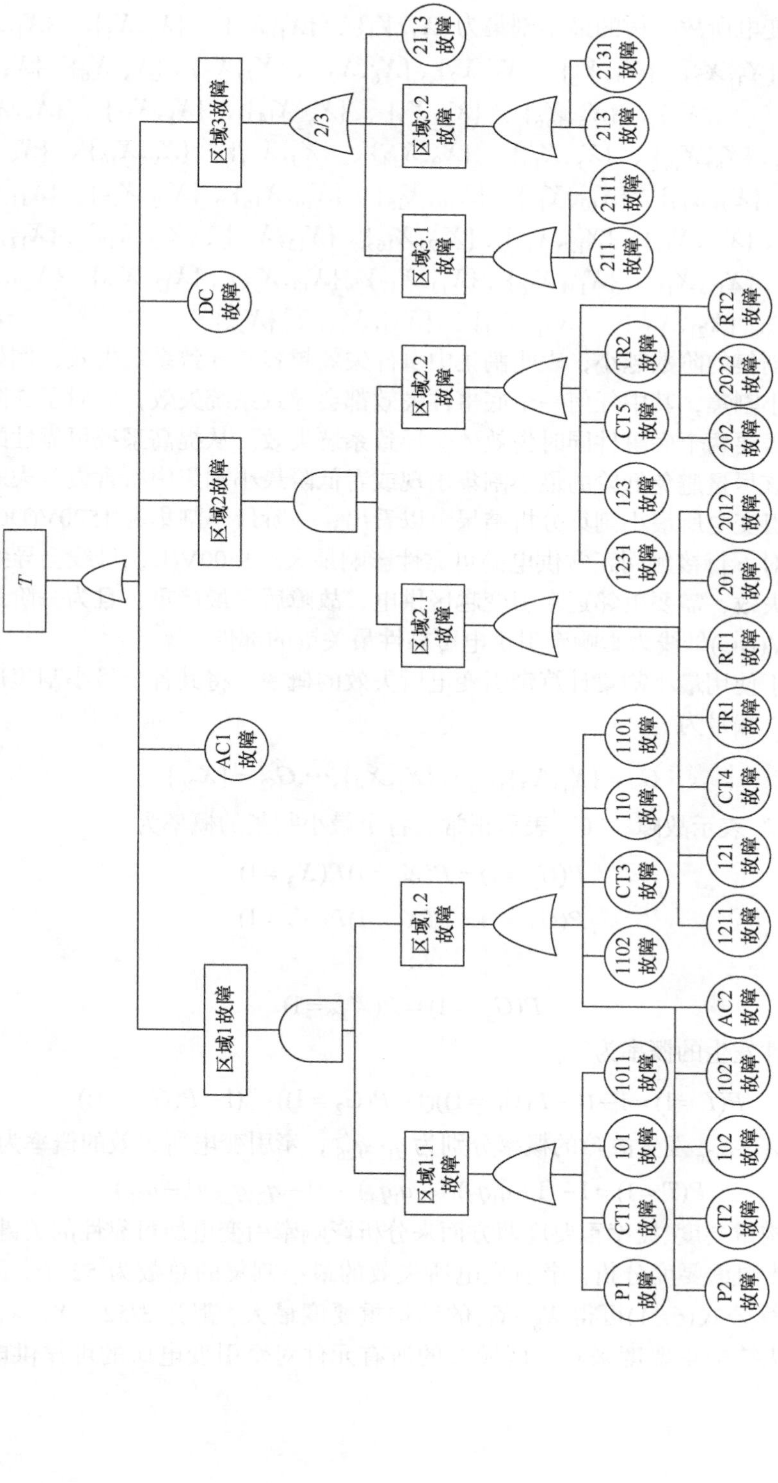

图9.3　牵引变电所故障树

牵引变电所故障树的最小割集为$\{X_1,X_3\}$、$\{X_1,X_4\}$、$\{X_1,X_5\}$、$\{X_1,X_6\}$、$\{X_1,X_7\}$、$\{X_3,X_2\}$、$\{X_4,X_2\}$、$\{X_5,X_2\}$、$\{X_6,X_2\}$、$\{X_7,X_2\}$、$\{X_3,X_6\}$、$\{X_3,X_7\}$、$\{X_4,X_6\}$、$\{X_4,X_7\}$、$\{X_5,X_6\}$、$\{X_5,X_7\}$、$\{X_8,X_{14}\}$、$\{X_8,X_{15}\}$、$\{X_8,X_{16}\}$、$\{X_8,X_{17}\}$、$\{X_8,X_{18}\}$、$\{X_8,X_{19}\}$、$\{X_9,X_{14}\}$、$\{X_9,X_{15}\}$、$\{X_9,X_{16}\}$、$\{X_9,X_{17}\}$、$\{X_9,X_{18}\}$、$\{X_9,X_{19}\}$、$\{X_{10},X_{14}\}$、$\{X_{10},X_{15}\}$、$\{X_{10},X_{16}\}$、$\{X_{10},X_{17}\}$、$\{X_{11},X_{18}\}$、$\{X_{11},X_{19}\}$、$\{X_{12},X_{14}\}$、$\{X_{12},X_{15}\}$、$\{X_{12},X_{16}\}$、$\{X_{12},X_{17}\}$、$\{X_{12},X_{18}\}$、$\{X_{12},X_{19}\}$、$\{X_{13},X_{14}\}$、$\{X_{13},X_{15}\}$、$\{X_{13},X_{16}\}$、$\{X_{13},X_{17}\}$、$\{X_{13},X_{18}\}$、$\{X_{13},X_{19}\}$、$\{X_{20},X_{22}\}$、$\{X_{20},X_{23}\}$、$\{X_{21},X_{22}\}$、$\{X_{21},X_{23}\}$、$\{X_{24},X_{25}\}$、$\{X_{26}\}$。

最小割集的阶数越小，表明割集中事件失效越容易导致系统失效，例如，对于一阶最小割集，其中任何一个底事件失效都会导致系统失效，而对于二阶最小割集，则需要两个底事件同时失效才会导致系统失效。从提高系统可靠性的角度考虑，应该尽量避免低阶的最小割集出现或者低阶最小割集中所含设备失效。

由牵引变电所最小割集分析结果可以看出，一阶最小割集为1500V(DC)母线故障，它对下行接触网正常供电的可靠性影响最大。1500V(DC)母线会导致此牵引变电所失效，需要由邻近牵引变越区供电，故障后果最严重，且为一阶最小割集，1500V(DC)母线为影响牵引供电可靠性最关键的部件。

为便于使用最小割集计算牵引变电所失效的概率，将其各个最小割集进行对应的编号，编号为

$$G_1=\{X_1,X_3\},G_2=\{X_1,X_4\},\cdots,G_{52}=\{X_{26}\}$$

令“1”表示故障，“0”表示正常。各个最小割集的概率为

$$\begin{gathered}P(G_1=1)=P(X_1=1)P(X_3=1)\\P(G_2=1)=P(X_1=1)P(X_4=1)\\\vdots\\P(G_{52}=1)=P(X_{26}=1)\end{gathered}\tag{9.1}$$

顶事件发生的概率为

$$P(T=1)=1-(1-P(G_1=1))(1-P(G_2=1))\cdots(1-P(G_{52}=1))\tag{9.2}$$

假设X_1~X_{26}发生故障的概率分别为q_1~q_{26}，牵引变电所失效的概率为

$$P(T=1)=1-(1-q_1q_3)(1-q_1q_4)\cdots(1-q_{24}q_{25})(1-q_{26})\tag{9.3}$$

从结构重要度、概率重要度两方面来分析影响牵引变电所可靠性的关键设备。

(1) 结构重要度分析。牵引变电所失效的最小割集的总数为52个，由结构重要度计算公式(6.11)可得X_8~X_{19}的结构重要度最大，都为3/52。X_8~X_{19}位于区域2。从结构重要度来看，区域2的所有元件对牵引变电所的可靠供电影响较大。

(2) 概率重要度分析。由式(6.12)和式(6.13)可得出，$I_g(26)=1$，即 X_{26} 的概率重要度最大，说明 1500V(DC)母线故障对下行接触网正常供电的可靠性影响最大。

9.3　地铁供电系统贝叶斯分析

尽管故障树分析有很多优点，但是考虑到故障树分析方法中最小割(路)不交化算法非常复杂，计算量也是相当惊人的，对于一个大型复杂系统一般只能求出近似值，而从推理机制和系统状态描述上来看，贝叶斯网络和故障树分析方法有很大的相似性，而且贝叶斯网络既可以进行预测分析又可以进行诊断推理，利用贝叶斯网络所独有的双向推理技术可以方便地定量地给出各元件在系统可靠性中所占的地位，从而避开了因寻找最小割集而出现的不交化计算过程，避免了许多烦琐的运算。因此，对于一个已经建立的故障树，将其转化为相应的贝叶斯网络图，包括事件、逻辑门(与门、或门、表决门)与节点的映射关系(与、或、表决)以及与条件概率分布之间的映射关系[3]。在故障树分析法中，系统中的元件 C 故障时用 C=1 表示；正常时用 C=0 表示。在贝叶斯网络中，用对应的变量符号取值 0 或 1 表示元件的状态(正常或故障)。在故障树中，底事件的先验概率在对应贝叶斯中表达为父节点的先验概率，条件概率表达式只给出子节点状态值为 1 的条件概率，因为子节点状态值为 0 和状态值为 1 的条件概率之和为 1。故障树中逻辑与门、或门、表决门的贝叶斯表达形式分别如图 9.4～图 9.6 所示。

以“表决门”中的节点 C 为例，该节点故障概率的计算结果为

$$\begin{aligned}
P(C=1) &= \sum_{A,B} P(A,B,C) \\
&= \sum_{A} P(A) \sum_{B} P(C=1|A,B) \\
&= \sum_{A} P(A)[P(C=1|A,B=0)+P(C=1|A,B=1)] \\
&= P(A=1)P(B=0)+P(A=0)P(B=1)+P(A=1)P(B=1) \\
&= 1-P(A=0)P(B=0)
\end{aligned} \tag{9.4}$$

根据所求得的节点 C 的故障概率，运用贝叶斯网络的反向诊断功能，可计算出节点 C 故障情况下节点 A 故障的概率为

$$P(A|C)=\frac{P(C|A)P(A)}{P(C)}=\frac{P(C=1|A=1)P(A=1)}{P(C=1)} \tag{9.5}$$

模型的建立与故障树的建立是一一对应的，不同的是故障树是自顶向下按照树状结构逐层分析，找出各种原因；而贝叶斯网络恰好相反，由各个基本元件到总系统，层层递进，直到完成整个系统。

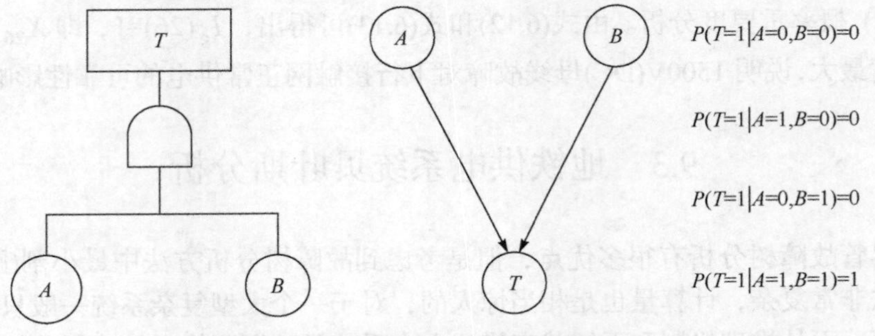

图 9.4　逻辑与门的贝叶斯表示

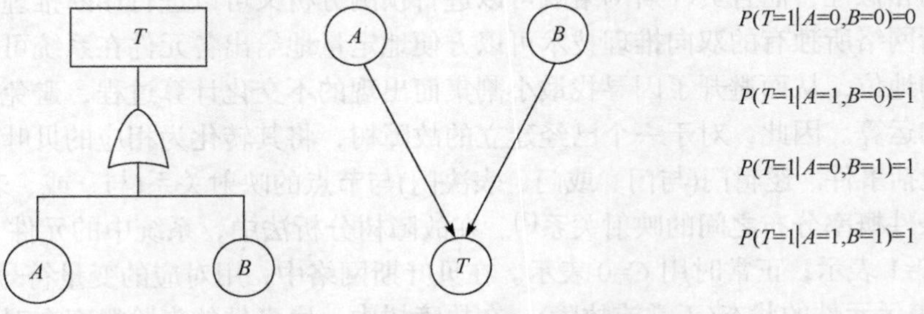

图 9.5　逻辑或门的贝叶斯表示

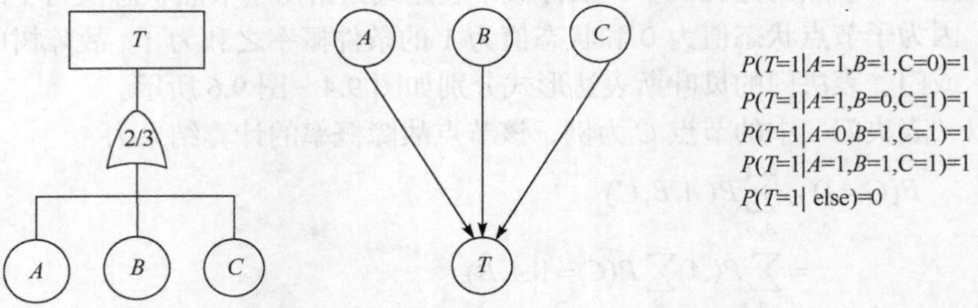

图 9.6　逻辑表决门的贝叶斯表示

根据以上转化规则，将一个包含与门、或门、表决门的故障树模型转化为贝叶斯网络，并利用软件 GeNIE 绘制，底事件概率见转化后对应的贝叶斯网络[4]，各个子节点的条件概率表对应逻辑与门、或门、表决门的条件概率表，地铁牵引变电所的贝叶斯网络模型如图 9.7 所示。

由于避雷器、熔断器和输电线的失效概率远低于其他元件，为简化计算，认为此类元件是完全可靠的。因为互感器的主要作用是将交流电压和大电流按比例降到可以用仪表直接测量的数值，便于仪表直接测量，同时为继电保护和自动装置提供电源，且在实际运营过程中互感器几乎不发生故障，为了简化牵引变电所结构，认为互感器是完全可靠的。仪表直接测量假设变电所各主要设备的失效概率均为常数，即设备寿命函数呈指数分布。失效概率是指工作到某一时刻尚未失

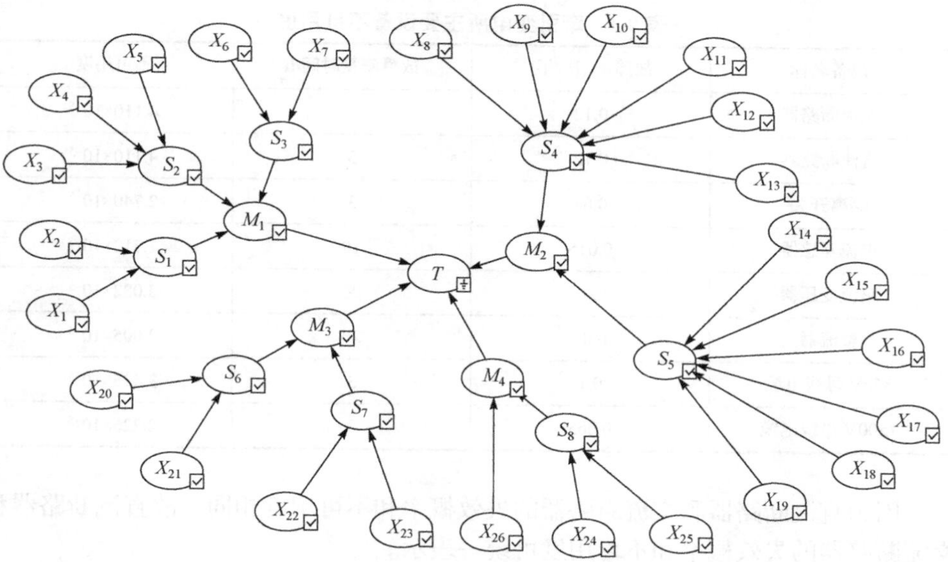

图 9.7　地铁牵引变电所的贝叶斯网络模型

效的产品，在该时刻后，单位时间内发生失效的概率。假设牵引变电所中同类元件是完全相同的，故其失效概率也相同，结合地铁公司的实际运营数据和设备厂家数据，牵引变电所中各类主要设备的可靠性参数[5]如表 9.2 所示。

表 9.2　牵引变电所主要设备可靠性参数

设备名称	故障率/(次/年)	故障修复时间/h
交流断路器	0.12	3
直流断路器	0.12	3
隔离开关	0.08	3
电流互感器	0.015	10
整流变压器	0.03	90
整流器	0.09	20
35kV 母线电缆	0.1	3
1500V 母线电缆	0.065	3

设备的平均可用时长为故障率的倒数，平均不可用时间为故障修复时间，设备不可用度=1−可用度，则牵引变电所各主要设备不可用度如表 9.3 所示。

表 9.3 牵引变电所主要设备不可用度

设备名称	故障率/(次/年)	故障修复时间/h	不可用度
交流断路器	0.12	3	4.110×10^{-5}
直流断路器	0.12	3	4.110×10^{-5}
隔离开关	0.08	3	2.740×10^{-5}
电流互感器	0.015	10	1.712×10^{-5}
整流变压器	0.03	90	3.082×10^{-5}
整流器	0.09	20	2.005×10^{-5}
35kV 母线电缆	0.1	3	3.425×10^{-5}
1500V 母线电缆	0.065	3	2.226×10^{-5}

因为直流断路器和交流断路器的失效概率和不可用度相同，故直流断路器和交流断路器的失效概率和不可用度可统一表示。

假设各类元件的不可用度如下：断路器 p_1，隔离开关 p_2，整流变压器 p_3，整流器 p_4，35kV 母线电缆 p_5，1500V 母线电缆 p_6。则牵引变电所的不可用度为

$$
\begin{aligned}
P = & 5p_1^2 + 15p_2^2 + p_3^2 + p_4^2 + p_5^2 + p_6 + 16p_1p_2 + 6p_2p_3 \\
& + 2p_1p_3 + 6p_2p_4 + 2p_1p_4 + 2p_3p_4
\end{aligned}
\tag{9.6}
$$

结合表 9.3 中各设备的不可用度，经计算，牵引变电所不可用度为 2.269×10^{-5}。

假设牵引变电所各设备的正常工作时间和设备维修时间都服从指数分布，则牵引点变电所的故障率 λ 和维修率 μ 都是常数，牵引变电所各主要设备的失效概率如表 9.4 所示。

表 9.4 牵引变电所主要设备失效概率

设备名称	失效概率
交流断路器	1.370×10^{-5}
直流断路器	1.370×10^{-5}
隔离开关	9.132×10^{-5}
电流互感器	1.712×10^{-5}
整流变压器	3.425×10^{-5}
整流器	1.027×10^{-5}
35kV 母线电缆	1.142×10^{-5}
1500V 母线电缆	7.420×10^{-5}

牵引变电所运行 6 个月后各主要设备的失效概率如表 9.5 所示。

表 9.5　牵引变电所运行 6 个月后主要设备失效概率

设备名称	失效概率
断路器	0.05747
隔离开关	0.03868
整流变压器	0.01469
整流器	0.04340
35kV 母线电缆	0.04814
1500V 母线电缆	0.03155

牵引变电所运行 6 个月后的失效概率为 0.1241，结合图 9.7，进行贝叶斯网络分析。因为牵引变电所结构复杂，其贝叶斯网络也复杂，直接利用公式推导后验概率计算量极大，本节借助 GeNIE 软件计算后验概率。牵引变电所运行 6 个月后各节点的后验概率如表 9.6 所示。

表 9.6　牵引变电所各节点后验概率

节点名称	后验概率/%	节点名称	后验概率/%	节点名称	后验概率/%
X_1	14.123	X_{10}	3.476	X_{19}	9.152
X_2	3.868	X_{11}	10.269	X_{20}	9.619
X_3	5.747	X_{12}	9.152	X_{21}	6.474
X_4	3.868	X_{13}	9.152	X_{22}	9.619
X_5	8.511	X_{14}	9.152	X_{23}	6.474
X_6	14.123	X_{15}	13.598	X_{24}	6.549
X_7	9.506	X_{16}	3.476	X_{25}	6.549
X_8	9.152	X_{17}	10.269	X_{26}	27.914
X_9	13.598	X_{18}	9.152		

牵引变电所运行 6 个月后，节点 X_1、X_6、X_9、X_{15}、X_{26} 的后验概率较高，都超过 13%，节点 X_1、X_6、X_9、X_{15}、X_{26} 的后验概率分别代表断路器 101 故障、断路器 102 故障、断路器 121 故障、断路器 123 故障、1500V(DC)母线故障率。在牵引变电所运行 6 个月后，由上述 5 个节点失效导致牵引变电所失效的概率较大，需要对上述节点特别注意，并采取相应的维保措施。

9.4 地铁供电系统故障数据分析

牵引供电系统可靠性指标是对牵引供电系统可靠性进行历史和未来评价的基础与出发点，能反映牵引供电系统及其设备的结构、特性、运行状况，以及对电力机车正常运行的影响，并能作为衡量各有关因素的尺度[6]。

城市轨道交通牵引供电系统可靠性指标包括故障停电指标和供电质量指标。

故障停电指标如下：

(1) 故障停电时间，即一年中故障停电的总时间，表示为

$$故障停电时间=\sum 每次故障停电时间(\mathrm{min})$$

(2) 故障平均停电时间，即一年中平均每次故障停电的时间，表示为

$$故障平均停电时间=\frac{故障停电时间}{故障停电次数}(\mathrm{min})$$

供电质量指标如下：

(1) 列车延误时间，即一年中所有延误列车的延误总时间，表示为

$$列车延误时间=\sum 每次列车延误时间(\mathrm{min})$$

(2) 列车延误数，即一年中所有延误列车数，表示为

$$延误列车数=\sum 每次延误列车数$$

(3) 列车平均延误时间，即一年中每一延误列车的平均延误时间，表示为

$$列车平均延误时间=\frac{列车延误时间}{延误列车数}(\mathrm{min})$$

(4) 供电可用度，即一年中有效供电时间与统计期间时间的比值，表示为

$$供电可用度=1-\frac{故障停电时间}{统计期间时间}\times 100\%$$

在上述可靠性指标中，故障停电指标反映牵引供电系统的故障情况，供电质量指标反映牵引供电系统可靠性对列车运营的影响。

广州地铁 4 号线和 5 号线牵引供电系统失效数据统计如表 9.7 所示。

表 9.7 牵引供电系统失效数据

线路	失效日期	故障停电时间/min	列车延误数	列车延误时间/s
4 号线	2011/2/24	3	0	0
	2011/2/24	4	0	0
	2011/6/13	3	0	0

续表

线路	失效日期	故障停电时间/min	列车延误数	列车延误时间/s
4 号线	2011/9/8	4	0	0
	2012/6/1	1	0	0
	2012/6/30	1	0	0
	2012/9/27	1	0	0
	2014/2/17	16	1	40
5 号线	2012/4/4	4	0	0
	2012/6/2	4	0	0
	2013/5/21	5	0	0

只有当牵引供电系统的故障停电时间较长时，才会导致列车延误，分析牵引供电系统失效数据可知，在实际运营过程中，很少出现列车延误的情况。计算牵引供电系统的故障平均停电时间结果如表 9.8 所示。

表 9.8　牵引供电系统故障平均停电时间　(单位：min)

线路	年份							
	2011	2012	2013	2014	2015	2016	2017	2018
4 号线	3.5	1	0	16	0	0	0	0
5 号线	0	4	5	0	0	0	0	0

依据表 9.8 中的数据绘制牵引供电系统故障平均停电时间变化趋势图，如图 9.8 所示。

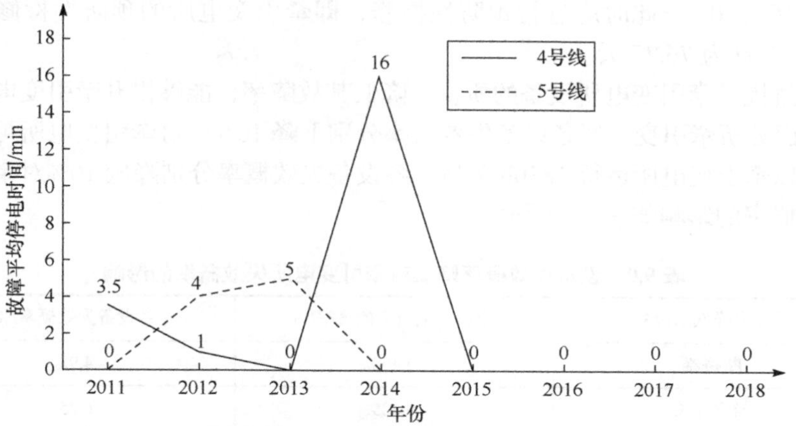

图 9.8　牵引供电系统故障平均停电时间变化趋势

由图 9.8 可知，在 2011～2018 年，2014 年以后牵引供电系统没有发生故障停电。与广州地铁技术人员交流得知，4 号线全面更换了直流开关柜内的变送器，5 号线加强了柜内设备绝缘，电缆孔洞封堵，维修策略基本无变化。通过对牵引供电系统设备的更新与维保，牵引供电系统不再发生故障停电，可靠性明显提升。

9.5　地铁供电系统维保建议

牵引变电所的可靠性会随着时间而降低，牵引变电所的失效概率会随着时间而增加，其失效概率变化趋势如图 9.9 所示。

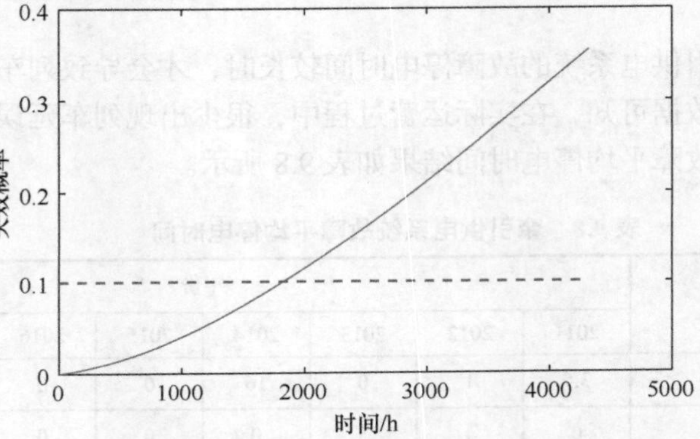

图 9.9　牵引变电所失效概率变化趋势

为了保证牵引变电所的可靠运行，牵引变电所的可靠度应保持在 0.9 以上，牵引变电所的失效概率应控制在 0.1 以下，当时间在 1830h 处时，牵引变电所的失效概率为 0.1，此时应进行预防性检修，即牵引变电所的预防性检修周期为 1830h，合计为 76.25 天。

通过提升牵引变电所设备的质量，降低其故障率，能够提升牵引变电所可靠性，下面分析牵引变电所各设备失效概率分别下降 10%后对牵引变电所可靠性的影响。以牵引变电所运行 1830h 为例，各设备失效概率分别降低 10%对牵引变电所失效概率的影响如表 9.9 所示。

表 9.9　设备失效概率降低对牵引变电所失效概率的影响

故障率降低的设备	牵引变电所失效概率/%	各设备失效概率/%
断路器	0.498	4.98
隔离开关	0.625	6.25
整流变压器	0.043	0.43

续表

故障率降低的设备	牵引变电所失效概率/%	各设备失效概率/%
整流器	0.132	1.32
35kV 母线电缆	0.026	0.26
1500V 母线电缆	0.249	2.49

由表 9.9 可知，提高断路器和隔离开关的质量对提升牵引变电所的可靠性效果最明显。

牵引变电所可靠性保持方法包括：

(1) 对 1500V 母线电缆定期检修维保，保证 1500V 母线电缆的可靠运行，从而保证牵引变电所的可靠性。

(2) 通过提升断路器、隔离开关的质量，降低其故障率，能明显降低牵引变电所运行时的故障概率。

9.6 本 章 小 结

本章着重介绍了地铁供电系统的可靠性建模分析方法，结合实际数据进行地铁供电系统的可靠性分析，并总结了提高牵引供电系统可靠性的维保措施。

参 考 文 献

[1] 何正友. 复杂系统可靠性分析在轨道交通供电系统中的应用[M]. 北京: 科学出版社, 2015.
[2] 曾德容, 何正友, 于敏. 地铁牵引变电所可靠性分析[J]. 铁道学报, 2008, (4): 22-27.
[3] 尹维恒. 基于贝叶斯网络的牵引变电所可靠性评估[D]. 成都: 西南交通大学, 2013.
[4] 何江海, 裴卫卫, 闫雅斌, 等. 基于贝叶斯网络的地铁牵引变电所可靠性分析[J]. 铁路计算机应用, 2019, 28(8): 68-74.
[5] 徐浩. 地铁牵引变电所主接线可靠性研究[J]. 控制与信息技术, 2018, (5): 66-69.
[6] 林飞. 牵引供电系统可靠性指标体系与可靠性分析[D]. 成都: 西南交通大学, 2006.

第 10 章　地铁系统服役能力分析与保持策略

本章在保持车站服役能力与供电系统可靠性的基础上，分析了地铁系统组成结构和网络结构，在考虑车站设备和行车设备可靠性的情况下，从"点""线""网"三个层次分析和计算地铁系统服役能力，并总结地铁系统服役能力保持策略，为地铁公司实施科学的轨道交通运营管理、高效的车站设备与行车设备维修管理提供参考。

10.1　地铁系统组成结构分析

10.1.1　地铁系统的组成

地铁系统包括地铁车站、地铁车辆、地铁线路、地铁信号系统、地铁供电系统等，是一个以乘客为服务对象，采用一定的运营组织模式和设备维修策略的综合系统[1]，地铁系统的组成如图 10.1 所示。

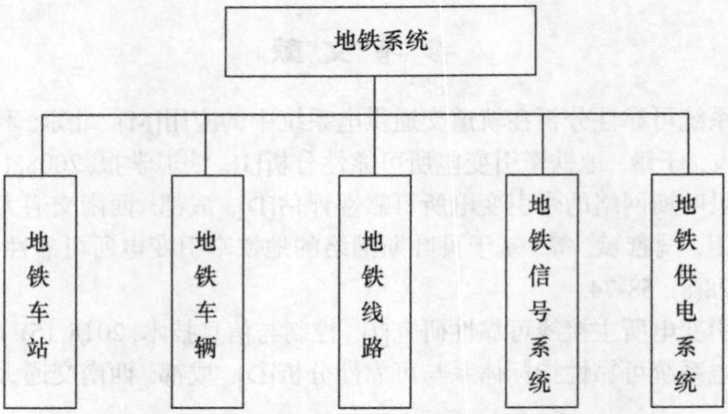

图 10.1　地铁系统组成结构示意图

地铁车站是地铁系统最重要的组成部分，是乘客上下车、换乘的场所，也是列车到发、通过、折返的地点，屏蔽门系统、AFC 设备、电扶梯等地铁车站设备设施为乘客安全、快速、有序的出行提供保障。地铁车辆由车体、转向架、车钩缓冲器、制动系统、受流装置、车辆电气系统、车辆设备等组成，地铁车辆在线路区间上运行，把乘客输送到目标车站。地铁线路由钢轨、道床、路基等组成，是支撑地铁列车运行的固定基础设施。地铁信号系统由列车自动监控子系统、列车自动防护子系统、列车自动驾驶子系统组成，能够调度指挥和控制列车进路，是确保行车安全、提高运输效率的综合自动化系统，三个子系统和计算机联锁系统组成列车自动控制(automatic train control，ATC)系统。地铁供电系统由外部电源、主变电所、牵引供电系统、动力照明系统、杂散电流腐蚀防护系统、电力监控系统等组成，供电系统为整个地铁系统提供电力，满足电力列车和其他电力设备的电能需求。

地铁车站、地铁线路、地铁车辆等是地铁系统的运营实体，为乘客在地铁系统内的通行提供服务，地铁系统的各类设备设施对地铁系统的正常运营发挥了巨大作用。地铁设备根据所在位置和功能，可分为地铁车站设备和地铁行车设备。地铁车站设备在地铁车站，为乘客在地铁车站集散提供服务，包括站厅、AFC 设备、楼梯、电扶梯、屏蔽门系统、站厅、环控系统等。地铁行车设备在地铁行车区间，为正常行车提供服务，包括地铁车辆、地铁线路、信号系统和供电系统等。

10.1.2　地铁系统的网络结构

地铁系统的网络结构可以分为“点”“线”“网”三个层次。地铁系统的“点”是地铁车站，从运营功能方面划分，地铁车站可分为一般车站和换乘车站。地铁系统的“线”是地铁线路，地铁线路由行车线路连通多个地铁车站构成。地铁系统的“网”是地铁线网，线网的基本构成单元是线路，多条相互连通的地铁线路构成地铁线网，地铁线路之间的连通节点即换乘车站，乘客能在换乘车站从一条地铁线换乘到另外一条线路。

地铁系统的网络结构指地铁线网中地铁线路和地铁车站的排列分布形式。地铁线网是由地铁线路构成的，分析地铁线路分布形式是研究地铁线网的基础和前提。根据地铁线路的分布形式不同，地铁线路分为线形线路和环形线路。线形地铁线路是最常见的线路形式，列车在线路上来回运行，通常在线路端点折返。环形地铁线路的首尾两端相连，线路形态为环状，列车可以在环形线路上反复运行，如北京地铁 2 号线和北京地铁 10 号线。线形线路和环形线路是最基本的线路形态，任何复杂的地铁线网都可以分解成这两种基本线路形态。常见的地铁线路形态如图 10.2 所示。

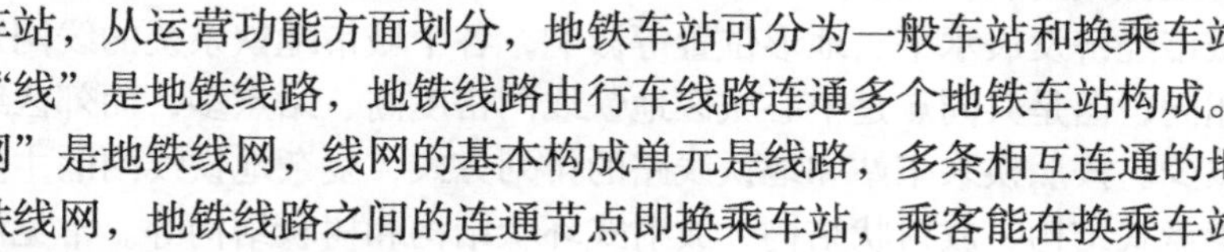

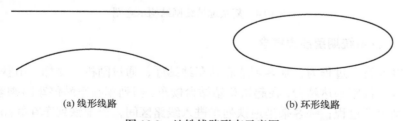

(a) 线形线路　　(b) 环形线路

图 10.2　地铁线路形态示意图

两条相交的地铁线路构成最简单的地铁网络，分析简单地铁线网的结构和形态是研究复杂地铁线网结构的基础。根据线路的排列分布方式，两条地铁线路构成的简单地铁线网主要有两线交叉结构和线环交叉结构。两线交叉结构指两条线形线路交叉构成的地铁线网结构，主要网络结构有“十”字交叉结构、“X”形交叉结构、“Y”形交叉结构和“T”形交叉结构等。线环交叉结构指线形线路与环形线路交叉构成的地铁线网结构，如北京地铁1号线与2号线呈线环交叉结构[2]。常见的简单地铁线网结构如图10.3所示。

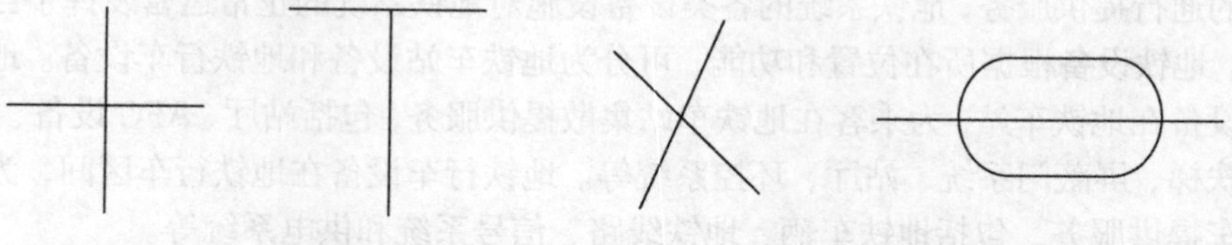

(a)“十”字交叉结构　(b)“T”形交叉结构　(c)“X”形交叉结构　(d)线环交叉结构

图10.3　两条地铁线路交叉结构示意图

随着地铁线网规模的扩大，地铁线路条数越多，地铁线网的结构也越来越复杂。受城市经济发展水平、地形位置等影响，各个城市地铁系统的线网规模和结构各不相同，但是共同点是中心城区地铁线网密度高、站点多，而郊区线网密度低、站点少。按照换乘车站和地铁线路的排列方式，复杂地铁线网的主要网络结构包括棋盘式结构、放射状结构、放射式环状结构和树状结构等。常见的复杂地铁线网结构如图10.4所示。

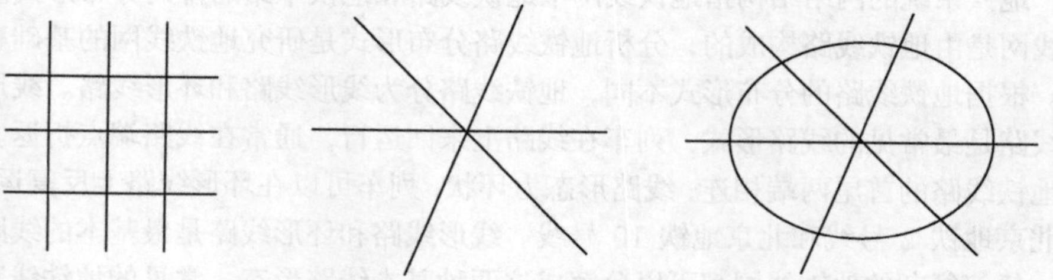

(a) 棋盘式结构　(b) 放射状结构　(c) 放射式环状结构

图10.4　复杂地铁线网结构示意图

10.1.3　地铁系统期望能力概念

乘客通行全过程为：乘客到达起始车站站厅，通过闸机、楼梯、电扶梯等地铁车站设备设施到达站台，在起始车站站台候车，当列车在车站停车时乘客上车，完成进站上车过程；乘客乘坐地铁列车进入线路区间，当地铁列车在线路区间上运行时，地铁行车设备发挥重要作用，地铁线路支撑并引导地铁列车运行，地铁信号系统指挥列车安全运行，地铁供电系统为列车提供电能；列车到达目标车站后，乘客下车到达目标车站站台，乘客通过楼梯、电扶梯、闸机等车站设备设施到达站厅，离开目标车站，完成下车出站过程；如果乘客需要换乘，乘客先在换乘车站下车，通过换乘通道到达其他线路的站台，继续等候并乘坐列车，最终到达目标车站下车并离开车站，完成下车出站过程。乘客在地铁系统的通行流程如图 10.5 所示。

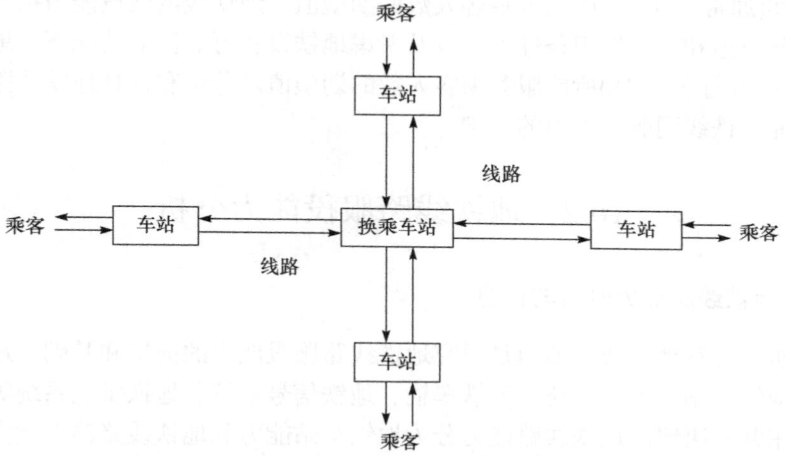

图 10.5　乘客在地铁系统的通行流程图

根据乘客在地铁系统的通行流程，地铁系统能力可定义为在一定的地铁设备设施和运营组织条件下，地铁系统在单位时间(通常为 1h)所能服务的乘客总数。从地铁系统网络结构划分，地铁系统能力可分为地铁线路能力和地铁线网能力。地铁线路能力指在一定的地铁设备设施和运营组织条件下，单条地铁线路在单位时间(通常为 1h)所能服务的乘客总数。地铁线网能力指在一定的地铁设备设施和运营组织条件下以及考虑乘客换乘的情况下，地铁线网在单位时间(通常为 1h)所能服务的乘客总数[3]。分析和计算地铁线路能力是研究地铁线网能力的基础。

在地铁系统运营过程中，AFC 设备、电扶梯等车站设备和地铁车辆、地铁信号系统、地铁供电系统等行车设备发挥着巨大作用，但是地铁车站设备和行车设备会在运营过程中故障或失效，影响乘客在地铁车站内的通行或正常的行车，从而使地铁系统能力受到影响。从长时间的角度来看，地铁设备的服役状态是循环变化的，由正常工作到失效，经过维修保养，设备又恢复到正常，在整个过程中，地铁系统能力是变化的，不是一个恒定值。综上分析，地铁系统能力受地铁设备服役状态的影响，而可靠性能够描述地铁设备在长服役周期内服役状态的变化。

为了在考虑地铁设备可靠性的情况下研究地铁系统能力，本书提出地铁系统服役能力的概念。地铁系统服役能力可定义为：在一定的地铁设备设施和运营组织条件下，以及考虑地铁设备可靠性的情况下，地铁系统在单位时间内(通常为 1h)所能服务乘客人数的期望值。从地铁系统网络结构划分，地铁系统服役能力可分为地铁线路服役能力和地铁线网服役能力。地铁线路服役能力指在一定的地铁设备设施和运营组织条件下，以及考虑地铁设备可靠性的情况下，单条地铁线路在单位时间(通常为 1h)所能服务乘客人数的期望值。地铁线网服役能力指在一定的地铁设备设施和运营组织条件下，以及考虑地铁设备可靠性的情况下，地铁线网在单位时间(通常为 1h)所能服务乘客人数的期望值。分析和计算地铁线路服役能力是研究地铁线网服役能力的基础。

10.2　地铁线路服役能力分析

10.2.1　地铁线路能力分析与计算

分析和计算地铁线路能力是研究地铁线路服役能力的前提和基础。地铁线路能力由地铁车站、地铁线路、地铁车辆、地铁信号系统、地铁供电系统等子系统相互作用共同决定。地铁线路能力分为地铁车站能力和地铁线路输送能力。根据“木桶原理”,地铁线路能力由地铁车站能力和地铁线路输送能力中的较小者决定。对于普通车站，地铁车站能力由站台、站厅、电扶梯、AFC 设备等车站设备设施综合决定。由于地铁线路上车站数量众多，车站布局和结构各异，基于 AnyLogic 精确计算地铁车站能力的方法工作量过于庞大，因此可根据木桶原理，对地铁车站能力进行粗略评估，具体评估计算方法如图 10.6 所示[4]。

地铁车站能力的计算公式为

$$c_{车站}=\min\{c_{安检},c_{通道},c_{楼扶梯},c_{售检票},V_{站厅},V_{站台}\} \tag{10.1}$$

式中，$c_{车站}$ 表示地铁车站能力；$c_{安检}$ 表示地铁安检的通过能力；$c_{通道}$ 表示通道的通过能力；$c_{楼扶梯}$ 表示楼梯和电扶梯的输送能力；$c_{售检票}$ 表示自动售票机、自动检票机等 AFC 设备的通过能力；$V_{站厅}$ 表示站厅容纳能力；$V_{站台}$ 表示站台容纳能力。

需要特别说明的是，本章计算的地铁车站能力为地铁车站最大能力，而第 8 章研究的是在给定客流条件下的地铁车站能力。

地铁线路输送能力指在一定的行车设备和运营组织条件下，地铁线路在单位时间内(通常为 1h)所能输送的最大乘客数，地铁线路输送能力受地铁车辆、地铁线路、地铁信号系统、地铁供电系统等行车设备的影响，由列车载客能力和线路

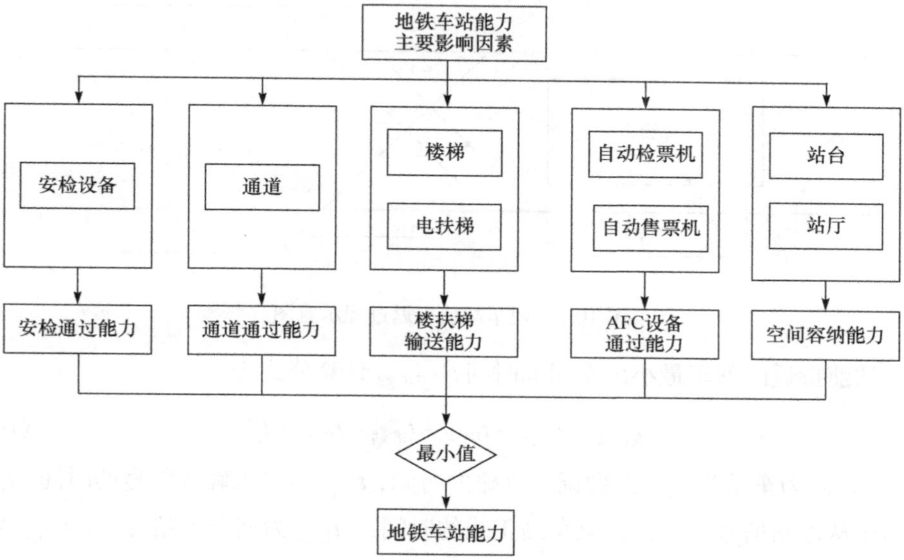

图 10.6　基于木桶原理的地铁车站能力计算方法图

通过能力共同决定。列车载客能力指地铁列车容纳承载乘客的能力，由列车定员和列车编组情况决定。线路通过能力指在一定的行车设备和运营组织条件下，地铁线路在单位时间内(通常为 1h)所能通过的最大列车数，由列车最小追踪间隔时间决定。

列车最小追踪间隔时间受列车技术作业时间、列车折返能力、地铁供电系统、地铁信号系统等因素制约[5]。$t_{理论追踪}$ 表示理论上列车追踪间隔时间，由列车全周转时间和运用的列车数决定，$t_{理论追踪}$ 计算公式为

$$t_{理论追踪}=\frac{T_{全周转}}{N_{列车}} \tag{10.2}$$

式中，$T_{全周转}$ 表示列车完成全周转的时间，指列车从起点站出发，完成一次运营作业，重新回到起点站的所有技术作业时间，包括列车停站时间、区间运行时间、列车折返时间、列车启停附加时间等；$N_{列车}$ 表示运用的列车数量。

$t_{折返追踪}$ 表示折返列车在折返站的最小出发间隔时间，由列车折返作业过程决定，是影响列车追踪间隔时间的主要因素之一。根据折返方式的不同，列车折返分为站前折返和站后折返。对于站前折返，列车折返作业过程为：折返列车从进站信号机 A 处进入折返线，行驶至车站正线 B 处停靠，在列车停车时办理乘客乘降业务，然后离开车站闭塞分区 C 处，并为下一列折返列车办理调车进路，列车站前折返过程示意图如图 10.7 所示。

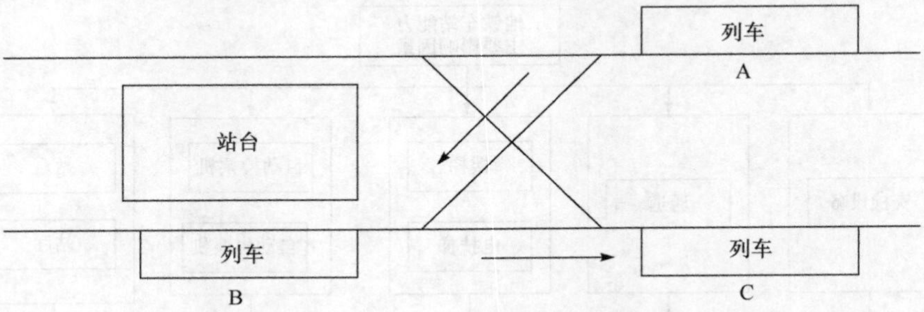

图 10.7　列车站前折返过程示意图

站前折返的列车最小出发间隔时间 $t_{折返追踪}$ 计算公式为

$$t_{折返追踪} = t_{进路} + t_{确认} + t_{进站} + t_{停站} + t_{离站} \tag{10.3}$$

式中，$t_{进路}$ 为车站为列车办理调车进路的时间；$t_{确认}$ 为司机确认信号的时间；$t_{进站}$ 为列车从进站信号机处行驶至车站正线的时间； $t_{停站}$ 为列车停站时间；$t_{离站}$ 为列车从车站出发离开车站闭塞分区的时间。

对于站后折返，列车折返作业过程为：折返列车进站，并停靠在站台 A 处，在列车停车时办理乘客乘降业务，然后进入折返线，停留至前一趟列车离开车站闭塞分区，调车信号开放，折返列车行驶至车站站台 C 处停靠，然后离开车站闭塞分区，列车站后折返过程示意图如图 10.8 所示。

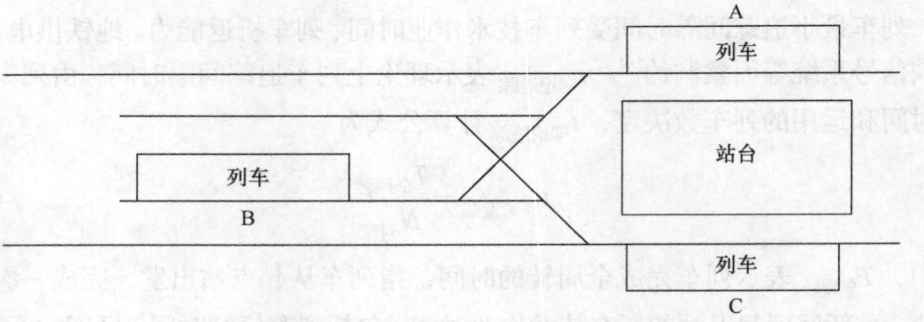

图 10.8　列车站后折返过程示意图

站后折返的列车最小出发间隔时间 $t_{折返追踪}$ 为前后两列折返列车由折返线出发至离开车站闭塞分区的时间间隔[4]，计算公式为

$$t_{折返追踪} = t_{进路} + t_{确认} + t_{出线} + t_{停站} + t_{离站} \tag{10.4}$$

式中，$t_{进路}$ 为车站为列车办理调车进路的时间；$t_{确认}$ 为司机确认信号的时间；$t_{出线}$ 为列车从折返线行驶至车站正线的时间； $t_{停站}$ 为列车停站时间； $t_{离站}$ 为列车从车

站出发离开车站闭塞分区的时间。

由于站前折返存在列车接发进路的交叉，站前折返的最小出发间隔时间通常比站后折返的最小出发间隔时间长。在同一供电区段内，牵引供电系统实施双机组双边供电。受供电能力制约，牵引供电系统在一个供电区段内能够驱动的列车是有限的[5]，供电系统的供电能力制约着列车的最小追踪间隔时间 $t_{供电追踪}$，列车在牵引供电区段的追踪过程如图 10.9 所示。

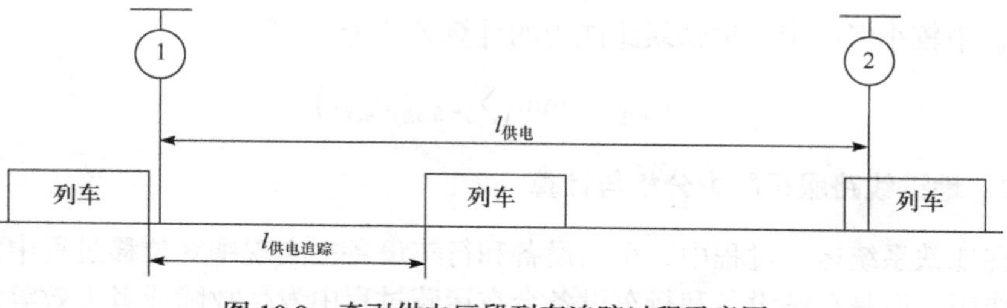

图 10.9　牵引供电区段列车追踪过程示意图

$t_{供电追踪}$ 的计算公式为

$$t_{供电追踪} = \left(l_{供电} \Big/ \frac{P_{牵引1} + P_{牵引2}}{P_{列车}} \right) \Big/ \bar{v} \tag{10.5}$$

式中，$l_{供电}$ 表示供电区段的长度；$P_{牵引1}$ 表示牵引变电所 1 的供电功率；$P_{牵引2}$ 表示牵引变电所 2 的供电功率；$P_{列车}$ 表示列车的最大负荷功率；$\bar{v}$ 表示列车在供电区段的平均运行速度。

地铁信号系统是保障行车安全和提高运营效率的重要行车设备，制约着列车的最小追踪间隔时间 $t_{供电追踪}$。无论地铁信号系统采用准移动闭塞信号系统还是移动闭塞信号系统，$t_{信号追踪}$ 由所采用信号制式下各分区 i 的安全距离 l_i 和在各分区允许的列车运行速度 v_i 共同决定。对于准移动闭塞信号系统，$i>1$；对于移动闭塞信号系统，$i=1$。$t_{信号追踪}$ 计算公式为

$$t_{信号追踪} = \sum_i \frac{l_i}{v_i} \tag{10.6}$$

根据上述分析，列车最小追踪间隔时间受列车技术作业时间、列车折返能力、地铁供电系统、地铁信号系统等因素制约。列车最小追踪间隔时间 $t_{追踪}$ 计算公式为

$$t_{追踪} = \max\{t_{理论追踪}, t_{折返追踪}, t_{供电追踪}, t_{信号追踪}\} \tag{10.7}$$

根据列车最小追踪间隔时间 $t_{追踪}$ 可计算出线路输送能力[6]，线路输送能力的计算公式为

$$c_{线路} = 2\frac{3600}{t_{追踪}} mP(1+\sigma)\frac{L}{\bar{L}} \tag{10.8}$$

式中，$c_{线路}$ 表示地铁线路输送能力(人/h)；$t_{追踪}$ 表示列车最小追踪间隔时间(s)；m 表示列车编组数(组)；P 表示车辆定员数(人)；σ 为车辆最大允许超员比例；L 表示地铁线路长度(km)；$\bar{L}$ 表示乘客的平均运距(km)。

根据木桶原理，地铁线路能力 $C_{线路}$ 由地铁车站能力 $c_{车站}$ 和地铁线路输送能力 $c_{线路}$ 中较小者决定，地铁线路能力的计算公式为

$$C_{线路} = \min\left(\sum c_{车站}, c_{线路}\right) \tag{10.9}$$

10.2.2 地铁线路服役能力分析与计算

在地铁系统运营过程中，车站设备和行车设备在实现乘客位移过程中发挥着巨大作用，但是车站设备和行车设备会在运营过程中发生故障或者失效等情形。车站设备失效会影响地铁车站能力，行车设备失效会影响地铁线路输送能力。

地铁车站设备包括站厅、AFC 设备、楼梯、电扶梯、屏蔽门系统、站厅、环控系统等。地铁车站设备主要分为土建设施和机电设备两大类，土建设施包括站厅、站台、楼梯、通道等，机电设备包括 AFC 设备、电扶梯、屏蔽门系统等。车站土建设施建成后在运营过程中通常不会损坏，而 AFC 设备、电扶梯、屏蔽门系统等机电设备在运营过程中会发生故障，导致乘客在车站的出行受阻，从而影响地铁车站能力。当电扶梯在运营过程中发生故障后，正常工作的电扶梯数量减少，楼梯和电扶梯的输送能力 $c_{楼扶梯}$ 降低，从而影响地铁车站能力。当自动检票机、自动售票机等 AFC 设备在运营过程中发生故障后，正常工作的 AFC 设备数量减少，自动售检票系统的服务能力 $c_{售检票}$ 降低，从而影响地铁车站能力。

地铁行车设备包括地铁车辆、地铁线路、地铁信号系统和地铁供电系统等。如果地铁车辆在运营过程中出现故障，不仅影响地铁车辆正常运行和地铁线路输送能力，还会直接威胁乘客安全，所以地铁公司必须保证地铁车辆的安全可靠运行，并采用列检、定修、架修等修程来确保地铁车辆的可靠性，地铁车辆定期检修周期如表 10.1 所示。

表 10.1　地铁车辆定期检修周期表

检修级别	时间间隔	走行距离/km	检修时间	主要检修内容
列检	1 日	—	—	检查系统功能，保证车辆安全运行
双周检	2 周	4000	4h	检查更换易损零件，检查系统功能
双月检	2 月	20000	48h	检查测试主要部件状态，更换使用周期短的零件

续表

检修级别	时间间隔	走行距离/km	检修时间	主要检修内容
定修	1 年	100000	10 天	架车，局部解体。细致检查并修理车辆大型部件
架修	5 年	500000	25 天	架车，基本分解。分解、清洗、检查、修理走行部和牵引电机
厂修	10 年	1000000	40 天	架车，全部分解。车体和转向架整形；分解修理电机、轮对等，并实施技术改造

将投入运营的地铁车辆视为完全可靠的。随着地铁车辆的长期运行，地铁车辆需要定期检修，由于地铁车辆双月检及以上修程的检修时间较长，都在 48h 及以上，每天可投入运营的地铁车辆数受到限制，小于地铁车辆保有量。理论上列车追踪间隔时间受可运用的地铁车辆数影响，随着地铁车辆的长期运行，地铁车辆的定期检修会影响可运用的地铁车辆数，从而影响地铁线路输送能力。

其他的地铁行车设备可分为机械设备和电气设备，轨道、接触网等机械设备在运营过程中通常不会损坏，其主要劣化形式为磨损，几乎不会出现断裂等完全失效的情况。轨道、接触网等机械设备的结构相对简单，服役状态更容易检测。从地铁公司了解到，轨道、接触网等机械设备都会根据其服役状态得到定期打磨维护或者更换。因此，机械设备通常不会影响正常行车。牵引变电所、ATC 系统等电气设备结构复杂，集成度高，其服役状态难以监测。当牵引变电所、ATC 系统等电气设备失效时，会直接影响正常行车，从而影响线路输送能力。当某一牵引变电所失效时，对应的供电区段供电能力下降，会影响列车最小追踪间隔时间 $t_{供电追踪}$，从而影响地铁线路输送能力。当整个牵引供电系统失效时，列车不能获得电能而运行中断。ATC 系统故障会影响列车的正常折返和追踪，$t_{折返追踪}$ 和 $t_{信号追踪}$ 会受到影响，地铁线路输送能力也受到影响。当 ATC 系统完全失效时，列车不能正常运行。牵引供电所、ATC 设备等电气设备的服役状态影响地铁线路输送能力。

综上分析，AFC 设备、电扶梯等车站设备和牵引供电系统、ATC 系统等行车设备的可靠性影响地铁线路服役能力。地铁线路服役能力既受客流特性和各子系统的协调耦合关系影响，也受相关车站设备和行车设备可靠性的影响。为了体现客流特性和各子系统的协调耦合关系影响，引入协调修正因子 λ，进一步考虑地铁设备可靠性的影响，引入行车设备可靠性因子 φ。地铁线路服役能力 $F_{线路}$ 的计算公式为

$$F_{线路} = \min\left\{\sum_{k}^{n} C_{s,k}, \varphi c_{线路}\right\}\lambda \tag{10.10}$$

式中，n 为地铁线路的车站数量；$C_{s,k}$ 为第 k 个车站的地铁车站服役能力；$c_{线路}$ 为地铁线路输送能力。

地铁车站服役能力的计算方法详见第 8 章。考虑到地铁车站机电设备的故障后果和影响，确定闸机、电扶梯为车站关键设备。根据车站关键设备在地铁车站使用功能的不同，不考虑设备布局的影响，可分为进站闸机子系统、出站闸机子系统、上行扶梯子系统、下行扶梯子系统。假设进站闸机子系统的闸机数量为 m_1、出站闸机子系统的闸机数量为 m_2、上行扶梯子系统的电扶梯数量为 m_3、下行扶梯子系统的电扶梯数量为 m_4。此外，设备子系统内的设备是否正常工作相互独立，不同设备之间是否正常工作相互独立。假设进站闸机子系统中正常工作的闸机数量为 $g(g=0,1,2,\cdots,m_1)$；出站闸机子系统中正常工作的闸机数量为 $h(h=0,1,2,\cdots,m_1)$；上行扶梯子系统中正常工作的电扶梯数量为 $d(d=0,1,2,\cdots,m_3)$；下行扶梯子系统中正常工作的电扶梯数量为 $q(q=0,1,2,\cdots,m_4)$。进站闸机子系统有 m_1+1 种工作状态，每种工作状态对应的概率为 P_{1g} $(g=0,1,2,\cdots,m_1)$；出站闸机子系统有 m_2+1 种工作状态，每种工作状态对应的概率为 P_{2h} $(h=0,1,2,\cdots,m_1)$；上行扶梯子系统有 m_3+1 种工作状态，每种工作状态对应的概率为 P_{3d} $(d=0,1,2,\cdots,m_3)$；下行扶梯子系统有 m_4+1 种工作状态，每种工作状态对应的概率为 P_{4q} $(q=0,1,\ 2,\cdots,m_1)$。g、h、d、q 之间的取值相互独立，P_{1g}、P_{2h}、P_{3d}、P_{4q} 的取值分别根据二项分布结合闸机和电扶梯的可靠度函数计算得出。

对于地铁车站，一共有 m 种工作状态，每种车站工作状态对应的概率为 P_i，对应的地铁车站能力为 C_i。车站服役能力 C_s 是地铁车站每种工作状态的概率 P_i 与对应地铁车站能力 C_i 的乘积之和。车站服役能力 C_s 计算公式为

$$\begin{cases} m=\prod_{j=1}^{4}\left(m_j+1\right) \\ P_i=P_{1g}P_{2h}P_{3d}P_{4q} \\ C_s=\sum_{i=1}^{m}\left(C_iP_i\right) \end{cases} \tag{10.11}$$

行车设备可靠性因子 φ 由供电系统、信号系统等行车设备的可靠度综合决定，地铁公司采用了列检、定修、架修等修程来确保地铁车辆的安全可靠，因此将运营中的地铁车辆视为完全可靠的。钢轨、接触网、受电弓等行车设备都会受到定期的检查维护，在运营过程中不会失效，视为完全可靠。由于供电系统和信号系统结构功能复杂，其故障程度不同，对线路输送能力的影响不同，只有当供电系统和信号系统完全失效时，地铁线路彻底不能行车，线路输送能力为零。但是供电系统和信号系统故障种类繁多，难以针对每类故障进行可靠性计算，因此本书

对行车设备可靠性因子 φ 的计算仅考虑供电系统和信号系统完全正常和完全失效的情况，不考虑一般故障情况。行车设备可靠性因子 φ 的计算公式为

$$\varphi = R_{供电}R_{信号} \tag{10.12}$$

式中，φ 表示行车设备可靠性因子；$R_{供电}$ 表示供电系统的可靠度；$R_{信号}$ 表示信号系统的可靠度。

协调修正因子 λ 受客流特性、运营管理水平和各子系统的协调耦合关系影响，其取值可由历史客流数据进行标定。通过地铁系统的历史客流数据和地铁设备的历史故障数据确定 λ、φ 等因子和相关地铁设备可靠度函数后，能够利用 $F_{线路}$ 的计算公式来刻画地铁线路服役能力，为分析和计算地铁线路服役能力提供参考。

10.3　地铁线网服役能力分析

10.3.1　地铁换乘系统能力分析

按照运营功能，地铁车站可分为中间车站、折返车站和换乘车站。换乘车站在地铁线网中具有重要地位，换乘车站是地铁线路之间的连接枢纽，连通整个地铁线网，乘客通过换乘车站完成不同线路之间的换乘。换乘系统是换乘车站实现换乘功能的主要载体，因此研究换乘车站的换乘系统能力很有必要，是进一步研究地铁线网能力的基础。

地铁换乘系统主要由站台、换乘楼梯、换乘电扶梯、换乘通道、站厅等换乘设施相互衔接构成。地铁换乘车站常见的换乘方式有同台换乘、站厅换乘、通道换乘等。同台换乘是最便捷的换乘方式，乘客下车后在同一站台等候另一条线路的列车，列车到站后上车。站厅换乘常见于设有多于两个站厅的车站，相交线路共用一个站厅，乘客下车后需要通过楼梯或电扶梯到达站厅，再通过楼梯或电扶梯到达另一条线路的站台，候车并上车。通道换乘常见于相交线路的站台相隔较远的车站，乘客下车后通过楼梯或电扶梯到达站厅，再经过换乘通道，到达另一条线路的站厅，通过楼梯或电扶梯到达另一条线路的站台，候车并上车。以通道换乘为例，乘客换乘过程如图 10.10 所示。

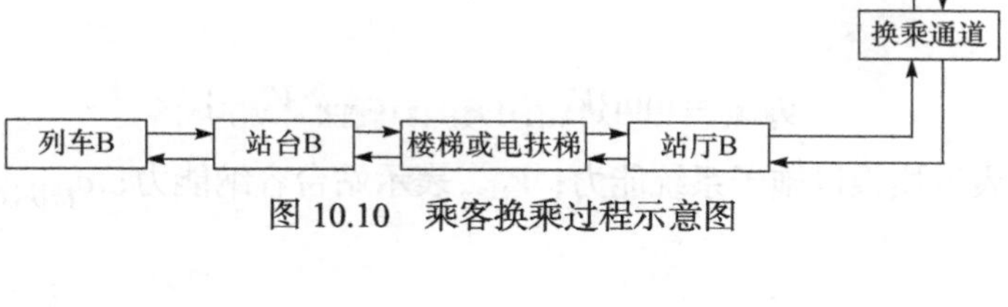

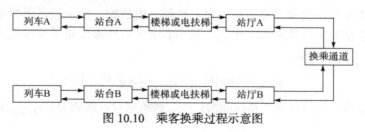

图 10.10　乘客换乘过程示意图

根据乘客在地铁换乘车站中的换乘过程，可将换乘系统划分为三个部分，即列车到达子系统、换乘设施子系统和列车出发子系统。列车到达子系统带来换乘客流；换乘设施子系统由站台、楼梯、电扶梯、换乘通道等换乘设施构成，为乘客在换乘车站换乘提供服务，容纳或输送乘客；列车出发子系统运走换乘客流。其中，列车到达子系统和列车出发子系统与列车运营情况紧密关联。

地铁换乘系统能力是指在一定的换乘设备设施和运营组织条件下，换乘车站在单位时间内(通常为 1h)所能服务的最大换乘客流量。地铁换乘系统能力由列车到达子系统能力、换乘设施子系统能力和列车出发子系统能力综合决定。

列车到达子系统能力被定义为：在单位时间内(通常为 1h)，列车到达所带来的最大换乘客流量。随列车到达而下车的客流包括中转换乘的客流和直接出站的客流，列车到达子系统能力的计算公式为

$$q_{列到} = 2 \times \frac{3600}{t_{追踪}} mP(1+\sigma)\kappa_g \gamma_{换} \tag{10.13}$$

式中，$q_{列到}$ 表示列车到达子系统能力(人/h)；$t_{追踪}$ 表示列车最小追踪间隔时间(s)；m 表示列车编组数(组)；P 表示车辆定员数(人)；σ 表示车辆最大允许超员比例；κ_g 表示乘客下车比例系数，换乘车站的下车比例系数通常为0.6～0.8；$\gamma_{换}$ 表示下车换乘比例系数，为换乘客流量与总下车客流量的比值，由历史客流数据决定。

列车出发子系统能力被定义为：在单位时间内(通常为 1h)，列车出发所运走的最大换乘客流量。随列车出发而上车的客流包括中转换乘的客流和直接进站的客流。列车出发子系统能力的计算公式为

$$q_{列发} = 2 \times \frac{3600}{t_{追踪}} mP(1+\sigma)(1-\kappa'_g)\gamma'_{换} \tag{10.14}$$

式中，$q_{列发}$ 表示列车出发子系统能力(人/h)；$t_{追踪}$ 表示列车最小追踪间隔时间(s)；m 表示列车编组数(组)；P 表示车辆定员数(人)；σ 表示车辆最大允许超员比例；κ'_g 表示换乘地铁线路的乘客下车比例系数；$\gamma'_{换}$ 表示上车换乘比例系数，为换乘客流量与总上车客流量的比值，由历史客流数据决定。

换乘设施子系统能力被定义为：在单位时间内(通常为1h)，换乘设施所服务的最大换乘客流量。换乘设施包括站台、楼梯、电扶梯、换乘通道等换乘设施，换乘设施子系统能力由换乘设施中能力最小者决定。换乘设施子系统能力的计算公式为

$$q_{换乘} = \min\{V_{站台}, c_{楼扶梯}, c_{通道}, V_{站厅}\} \tag{10.15}$$

式中，$q_{换乘}$ 表示换乘设施子系统能力；$V_{站台}$ 表示站台容纳能力；$c_{楼扶梯}$ 表示换乘楼

梯和电扶梯的输送能力；$c_{通道}$ 表示换乘通道的通过能力；$V_{站厅}$ 表示站厅容纳能力。

列车到达子系统、换乘设施子系统和列车出发子系统共同构成地铁换乘系统。为了保障乘客的换乘效率和安全，地铁换乘系统的各个子系统需要相互协调，在子系统能力上，应满足如下条件：

(1) 列车到达子系统能力 $q_{列到}$ 应小于等于换乘设施子系统能力 $q_{换乘}$，即 $q_{列到} \leqslant q_{换乘}$。

如果列车到达子系统能力大于换乘设施子系统能力，到站乘客不能通过换乘设施得到及时疏散，他们滞留在站台，会导致站台拥挤，严重时会威胁乘客安全。

(2) 列车到达子系统能力 $q_{列到}$ 与单位时间内换乘线路的进站乘客数 $q_{进}$ 应小于等于单位时间内换乘线路出发列车所能容纳的乘客总数 $q_{列发}/\gamma'_{换}$，即 $q_{列到}+q_{进} \leqslant \dfrac{q_{列发}}{\gamma'_{换}}$。

如果列车到达子系统能力与单位时间内换乘线路的进站乘客数大于单位时间内换乘线路出发列车所能容纳的乘客总数，换乘乘客不能通过出发列车得到及时疏散，滞留在换乘线路的站台，会导致站台拥挤，严重时会威胁乘客安全。

在满足子系统能力协调条件的基础上，地铁换乘系统能力 $c_{换乘}$ 的计算公式为

$$c_{换乘} = \min\{q_{列到}, q_{换乘}, q_{列发}\} \tag{10.16}$$

在考虑换乘设备故障的情况下，对地铁换乘系统能力展开分析。由于地铁车辆视为完全可靠的，乘客的上车和下车过程不会受到车辆故障的影响，因此列车到达子系统能力 $q_{列到}$ 和列车出发子系统能力 $q_{列发}$ 不会受到影响。在换乘设施子系统中，只有电扶梯可能会在运营过程中失效，站台、换乘通道等其他设施完全可靠。对于特定的换乘车站，如果该车站的换乘设施子系统中没有电扶梯，换乘设施子系统能力不会受到换乘设施失效的影响，地铁换乘系统能力也不会受到影响。如果该车站的换乘设施子系统中有电扶梯，当电扶梯在运营过程中失效时，换乘设施子系统能力降低，从而影响地铁换乘系统能力。

10.3.2　地铁线网服役能力分析与计算

地铁系统通常以地铁线网的形式来服务乘客，仅仅研究地铁线路能力是不完整的。地铁线网由多条相互连通的地铁线路构成，其连通节点是换乘车站，乘客通过换乘车站实现不同线路之间的换乘。从系统的角度看，地铁线网是由地铁线路和地铁车站构成的有机整体，地铁线路能力和换乘系统的分析与计算是研究地铁线网能力的基础。分析和计算地铁线网能力是研究地铁线网服役能力的基础，因此首先对地铁线网能力计算展开研究。

地铁线网能力可分为地铁线网输送能力和地铁车站能力，地铁线网能力由两者综合决定，地铁车站能力的计算方法同上。地铁线网输送能力由地铁线路输送能力和线网规模共同决定，通常来说，路网规模越大，地铁线网输送能力越强。与单条地铁线路的输送能力一样，线网规模下的地铁线路输送能力受列车技术作业时间、列车折返能力、地铁供电系统、地铁信号系统等因素制约，不同的是，线网规模下的地铁线路输送能力计算还要考虑各个换乘车站的换乘协调条件对列车最小追踪间隔时间的影响。为了保障乘客在换乘车站的换乘安全和效率，换乘车站所衔接地铁线路的列车最小追踪间隔时间受换乘系统各个子系统协调条件的制约。由换乘系统协调条件确定的列车最小追踪间隔时间为$t_{换乘追踪}$，在满足换乘系统协调条件后，全部换乘客流都完成换乘并上车，不会滞留在换乘线路的站台上。地铁线网下的地铁线路能力计算公式中的$t'_{追踪}$由$t_{理论追踪}$、$t_{折返追踪}$、$t_{供电追踪}$、$t_{信号追踪}$和$t_{换乘追踪}$综合决定。对于地铁线网，其单条地铁线路的列车最小追踪间隔时间$t'_{追踪}$计算公式为

$$t'_{追踪}=\max\{t_{理论追踪},t_{折返追踪},t_{供电追踪},t_{信号追踪},t_{换乘追踪}\} \tag{10.17}$$

地铁线网对应的地铁线路输送能力计算公式为

$$c'_{线路}=2\times\frac{3600}{t'_{追踪}}mP(1+\sigma)\frac{L}{L} \tag{10.18}$$

当地铁运营线路从单线变成线网时，各条线路通过换乘车站相互衔接，但是乘客在不同线路之间中转换乘会造成地铁线路之间的客流重叠。因此，地铁线网输送能力的计算不是地铁线网中各条地铁线路的线路输送能力简单相加，而是考虑地铁线路之间换乘关系的影响进行计算。在$t_{换乘追踪}$的制约下，单位时间内的到站换乘客流量与单位时间内换乘线路的进站客流量小于等于单位时间内换乘线路出发列车所能容纳的乘客总数，即表明换乘线路站台上不会出现乘客滞留，所有乘客都能上车。

对于地铁条数为n的地铁线网，在考虑地铁线网中各地铁线路之间换乘客流对地铁线网输送能力影响的条件下，地铁线网输送能力$c_{线网}$的计算公式为

$$c_{线网}=\sum_{i=1}^{n}\sum_{j=1}^{t_i}\left(q_{i,j}^{(上)}l_{i,j}+q_{i,j}^{(下)}l_{i,t_i-j+1}\right)\frac{1}{L} \tag{10.19}$$

式中，n为地铁线网中的地铁线路条数；t_i为第i条地铁线路被线路上各个换乘车站划分成的线路区段个数；$q_{i,j}^{(上)}$表示不考虑乘客平均运距的情况下线路i上行方向第j个区段的输送能力(人/h)；$l_{i,j}$表示地铁线路i上行方向第j个区段的线路长

度(km)；$q_{i,j}^{(下)}$表示不考虑乘客平均运距的情况下线路i下行方向第j个区段的输送能力(人/h)；$\overline{L}$表示乘客的平均运距(km)。

在计算地铁线网输送能力时，只考虑乘客在地铁线路与地铁线路之间的流动，不考虑乘客进出站的影响。在地铁线网中，对某条地铁线路某个区段的输送能力进行计算时，换乘车站仅为一个换乘点，不考虑换乘车站乘客进站和出站的影响，即单位时间内换乘车站的进站客流量和出站客流量不纳入线路区段输送能力计算当中。

在式(10.19)中，地铁线路上行方向和下行方向各区段输送能力的计算过程如下所示。

(1) 地铁线路上行方向各个区段的输送能力$q_{i,j}^{(上)}$计算公式为

$$q_{i,j}^{(上)} = q_{i,j-1}^{(上)} - q_{i,j-1}^{(上换)} + q_{j-1,i}^{(换上)}, \quad 1 \leqslant i \leqslant n; 1 \leqslant j \leqslant t_i \tag{10.20}$$

式中，$q_{i,j}^{(上)}$表示不考虑乘客平均运距的情况下线路i上行方向第j个区段的输送能力(人/h)；$q_{i,j-1}^{(上)}$表示不考虑乘客平均运距的情况下线路i上行方向第$j-1$个区段的输送能力(人/h)；$q_{i,j-1}^{(上换)}$表示单位时间内随线路i上行方向列车到达，在线路i的第$j-1$个换乘车站换乘至其他线路的乘客数(人/h)；$q_{j-1,i}^{(换上)}$表示单位时间内随其他线路列车到达，在线路i的第$j-1$个换乘车站换乘至线路i上行方向列车的乘客数(人/h)。

假设$t_{追踪,i}$为线路i的列车最小追踪间隔时间，q_i为不考虑乘客平均运距情况下线路i单方向最大输送能力，线路i上行方向列车各区段的输送能力的计算表达式为

$$\begin{cases} q_{i,1}^{(上)} = q_i = \dfrac{3600}{t_{追踪,i}} mP(1+\sigma) \\ q_{i,2}^{(上)} = q_{i,1}^{(上)} - q_{i,1}^{(上换)} + q_{1,i}^{(换上)} \\ \quad\vdots \\ q_{i,j}^{(上)} = q_{i,j-1}^{(上)} - q_{i,j-1}^{(上换)} + q_{j-1,i}^{(换上)} \\ \quad\vdots \\ q_{i,t_i}^{(上)} = q_{i,t_i-1}^{(上)} - q_{i,t_i-1}^{(上换)} + q_{t_i-1,i}^{(换上)} \end{cases} \tag{10.21}$$

(2) 地铁线路下行方向各个区段的输送能力$q_{i,j}^{(下)}$计算公式为

$$q_{i,j}^{(下)} = q_{i,j-1}^{(下)} - q_{i,j-1}^{(下换)} + q_{i,j-1}^{(换下)}, \quad 1 \leqslant i \leqslant n; 1 \leqslant j \leqslant t_i \tag{10.22}$$

式中，$q_{i,j}^{(下)}$ 表示不考虑乘客平均运距的情况下线路 i 下行方向第 j 个区段的输送能力(人/h)；$q_{i,j-1}^{(下)}$ 表示不考虑乘客平均运距的情况下线路 i 下行方向第 $j-1$ 个区段的输送能力(人/h)；$q_{i,j-1}^{(下换)}$ 表示单位时间内随线路 i 下行方向列车到达，在线路 i 的第 $j-1$ 个换乘车站换乘至其他线路的乘客数(人/h)；$q_{i,j-1}^{(换下)}$ 表示单位时间内随其他线路列车到达，在线路 i 的第 $j-1$ 个换乘车站换乘至线路 i 下行方向列车的乘客数(人/h)。

假设 $t_{追踪,i}$ 为线路 i 的列车最小追踪间隔时间，q_i 为不考虑乘客平均运距的情况下线路 i 单方向最大输送能力，线路 i 下行方向列车各区段的输送能力的计算表达式为

$$\begin{cases} q_{i,1}^{(下)} = q_i = \dfrac{3600}{t_{追踪,i}} mP(1+\sigma) \\ q_{i,2}^{(下)} = q_{i,1}^{(下)} - q_{i,1}^{(下换)} + q_{1,i}^{(换下)} \\ \vdots \\ q_{i,j}^{(下)} = q_{i,j-1}^{(下)} - q_{i,j-1}^{(下换)} + q_{j-1,i}^{(换下)} \\ \vdots \\ q_{i,t_i}^{(下)} = q_{i,t_i-1}^{(下)} - q_{i,t_i-1}^{(下换)} + q_{t_i-1,i}^{(换下)} \end{cases} \tag{10.23}$$

地铁线网能力 $C_{线网}$ 由地铁线网输送能力 $c_{线网}$ 和地铁车站能力 $c_{车站}$ 中的较小者确定，地铁线网能力的计算公式为

$$C_{线网} = \min\left(\sum c_{车站}, c_{线网}\right) \tag{10.24}$$

由于在地铁系统运营过程中，车站设备、换乘设施和行车设备会发生故障或者失效，地铁车站设备失效会影响地铁车站能力，换乘设施和地铁行车设备失效会影响地铁线网输送能力。考虑到不同换乘车站的换乘方式不同，其换乘设施子系统中的换乘设施不同，如果换乘设施中没有电扶梯，则该换乘设施子系统是完全可靠的，不会发生故障，也不会影响地铁线网输送能力。为了简化计算，本书假设地铁线网中换乘设施都是完全可靠的。在假设地铁线网中换乘设施都是完全可靠的前提下，以地铁线网能力计算公式为基础，考虑地铁设备可靠性的影响，研究地铁线网服役能力。与地铁线路服役能力的分析结果一致，地铁线网服役能力也受车站设备和行车设备可靠性的影响。AFC 设备、电扶梯等车站设备和牵引变电所、ATC 系统等行车设备的可靠性影响地铁线网服役能力。

地铁线网服役能力既受客流特性和各子系统的协调耦合关系影响，也受相关

车站设备和行车设备可靠性的影响。为了体现客流特性和各子系统的协调耦合关系影响，引入协调修正因子 λ'，进一步考虑行车设备可靠性的影响，引入行车设备可靠性因子 φ'。地铁线网服役能力 $F_{线网}$ 的计算公式为

$$F_{线网}=\min\left\{\sum_{k=1}^{n}C_{s,k},E_{线网}\right\}\lambda'=\varphi'c_{线网} \tag{10.25}$$

式中，$F_{线网}$ 表示地铁线网服役能力；n 表示地铁线网的车站数量；$C_{s,k}$ 表示第 k 个车站的地铁车站服役能力；$E_{线网}$ 表示地铁线网输送能力的期望值；λ' 为协调修正因子；φ' 表示行车设备可靠性因子；$c_{线网}$ 表示地铁线网输送能力。

地铁车站服役能力的计算方法见式(10.11)，地铁线网输送能力的期望值 $E_{线网}$ 由地铁线网中的线路条数、换乘车站数量及地铁供电系统和地铁信号系统的可靠度等共同决定，对于不同的地铁线网，$E_{线网}$ 计算公式不同，需要针对具体的地铁线网进行相关计算。由于 $c_{线网}$ 与 $E_{线网}$ 密切相关，故引入行车设备可靠性因子 φ'，用 $\varphi'c_{线网}$ 表示 $E_{线网}$。

10.3.3　地铁线网服役能力算例

以“十”字形交叉结构的简单地铁线网为例，进行地铁线网服役能力分析和计算，“十”字形交叉结构的简单地铁线网由两条地铁线路交叉组成，如图 10.11 所示。

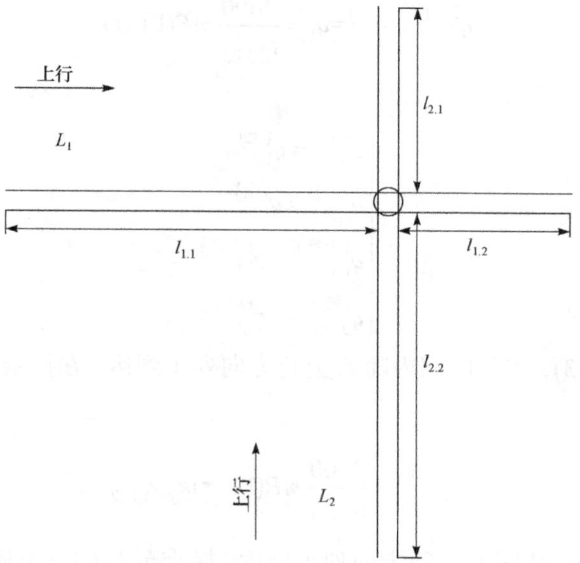

图 10.11　“十”字形交叉结构的地铁线网

设该地铁线网有一座换乘车站实现乘客换乘，且换乘车站中的换乘设施完全可靠。为简化计算，两条地铁线路的乘客下车比例系数取值相同，两条地铁线路的信号系统和供电系统独立运行，互不影响。地铁线网中的所有地铁车站都独立运行，互不影响。

“十”字形地铁线网中的地铁线路条数为 2，换乘车站数为 1，即$n=2$，$t_1=2$，$t_2=2$。地铁线路L_1被换乘车站划分为两段，两段线路区段的长度分别为$l_{1,1}$和$l_{1,2}$。同样的，地铁线路L_2被换乘车站划分为两段，两段线路区段的长度分别为$l_{2,1}$和$l_{2,2}$。假设地铁线路L_1和L_2的列车最小追踪间隔时间分别为$t_{追踪,1}$和$t_{追踪,2}$，$t_{追踪,1}$和$t_{追踪,2}$受各条线路的列车技术作业时间、列车折返能力、地铁供电系统、地铁信号系统、换乘协调条件等因素制约，由$t_{理论追踪}$、$t_{折返追踪}$、$t_{供电追踪}$、$t_{信号追踪}$和$t_{换乘追踪}$共同决定。在不考虑乘客平均运距的情况下地铁线路L_1和L_2的单方向最大输送能力q_1和q_2，计算公式分别为

$$q_1=\frac{3600}{t_{追踪,1}}mP(1+\sigma) \tag{10.26}$$

$$q_2=\frac{3600}{t_{追踪,2}}mP(1+\sigma) \tag{10.27}$$

式中，m 表示列车编组数；P 表示车辆定员数；σ 表示车辆最大允许超员比例。

当$i=1$，$j=1$时，得

$$q_{1,1}^{(上)}=q_{1,1}^{(下)}=q_1=\frac{3600}{t_{追踪,1}}mP(1+\sigma) \tag{10.28}$$

当$i=1$，$j=2$时，得

$$\begin{cases} q_{i,j}^{(上)}=q_{1,2}^{(上)} \\ q_{i,j-1}^{(上)}=q_{1,1}^{(上)} \\ q_{i,j-1}^{(上换)}=q_{1,1}^{(上换)} \\ q_{j-1,i}^{(换上)}=q_{1,1}^{(换上)} \end{cases} \tag{10.29}$$

根据式(10.13)，单位时间内随L_1上行方向列车到达，在换乘车站换乘至L_2的乘客数$q_{1,1}^{(上换)}$为

$$q_{1,1}^{(上换)}=\frac{3600}{t_{追踪,1}}mP(1+\sigma)\kappa_g\gamma_{1上,2} \tag{10.30}$$

式中，$\gamma_{1上,2}$表示随线路L_1上行方向列车到达，换乘至L_2的下车换乘比例系数，为换乘客流量与总下车客流量的比值。

同样地，单位时间内随地铁线路 L_2 列车到达，在换乘车站换乘至地铁线路 L_1 上行方向的乘客数 $q_{1,1}^{(换上)}$ 为

$$q_{1,1}^{(换上)} = \frac{3600}{t_{追踪,2}} mP(1+\sigma)\kappa_g\left(\gamma_{2上,1上} + \gamma_{2下,1上}\right) \tag{10.31}$$

式中，$\gamma_{2上,1上}$ 表示随 L_2 上行方向列车到达，换乘至 L_1 上行方向列车的下车换乘比例系数；$\gamma_{2下,1上}$ 表示随 L_2 下行方向列车到达，换乘至 L_2 上行方向列车的下车换乘比例系数。

根据式(10.20)，在不考虑乘客平均运距的情况下地铁线路 L_1 上行方向第 2 个区段的输送能力 $q_{1,2}^{(上)}$ 为

$$\begin{aligned} q_{1,2}^{(上)} &= q_{1,1}^{(上)} - q_{1,1}^{(上换)} + q_{1,1}^{(换上)} \\ &= 3600mP(1+\sigma)\left[\frac{1-\kappa_g\gamma_{1上,2}}{t_{追踪,1}} + \frac{\kappa_g\left(\gamma_{2上,1上} + \gamma_{2下,1上}\right)}{t_{追踪,2}}\right] \end{aligned} \tag{10.32}$$

同理可得在不考虑乘客平均运距的情况下地铁线路 L_1 下行方向第 2 个区段的输送能力 $q_{1,2}^{(下)}$ 的计算公式为

$$\begin{aligned} q_{1,2}^{(下)} &= q_{1,1}^{(下)} - q_{1,1}^{(下换)} + q_{1,1}^{(换下)} \\ &= 3600mP(1+\sigma)\left[\frac{1-\kappa_g\gamma_{1下,2}}{t_{追踪,1}} + \frac{\kappa_g\left(\gamma_{2上,1下} + \gamma_{2下,1下}\right)}{t_{追踪,2}}\right] \end{aligned} \tag{10.33}$$

式中，$\gamma_{1下,2}$ 表示随 L_1 下行方向列车到达，换乘至 L_2 的下车换乘比例系数；$\gamma_{2上,1下}$ 表示随 L_2 上行方向列车到达，换乘至 L_1 下行方向列车的下车换乘比例系数；$\gamma_{2下,1下}$ 表示随 L_2 下行方向列车到达，换乘至 L_1 下行方向列车的下车换乘比例系数。

当 $i=2$ ，$j=1$ 时，得

$$q_{2,1}^{(上)} = q_{2,1}^{(下)} = q_1 = \frac{3600}{t_{追踪,2}} mP(1+\sigma) \tag{10.34}$$

当 $i=2$ ，$j=2$ 时，得

$$\begin{cases} q_{i,j}^{(上)} = q_{2,2}^{(上)} \\ q_{i,j-1}^{(上)} = q_{2,1}^{(上)} \\ q_{i,j-1}^{(上换)} = q_{2,1}^{(上换)} \\ q_{j-1,i}^{(换上)} = q_{1,2}^{(换上)} \end{cases} \tag{10.35}$$

根据式(10.13)，单位时间内随 L_2 上行方向列车到达，在换乘车站换乘至 L_1 的

乘客数 $q_{2,1}^{(\text{上换})}$ 为

$$q_{2,1}^{(\text{上换})}=\frac{3600}{t_{\text{追踪},2}}mP(1+\sigma)\kappa_g\gamma_{2\text{上},1} \tag{10.36}$$

式中，$\gamma_{2\text{上},1}$ 表示随地铁线路 L_2 上行方向列车到达，换乘至地铁线路 L_1 的下车换乘比例系数，为换乘客流量与总下车客流量的比值。

两条地铁线路的乘客下车比例系数取值相同，统一用 κ_g 表示。同样地，单位时间内随地铁线路 L_1 列车到达，在换乘车站换乘至地铁线路 L_2 上行方向的乘客数 $q_{1,2}^{(\text{换上})}$ 为

$$q_{1,2}^{(\text{换上})}=\frac{3600}{t_{\text{追踪},1}}mP(1+\sigma)\kappa_g\left(\gamma_{1\text{上},2\text{上}}+\gamma_{1\text{下},2\text{上}}\right) \tag{10.37}$$

式中，$\gamma_{1\text{上},2\text{上}}$ 表示随地铁线路 L_1 上行方向列车到达，换乘至地铁线路 L_2 上行方向列车的下车换乘比例系数；$\gamma_{1\text{下},2\text{上}}$ 表示随地铁线路 L_1 下行方向列车到达，换乘至地铁线路 L_2 上行方向列车的下车换乘比例系数。

根据式(10.22)，在不考虑乘客平均运距的情况下地铁线路 L_2 上行方向第 2 个区段的输送能力 $q_{2,2}^{(\text{上})}$ 为

$$\begin{aligned}q_{2,2}^{(\text{上})}&=q_{2,1}^{(\text{上})}-q_{2,1}^{(\text{上换})}+q_{1,2}^{(\text{换上})}\\&=3600mP(1+\sigma)\left[\frac{1-\kappa_g\gamma_{2\text{上},1}}{t_{\text{追踪},2}}+\frac{\kappa_g\left(\gamma_{1\text{上},2\text{上}}+\gamma_{1\text{下},2\text{上}}\right)}{t_{\text{追踪},1}}\right]\end{aligned} \tag{10.38}$$

同理，在不考虑乘客平均运距的情况下地铁线路 L_2 下行方向第 2 个区段的输送能力 $q_{2,2}^{(\text{下})}$ 的表达式为

$$\begin{aligned}q_{2,2}^{(\text{下})}&=q_{2,1}^{(\text{下})}-q_{2,1}^{(\text{下换})}+q_{1,2}^{(\text{换下})}\\&=3600mP(1+\sigma)\left[\frac{1-\kappa_g\gamma_{2\text{下},1}}{t_{\text{追踪},2}}+\frac{\kappa_g\left(\gamma_{1\text{上},2\text{下}}+\gamma_{1\text{下},2\text{下}}\right)}{t_{\text{追踪},1}}\right]\end{aligned} \tag{10.39}$$

式中，$\gamma_{2\text{下},1}$ 表示随 L_2 下行方向列车到达，换乘至 L_1 的下车换乘比例系数；$\gamma_{1\text{上},2\text{下}}$ 表示随 L_1 上行方向列车到达，换乘至 L_2 下行方向列车的下车换乘比例系数；$\gamma_{1\text{下},2\text{下}}$ 表示随 L_1 下行方向列车到达，换乘至 L_2 下行方向列车的下车换乘比例系数。

“十”字形交叉结构地铁线网输送能力 $c_{\text{线网}}$ 计算公式为

$$
\begin{aligned}
c_{\text{线网}} &= \sum_{i=1}^{2}\sum_{j=1}^{2}\left(q_{i,j}^{(\text{上})} l_{i,j} + q_{i,j}^{(\text{下})} l_{i,t-j+1}\right)\frac{1}{\overline{L}} \\
&= \frac{1}{\overline{L}} \times \left(\begin{aligned} &\left(q_{1,1}^{(\text{上})} \times l_{1,1} + q_{1,2}^{(\text{上})} \times l_{1,2} + q_{1,1}^{(\text{下})} \times l_{1,2} + q_{1,2}^{(\text{下})} \times l_{1,1}\right) \\ &+\left(q_{2,1}^{(\text{上})} \times l_{2,1} + q_{2,2}^{(\text{上})} \times l_{2,2} + q_{2,1}^{(\text{下})} \times l_{2,2} + q_{2,2}^{(\text{下})} \times l_{2,1}\right) \end{aligned} \right)
\end{aligned} \tag{10.40}
$$

式中，$\overline{L}$ 为地铁线网的乘客平均运距。

将 $q_{1,1}^{(\text{上})}$、$q_{1,2}^{(\text{上})}$、$q_{1,1}^{(\text{下})}$、$q_{1,2}^{(\text{下})}$、$q_{2,1}^{(\text{上})}$、$q_{2,2}^{(\text{上})}$、$q_{2,1}^{(\text{下})}$、$q_{2,2}^{(\text{下})}$ 代入式(10.40)即可求出地铁线网输送能力 $c_{\text{线网}}$。

在假设地铁线网中换乘设施都是完全可靠的前提下，考虑车站设备和行车设备的可靠性，计算地铁线网服役能力。地铁车站服役能力的计算方法同上，此处不再赘述。在行车设备中，仅考虑供电系统和信号系统完全失效和完全正常的情况，不考虑系统一般故障的情况。当地铁线路的供电系统或信号系统失效时，该地铁线路失效，其线路输送能力为 0。

假设地铁线路 L_1 的供电系统可靠度为 $R_{\text{供电1}}$，信号系统可靠度为 $R_{\text{信号1}}$，地铁线路 L_2 的供电系统可靠度为 $R_{\text{供电2}}$，信号系统可靠度为 $R_{\text{信号2}}$。仅当地铁线路 L_1 的供电系统和信号系统都正常时，地铁线路 L_1 才能正常输送乘客，则地铁线路 L_1 正常输送乘客的概率为 $R_{\text{供电1}}R_{\text{信号1}}$。同理，仅当地铁线路 L_2 的供电系统和信号系统都正常时，地铁线路 L_2 才能正常输送乘客，则地铁线路 L_2 正常输送乘客的概率为 $R_{\text{供电2}}R_{\text{信号2}}$。

“十”字形交叉结构地铁线网的工作状态共 4 种，地铁线路 L_1 和 L_2 都能正常输送乘客，此时地铁线网输送能力为 $c_{\text{线网}}$，对应的概率为 $P_{1,1}$；地铁线路 L_1 能正常输送乘客，而地铁线路 L_2 不能正常输送乘客，此时地铁线网输送能力为 $c_{\text{线路1}}$，对应的概率为 $P_{1,0}$；地铁线路 L_1 不能正常输送乘客，而地铁线路 L_2 能正常输送乘客，此时地铁线网输送能力为 $c_{\text{线路2}}$，对应的概率为 $P_{0,1}$；地铁线路 L_1 和 L_2 都不能正常输送乘客，此时地铁线网输送能力为 0，对应的概率为 $P_{0,0}$。“十”字形交叉结构地铁线网输送能力参数如表 10.2 所示。

表 10.2　“十”字形交叉结构地铁线网输送能力参数表

地铁线网工作状态	L_1 正常，L_2 正常	L_1 正常，L_2 失效	L_1 失效，L_2 正常	L_1 失效，L_2 失效
概率	$P_{1,1}$	$P_{1,0}$	$P_{0,1}$	$P_{0,0}$
地铁线网输送能力	$c_{\text{线网}}$	$c_{\text{线路1}}$	$c_{\text{线路2}}$	0

地铁线网输送能力的期望值$E_{线网}$计算公式为

$$E_{线网}=P_{1,1}c_{线网}+P_{1,0}c_{线路1}+P_{0,1}c_{线路2}$$

$$\begin{cases}P_{1,1}=\left(R_{供电1}R_{信号1}\right)\left(R_{供电2}R_{信号2}\right)\\ P_{1,0}=\left(R_{供电1}R_{信号1}\right)\left(1-R_{供电2}R_{信号2}\right)\\ P_{0,1}=\left(1-R_{供电1}R_{信号1}\right)\left(R_{供电2}R_{信号2}\right)\\ P_{0,0}=\left(1-R_{供电1}R_{信号1}\right)\left(1-R_{供电2}R_{信号2}\right)\end{cases},\quad \begin{cases}c_{线路1}=2\times\dfrac{3600}{t_{追踪,1}}mP(1+\sigma)\dfrac{L_1}{\overline{L}_1}\\ c_{线路2}=2\times\dfrac{3600}{t_{追踪,2}}mP(1+\sigma)\dfrac{L_2}{\overline{L}_2}\end{cases} \tag{10.41}$$

式中，$\overline{L}_1$为地铁线路L_1的乘客平均运距；$\overline{L}_2$为地铁线路L_2的乘客平均运距。

$$F_{线网}=\min\left\{\sum_{k=1}^{n}C_{s,k},E_{线网}\right\}\lambda' \tag{10.42}$$

式中，$F_{线网}$表示地铁线网服役能力；n表示地铁线路的车站数量；$C_{s,k}$表示第k个车站的地铁车站服役能力；$E_{线网}$表示地铁线网输送能力的期望值；λ'表示协调修正因子。

10.4　地铁系统服役能力计算实例

选取广州地铁的两条地铁线路构成“十”字形交叉结构的简单地铁线网，受广州地铁数据保密的要求，称两条线路分别为A线和B线。A线线路大体呈南北走向，全线共24座车站。B线线路大体呈东西走向，全线共15座车站。

在地铁车站设备中，闸机的可靠度约束值为0.7，电扶梯的可靠度约束值为0.8。根据《地铁设计规范》(GB 50157—2013)，单向闸机的最大通过能力为1800人/h，双向闸机的最大通过能力为1500人/h，下行的1m宽楼梯的最大通过能力为4200人/h，上行的1m宽楼梯的最大通过能力为3700人/h，双向混行的1m宽楼梯的最大通过能力为3200人/h，输送速度为0.65m/s的1m宽电扶梯的最大通过能力不大于8190人/h。

根据各地铁车站的设备设施配置情况，结合地铁车站能力计算公式，能够粗略计算出各地铁车站的最大能力，再结合地铁车站设备可靠度要求，进一步计算各地铁车站的服役能力。因为本章计算的是各地铁车站的最大服役能力，求解过程可以进一步简化，不需要按照式(10.11)计算地铁车站在不同运营状态下的车站能力和概率。

已知单个车站设备的最大通过能力为C_e，设备可靠度约束值为R_e，车站设备子系统中的设备数量为k，则车站设备子系统的最大服役能力为kC_eR_e，由此计算出各个地铁车站中进站闸机子系统、出站闸机子系统、上行扶梯子系统、下行扶梯子系统的最大服役能力，再根据式(10.1)中地铁车站最大能力的定义，根据木桶原理计算出各个地铁车站的最大服役能力。

由于广州地铁运营数据保密，A线和B线各车站的设备设施配置情况不能直接陈列在文中。本书根据A线和B线各车站的设备设施配置和车站关键设备可靠度要求，计算得到各个地铁车站的最大服役能力，A线和B线各地铁车站的最大服役能力分别如表10.3和表10.4所示。

表10.3 A线各地铁车站最大服役能力参数表

车站编号	车站服役能力/(人/h)	车站编号	车站服役能力/(人/h)	车站编号	车站服役能力/(人/h)	车站编号	车站服役能力/(人/h)
1	26208	7	30240	13	26208	19	26208
2	19312	8	32760	14	19656	20	19656
3	23600	9	32760	15	26208	21	21970
4	23104	10	32760	16	23100	22	32760
5	30240	11	19656	17	26208	23	26208
6	36960	12	19656	18	19656	24	29312

表10.4 B线各地铁车站最大服役能力参数表

车站编号	车站服役能力/(人/h)	车站编号	车站服役能力/(人/h)	车站编号	车站服役能力/(人/h)
1	26208	6	65520	11	26208
2	45570	7	19656	12	26208
3	26208	8	26208	13	32760
4	32760	9	19656	14	39312
5	26208	10	26208	15	58968

A线的线路运营参数如下：列车最小追踪时间为120s，列车编组为6节编组，列车定员为1860人，允许最大超员比例为30%，线路总长度为31.8km，乘客平均运距为7.7km，供电系统可靠度要求为100%。信号系统可靠度要求为99.999%，协调修正因子λ取值0.9。B线的线路运营参数如下：列车最小追踪时间为120s，列车编组为6节编组，列车定员为1860人，允许最大超员比例为30%，线路总长度为16.6km，乘客平均运距为4.96km，供电系统可靠性要求为100%。信号系统可靠度要求为99.999%，协调修正因子λ取值0.9。

对于单条地铁线路，根据式(10.8)，地铁线路输送能力计算结果如下：地铁线路 A 的线路输送能力为 599162 人/h，地铁线路 B 的线路输送能力为 485550 人/h。

根据式(10.10)，A 线的地铁线路服役能力为

$$F_{A线}=\min\left\{\sum_{k=1}^{n}C_{s,k},\varphi c_{线路}\right\}\lambda=\min\{624406,599162\}\times 0.9=539246人/h$$

B 线的地铁线路服役能力为

$$F_{B线}=\min\left\{\sum_{k=1}^{n}C_{s,k},\varphi c_{线路}\right\}\lambda=\min\{497658,485550\}\times 0.9=436995人/h$$

对于 A 线和 B 线构成“十”字形交叉结构的简单地铁线网，地铁线网服役能力计算过程如下：在不考虑乘客平均运距的情况下 A 线和 B 线的单方向最大输送能力 $q_A=q_B=72540人/h$。A 线与 B 线十字交叉于换乘车站，换乘车站将两条地铁线路分别分成两段，A 线的两段线路长度分别为 13.1km 和 18.7km，B 线的两段线路长度分别为 11.8km 和 4.8km，A 线和 B 线组成的“十”字形交叉结构地铁线网示意图如图 10.12 所示。

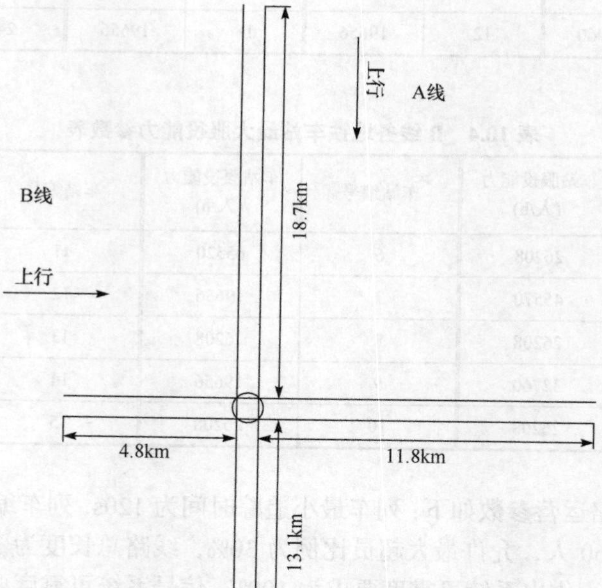

图 10.12　A 线与 B 线交叉结构地铁线网示意图

地铁线网的乘客平均运距为 11.3km，地铁线网协调修正因子 λ' 取值 0.9，换

乘车站乘客下车比例系数取值 0.6，其他换乘比例参数如表 10.5 所示。

表 10.5　A 线与 B 线的换乘比例参数表

换乘比例参数	取值	换乘比例参数	取值	换乘比例参数	取值	换乘比例参数	取值
$\gamma_{A上,B}$	0.4	$\gamma_{A下,B}$	0.6	$\gamma_{B上,A}$	0.7	$\gamma_{B下,A}$	0.5
$\gamma_{B上,A上}$	0.3	$\gamma_{B上,A下}$	0.4	$\gamma_{A上,B上}$	0.2	$\gamma_{A上,B下}$	0.2
$\gamma_{B下,A上}$	0.2	$\gamma_{B下,A下}$	0.3	$\gamma_{A下,B上}$	0.3	$\gamma_{A下,B下}$	0.3

在 10.3.3 节的算例中求解地铁线网输送能力的过程十分详细，此处不再详细计算，根据算例中的计算方法可以计算出 $c_{线网}=610979人/h$。A 线和 B 线组成的“十”字形交叉结构地铁线网输送能力参数如表 10.6 所示。

表 10.6　A 线与 B 线组成的“十”字形地铁线网输送能力参数表

地铁线网工作状态	A 正常，B 正常	A 正常，B 失效	A 失效，B 正常	A 失效，B 失效
概率	0.99998	0.00001	0.00001	0
地铁线网输送能力	610979	599162	485550	0

根据 10.3.3 节地铁线网输送能力期望值的计算公式，地铁线网输送能力的期望值为 610978 人/h。根据地铁线网服役能力计算公式，地铁线网服役能力为 549880 人/h。

根据实例中对地铁线路服役能力和地铁线网服役能力的计算可知，地铁线路服役输送能力和地铁线网服役输送能力通常小于地铁车站服役能力的总和，即 $\sum_{k=1}^{n} C_{s,k} \geqslant E_{线网}$。

综上分析，地铁系统服役能力通常由地铁线网输送能力的期望值决定，在列车运营计划确定的情况下，信号系统、供电系统等行车设备可靠性对地铁系统服役能力的影响十分大，地铁运营公司需要将行车设备可靠性保持在很高水平，通过定期的维护保养措施，保证行车设备在运营过程中不失效。由于地铁系统中车站数量众多，地铁系统服役能力通常不受地铁车站服役能力的制约，但是地铁车站作为服务乘客的重要窗口，车站机电设备，如闸机、电扶梯等失效会影响乘客的出行效率和体验，因此还是需要将地铁车站机电设备可靠性保持在较高的水平。

10.5　地铁系统服役能力保持策略

本节在分析地铁系统组成结构和计算地铁系统服役能力的基础上，总结了地铁系统能力保持策略。地铁设备会在地铁系统运营过程中故障或者失效，从而影响地铁系统能力，其中，地铁车站设备失效会影响地铁车站能力，地铁行车设备失效会影响地铁线路输送能力和地铁线网输送能力。地铁车站设备和地铁行车设备的可靠性影响地铁系统服役能力。为了保持地铁系统服役能力，则须保持地铁车站服役能力和地铁线网输送能力，通过采取合理的设备维修策略使车站设备和行车设备的可靠性保持在一定的水平。合理的设备维修策略不仅能够给乘客提供优质的出行服务，还能降低地铁系统的运维成本。

在地铁车站设备中，车站土建设施不会失效，视为完全可靠的，而闸机、自动检票机、电扶梯等车站机电设备会在运营过程中发生故障。通过分析地铁车站机电设备中各类设备的故障率和故障后果，确定闸机和电扶梯为车站关键设备。实现地铁车站服役能力保持的核心策略是优化地铁车站关键设备的维修策略，具体方法如下：在考虑车站关键设备故障的情况下，建立了地铁车站服役能力模型，通过灵敏度分析，确定了车站关键设备的故障数量约束值和设备可靠度约束值。对车站设备实施分部件维修，建立了车站设备维修周期优化模型，在设备可靠度约束下，得到了车站设备各部件最优维修周期。通过优化车站设备维修周期，实现了以最小的维修成本保障车站设备可靠运行，从而实现了地铁车站服役能力的保持。由于不同地铁车站的车站关键设备数量和客流特性是不同的，所以不同地铁车站的关键设备的最优维修周期不同，第 8 章算出的最优维修周期是针对具体车站而言的，对于具体车站需要结合该车站的具体情况进行计算。

地铁行车设备包括地铁车辆、地铁线路、信号系统和供电系统等。地铁公司采用了列检、定修、架修等修程来确保地铁车辆在运营过程中的安全可靠，故投入运营的地铁车辆视为完全可靠的。但是，随着地铁系统的长期运行，受地铁车辆固定修程的影响，每天可投入运营的地铁车辆数量受到限制，为了降低地铁车辆在库维修的影响，地铁车辆固定周期的检修作业需要逐渐向状态维修作业过渡，通过管理车辆故障信息和分析车辆运行状态，实施地铁车辆状态维修，降低维修成本，提高地铁车辆运用率。钢轨、受电弓、接触网等机械行车设备在运营过程中通常不会损坏，其主要劣化形式为磨耗。受线路运量增加、运行车速提高等因素影响，小半径曲线上的钢轨磨耗问题日趋严重，大量曲线外轨因侧磨超限而报废，为了提升钢轨服役寿命，保持钢轨安全服役状态，主要采取增加钢轨硬度、增加轮轨间的润滑度、定期检查维护等措施减少钢轨磨耗。对于受电弓和接触网而言，受地铁列车运行方式和运行工况的影响，频繁启停、超大电流、采用刚性接触网等因素使地铁车辆受电弓和刚性接触网之间的磨耗问题十分严重，为了提升弓网服役寿命，保持弓网安全服役状态，主要采取改善弓网材料、优化弓网匹配度、加强弓网检查维护等措施减少弓网磨耗。

供电系统和信号系统属于电气系统，供电系统和信号系统失效会直接影响正常行车，从而影响线路输送能力。供电系统和信号系统的系统结构复杂，集成度高，其服役状态难以监测。供电系统可靠性保持策略是对整个供电系统进行定期维护，提升系统中关键设备的质量。牵引变电所是供电系统的核心设备，牵引变电所可靠性保持措施为：牵引变电所的预防性检修周期设置为 76 天，提升 35kV(AC)母线电缆、1500V(DC)母线电缆和断路器等元件的质量。信号系统与供电系统类似，同样可以采取故障树分析和贝叶斯网络分析等方法识别信号系统关键设备，信号系统关键设备包括人机交互设备(司机显示单元)、编码里程计、信标天线、CMP 板、车载无线单元以及接口继电器单元。通过对整个信号系统进行定期检查维护，加强对关键设备的检修等措施实现信号系统可靠性的保持。

综上分析，通过优化车站设备的维修策略，实现车站服役能力的保持；通过对车辆实施状态维修，提高车辆运用率；通过定期检查维护钢轨、弓网等设备，减少钢轨磨耗和弓网磨耗，保持其安全服役状态；通过定期检查维护供电系统和信号系统，并提升关键设备质量，实现供电系统和信号系统的可靠运行，最终实现地铁系统服役能力的保持。

10.6　本 章 小 结

本章分析了地铁系统的组成和结构，对地铁系统服役能力做出定义，并从车站、线路和线网三个层面分析计算地铁系统服役能力。对于地铁车站，本章根据木桶原理，结合车站设备可靠性，实现了地铁车站最大服役能力的计算。对于地铁线路，本章分析了列车技术作业时间、列车折返能力、供电系统、信号系统等因素对地铁线路输送能力的影响，分析出供电系统和信号系统是影响地铁线路输送能力的关键行车设备，并结合关键行车设备可靠性，确定了地铁线路服役能力计算公式。对于地铁线网，本章分析了换乘系统能力，在考虑地铁线路之间换乘关系的情况下，结合车站设备和行车设备的可靠性，确定地铁线网服役能力计算公式，并结合“十”字形交叉结构简单线网，进行实例分析。最后，本章总结了地铁系统服役能力保持策略。

参 考 文 献

[1] 毛保华. 城市轨道交通系统运营管理[M]. 北京：人民交通出版社, 2006.

[2] 张一梅. 基于路网的城市轨道交通系统运输能力研究[D]. 北京: 北京交通大学, 2009.
[3] 胡建强. 城市轨道交通路网运输能力计算方法研究[D]. 北京: 北京交通大学, 2014.
[4] 许心越. 城市轨道交通车站服务能力计算与能力适应性评估[D]. 北京: 北京交通大学, 2015.
[5] 汪波, 韩宝明, 战明辉, 等. 城市轨道交通运输能力计算及加强研究[J]. 城市轨道交通研究, 2013, 16(4): 38-43.
[6] 李晓龙, 韩静茹, 宋留洋. 城市轨道交通网络系统设计承载能力计算方法研究[J]. 城市轨道交通研究, 2016, 19(2): 71-75.